ITALIEN
im 1. Jh. n. Chr.
km 100 200
Maßstab 1:5 540 000
GERMANIA
Augusta Vindelicum
Rhenus
Danuvius
Aenus
Noricum
Raetia
Lacus Venetus
Augusta Rauricorum
Isonta
Anisus
ALPES MONTES
ILLYRICUM
Murus
Lacus Lemanus
Rhodanus
Ticinus
Lacus Verbanus
Lacus Larius
Atesis
Tridentum
Venetia
Gallia Transpadana
Comum
Lacus Benacus
Verona
Via Postumia
Aquileia
Dalmatia
Vercellae
Mediolanum
Patavium
Ticinus
Cremona
Mantua
Padus
Tanarus
Trebia
Placentia
Atria
Parma
Pola
Liguria
Mutina
Bononia
Aemilia
Genua
Ravenna
Via Aurelia
Via Aemilia
Rubico
Ariminum
Lucca
Florentia
Pisae
Arnus
Metaurus
Ancona
MARE LIGUSTICUM
Etruria
Arretium
Umbria
Via Flaminia
Picenum
Lacus Trasimenus
Perusia
Clusium
Asculum
Volsinii
Hadria
Lacus Volsiniensis
Tiberis
Reate
MARE ADRIATICUM
Aternus
Tarquinii
Corsica
Aleria
Corfinium
Caere
Lacus Fucinus
Sulmo
Anio
Samnium
Roma
Ostia
Praeneste
Arpinum
Latium
Luceria
Apulia
Antium
Cannae
Tarracina
Formiae
Campania
Beneventum
Aufidus
MARE TYRRHENUM
Via Traiana
Capua
Venusia
Via Appia
Brundisium
Olbia
Vesuvius
Neapolis
Pompei
Casuentus
Tarentum
Calabria
Sardinia
Poseidonia (Paestum)
Lucania
Heraclea
Via Popilia
Sybaris
Carales
Croton
Sulci
Liparaeae Insulae
MARE IONIUM
Bruttium
Locri
Panormus
Messana
Rhegium
Drepanum
Segesta
Via Valeria
Aetna
Lilybaeum
Sicilia
Himeras
Selinus
MARE AFRICUM
Agrigentum
Syracusae
Utica
Carthago
Tunes
Bagradas
AFRICA
Zama
Spalatum
Salonae
Ostia
Alba Longa
Lavinium
Latium
Via Appia
Volturnus
Capua
Beneventum
Clanius
Via Appia
Campania
Nola
Neapolis
Vesuvius
Cumae
Herculaneum
Nuceria
Misenum
Pompei
Golf von Neapel
Stabiae
Via Popilia
km 30

prima. kompakt

TEXTBAND

C.C.Buchner

prima.kompakt

Textband

Herausgegeben von Clement Utz und Andrea Kammerer

Auf der Basis von prima.nova bearbeitet von Stefan Beck, Martin Biermann, Johannes Buhl, Jana Jobst, Tobias Jobst, Andrea Kammerer, Stefanie Lohner, Christian Müller, Stefan Müller, Frank Schwieger, Patrik Torwesten und Clement Utz

Zu diesem Lehrwerk sind die folgenden digitalen Lehrermaterialien erhältlich:
- click & teach Einzellizenz, Bestell-Nr. 415051
- click & teach Box (Karte mit Freischaltcode), ISBN 978-3-661-41505-5

Weitere Materialien finden Sie unter www.ccbuchner.de.

Dieser Titel ist auch als digitale Ausgabe click & study unter www.ccbuchner.de erhältlich.

1. Auflage, 1. Druck 2022
Alle Drucke dieser Auflage sind, weil untereinander unverändert, nebeneinander benutzbar. Dieses Werk folgt der reformierten Rechtschreibung und Zeichensetzung. Ausnahmen bilden Texte, bei denen künstlerische, philologische oder lizenzrechtliche Gründe einer Änderung entgegenstehen.

Lektorat: Bernd Weber
Sprecher: Ursula Gumbsch, Stephan Bach (Gut zu wissen)
Satz und Gestaltung: tiff.any GmbH & Co. KG, Berlin
Illustrationen: Jan Bintakies, Hannover
Druck: mgo360 GmbH & Co. KG, Bamberg

www.ccbuchner.de

ISBN 978-3-661-**41500**-0

Latein lernen – prima!

Jubelnde Fans beim Pferderennen, Fan-Krawalle im Amphitheater, ein Besuch in der Unterwelt, ein Brudermord, eine Reise mit Flügeln, ein mit Soldaten gefülltes Pferd, die verschütteten Geheimnisse von Pompeji ... Mit unserem Lateinbuch **prima.**kompakt betreten wir eine ferne Welt, eine interessante und geheimnisvolle Welt, die wir erforschen und von der wir mehr wissen wollen.

Dazu lernen wir Latein, die Sprache der Römer. In dieser Sprache haben die Römer Mythen und Fabeln verfasst, ihre Geschichte aufgeschrieben, berühmte Reden gehalten, kunstvolle Verse gedichtet und philosophische Gedanken notiert. Und von ihren literarischen Werken sind uns über die Jahrhunderte hinweg nicht wenige erhalten geblieben: Sie führen uns in diese reizvolle Welt der Antike, wir hören von Herren und Sklaven, von berühmten Persönlichkeiten im römischen Weltreich, aber auch vom Alltag der Menschen, von ihren Hobbys und ihrer Freizeitgestaltung.

Wenn wir uns nun anhand der Texte, die im alten Rom aufgeschrieben wurden, mit dem Denken, Handeln und Leben in dieser Welt befassen, finden wir vieles, was ganz ähnlich ist wie bei uns – vieles ist aber auch anders, und das wollen wir verstehen, erklären und mit unserer heutigen Lebenswelt vergleichen. Fachleute verwenden dafür den Begriff „Historische Kommunikation“. Wir treten auch mit den Texten unseres Lateinbuchs **prima.**kompakt in eine Historische Kommunikation mit der Welt der Römer.

Was für das Lernen der Sprache Latein wichtig ist, steht in den 22 Stofflektionen unseres Lehrwerks **prima.**kompakt. Dieser **Textband** enthält in vierseitigen Lektionen die lateinischen und deutschen Texte sowie vielfältige Übungen und Aufgaben. Im zugehörigen **Begleitband** finden sich die jeweils neuen Vokabeln und die dazugehörige Grammatik (→ Vorwort des Begleitbandes). Betrachten wir zuerst den Aufbau der einzelnen Lektionen:

DIE LEKTIONEN

1. Doppelseite: TEXTE

Seite 1: Informationstexte, Abbildungen, Zeichnungen und Aufgaben führen inhaltlich in die Thematik der Lektion ein. Damit wird eine Brücke von unserer heutigen Lebenswelt zum Inhalt des unmittelbar folgenden Lektionstextes geschlagen.

Seite 2: Das wichtigste Element jeder Lektion ist der lateinische Lektionstext. Er enthält den gesamten Grammatikstoff und alle neuen Vokabeln. Die Aufgaben auf dieser Seite dienen der Erschließung: Eine Aufgabe steht vor dem Text; sie sollte auch vor der Texterarbeitung gelöst werden. Die Aufgaben unter dem Text unterstützen das Textverständnis und bieten Ansätze zur Vertiefung.

2. Doppelseite: GRAMMATIK

Seite 3: Zu Beginn der Seite steht immer eine Einführung in die neuen Grammatikstoffe, zumeist anhand eines kurzen Textes. Mithilfe der farbigen Markierungen und zugehörigen Aufgaben können wichtige Aspekte der neuen Grammatikstoffe entdeckt und erschlossen werden. Dieses Element enthält – wie auch die folgende Übung A – noch keinen neuen Wortschatz.

Seite 3/4: Es folgen verschiedene Übungen zum gezielten Training der Grammatikstoffe. Den Abschluss bilden eine mit ⟲ gekennzeichnete Übung zur Wiederholung und ggf. weitere Aufgaben zur Kulturkompetenz. Die sprachlichen Übungen sind in steigender Schwierigkeit angeordnet, die wichtigsten Übungen sind an den roten Großbuchstaben erkennbar. Was mit der jeweiligen Übung trainiert werden soll, ist einer Infinitivwendung neben der Überschrift zu entnehmen.

Manchmal steht vor den Übungen in einem roten Rahmen eine übergeordnete Aufgabe, die eine Anleitung zur eigenständigen Erarbeitung vorschlägt.

Manchmal finden sich auch **in** den einzelnen Übungen Markierungen: Aufgaben nach einem ▷ bieten ggf. weitere Unterstützung; nach einem ▶ folgen Aufgaben, die eine Herausforderung darstellen.

Seite 4: Am Ende der Seite steht unter der Überschrift „Auf Deutsch" ein kurzer Text. Mit einer entsprechenden Aufgabenstellung fordert er zum Vergleich des Lateinischen mit der deutschen Sprache auf und regt zum Nachdenken über Gemeinsamkeiten und Unterschiede der beiden Sprachen an.

WEITERE ELEMENTE

DIFFERENZIERT ÜBEN

Nach jeweils vier Lektionen ist immer eine Doppelseite „Differenziert üben" eingeschoben: Hier wird das Erfassen und Übersetzen eines lateinischen Textes mithilfe unterschiedlich gestalteter Hilfen geübt; diese Unterstützung kann dem individuellen Kenntnisstand entsprechend genutzt werden.

GUT ZU WISSEN

An geeigneten Stellen finden sich immer wieder zusätzliche Doppelseiten, die – in Ergänzung zu den Hinführungstexten auf den ersten Lektionsseiten – interessante kultur- und realienkundliche Informationen und Bilder bieten. Sie werden erweitert durch spannende Audiogeschichten, auf die mit einem QR-Code verwiesen wird. Hier wird die Historische Kommunikation unmittelbar anschaulich.

LATEIN ORIGINAL

Im letzten Teil des Lehrwerks (beginnend mit S. 126) sind fünf Doppelseiten in die Abfolge der Lektionen eingefügt, die Texte in originalem Latein enthalten, also von berühmten römischen Autoren stammen. Diese fakultativen Elemente können mit den an der jeweiligen Stelle vorhandenen Grammatikkenntnissen bewältigt werden; der beigegebene Lernwortschatz wird in den folgenden Lektionen des Buches nicht vorausgesetzt. Die QR-Codes bei den Texten führen zu inhaltlichen und sprachlichen Erschließungshilfen.

ADDITUM

Am Ende des Lehrwerks stehen als Additum die beiden Lektionen A und B. Die darin behandelten Grammatikthemen sind für einen Einstieg in die Lektüre nicht unbedingt erforderlich. Diese Lektionen können auch als Material für das Nachholen dieser Grammatikthemen bei der Lektüre genutzt werden.

Im gesamten Lehrwerk finden sich immer wieder Abschnitte und Aufgabenstellungen, die sich besonders für den Aufbau und die Förderung der **Medienkompetenz** eignen; sie sind einheitlich mit der Sigle MK gekennzeichnet.

Die Verfasser von **prima.**kompakt hoffen, dass mit diesem Lateinbuch die Kommunikation mit der Welt der Antike gelingt, und wünschen Schülerinnen und Schülern sowie Lehrerinnen und Lehrern ein interessantes und erfolgreiches Arbeiten.

INHALTSVERZEICHNIS

6

5

8

9

10

11

12

14

13

15

17

18

16

19

21

20

22

ADDITUM

IM HERZEN ROMS

Die Sklavin Afra und der Sklave Fidus sind noch nicht lange in Rom. Ihr Herr und Besitzer, der reiche Rennstallbesitzer Crassus, hat sie von seinem Landgut mit in die Stadt gebracht. Nun stehen sie zusammen mit ihrem neuen Freund Davus auf dem Aventin und schauen fasziniert auf die Stadt und ihre prachtvollen Bauten. „Da vor uns seht ihr das Forum Romanum und daneben das Kapitol mit dem großen Jupiter-Tempel", erklärt Davus. „Das Forum ist das Herz der Stadt; dort treffen sich die Römer, machen Geschäfte, halten Gerichtsversammlungen ab und sprechen über Politik."

„Und was ist das riesige ovale Gebäude rechts vor uns?", fragt Afra. „Das ist das Kolosseum", sagt Davus, „ein unglaubliches Gebäude! Es

1 Kolosseum
2 Circus Maximus
3 Circus Flaminius
4 Theater des Marcellus
5 Forum Boarium
6 Jupiter-Tempel auf dem Kapitol
7 Aventin
8 Forum Romanum
9 Curia
10 Basilica Aemilia
11 Basilica Iulia
12 Traian-Forum
13 Augustus-Forum
14 Vespasian-Forum
15 Palatin
16 Kaiserpaläste
17 Tempel der Venus und der Roma
18 Tempel der Caesaren
19 Titus-Thermen
20 Tempel des Claudius

passen über 50.000 Zuschauer hinein. Wenn der Kaiser dort Gladiatorenkämpfe veranstaltet, ist es bis auf den letzten Platz besetzt."

„Und direkt unter uns, diese riesige langgezogene Sandfläche, was ist das?" „Das ist der Circus Maximus", sagt Davus, „das größte Bauwerk Roms und der ganzen Welt! Dort finden Wagenrennen statt. Die Römer sind verrückt nach Wagenrennen. 250.000 Zuschauer fasst der Circus Maximus – morgen werdet ihr ihn von innen sehen; dort wird Incitatus an den Start gehen. Ich bin so aufgeregt, ich kann es kaum erwarten!"

Ankunft in Rom

40501-29

1 Menschen, Pferde, Emotionen

Formel 1 und Fußball – zwei Sportarten, die heute sehr viele Menschen bewegen. Die Wagenrennen in Rom hatten Ähnlichkeit mit beiden: Die Zuschauer waren ähnlich fanatisch wie heutige Fußballfans, die antiken Rennställe ähnlich professionell wie ihre modernen Nachfolger in der Formel 1. Kein Wunder, dass der Circus Maximus, der Ort, wo die Rennen in Rom stattfanden, bis zu 250.000 Zuschauer fasste – weit mehr als jedes Stadion unserer Zeit.

In Rom gab es vier Rennställe, die nach Farben unterschieden wurden: Die Roten, die Blauen, die Grünen und die Weißen. Sie hatten ihre Hauptquartiere in Rom in der Nähe des Circus Maximus. Das Personal reichte von Stallburschen über Ärzte bis hin zu den Wagenlenkern, die beim Rennen Trikots in den Farben ihrer Rennställe trugen. Meist waren es Sklaven, die aber als Wagenlenker zu gefeierten Stars werden konnten.

Und gefeiert wurden sie – nämlich von den fanatischen Fans der Parteien: Antike Autoren berichten darüber, dass selbst Kinder schon in Trikots der Parteien gekleidet wurden und dass Fans den Pferdemist beschnupperten, um Rückschlüsse auf die Fitness der Leitpferde zu erhalten. Das war wichtig, denn genau wie heute konnte man Wetten auf den Sieger abschließen. Und genau wie heute verdienten dabei vor allem die Rennstallbesitzer.

1 Sieg im Circus Maximus

Das Wagenrennen im Circus Maximus läuft. Die Zuschauer sind aufgesprungen. Die Anhänger der „Grünen" hoffen auf einen weiteren Sieg ihres Lieblingspferdes Incitatus („der Heißsporn"). Seit der Wagenlenker Scorpus Incitatus zu seinem Leitpferd gemacht hat, reiht er einen Sieg an den anderen. Auf der Tribüne sitzt Davus, der Stallbursche der „Grünen", neben dem Pferdehändler Pomponius. Davus ist nervös, denn die Gespanne sind schon in der letzten Runde.

1. MK Beschreibe anhand der Zeichnung die Atmosphäre beim Wagenrennen.

Dāvus cōgitat: „Ubi est Incitātus? Ubi est Scorpus? Incitātus nōn venit!" Dominī et dominae, servī et servae stant, spectant, clāmant. Sed Dāvus tacet et trepidat[1]. Nunc equī veniunt – etiam Incitātus venit. Et Dāvus videt: Incitātus victor est. Incitātus et Scorpus victōrēs sunt. Dāvus clāmat et gaudet. Etiam populus gaudet. Undique clāmor est: „Victōria! Victōria! Incitātus victor est, Incitātus optimus[2] est!" Sed Pompōnius mercātor nōn clāmat, nōn gaudet. Pompōnius tacet.

Er dreht sich um und verschwindet. Davus eilt zu Scorpus und Incitatus.

Am Abend bringen die beiden Incitatus zurück zu den Stallungen der „Grünen" in der Nähe des Circus Flaminius. Als sie dort ankommen, wartet Pomponius am Eingang auf sie. Mehrfach schon hat er Geschäfte mit den „Grünen" gemacht. Er möchte das Wunderpferd aus der Nähe sehen.

Pompōnius rogat: „Ubi est Incitātus?"
Scorpus: „Ibi equī sunt. Ibi etiam Incitātus stat."
Pompōnius: „Et ubi frūmentum est?"
Scorpus rīdet: „Frūmentum? Incitātus fastīdiōsus[3] est. Incitātus carōtās[4] amat."
Pompōnius nunc rogat: „Quis hīc vigilat[5]?"
Scorpus: „Hīc nēmō[6] adesse dēbet, nēmō hīc vigilat[5]. Hīc fūrta nōn sunt."
Scorpus rīdet – sed Dāvus cōgitat: „Cūr Pompōnius semper rogat?"

[1] trepidat – er ist nervös
[2] optimus – der Beste
[3] fastīdiōsus – der Feinschmecker
[4] carōtās (4. Fall) – die Möhren, Karotten
[5] vigilāre – Wache halten
[6] nēmō – niemand

2. Ordne der Zeichnung lateinische Sätze aus Z. 1–7 zu.
3. MK Beschreibe das Verhalten der Hauptpersonen Davus, Pomponius und Scorpus. Gib zu deinen Beobachtungen jeweils lateinische Textstellen an.

Video
41500-01

1 Menschen aus deinem Lateinbuch

Dāvus **servus est**. Fīdus servus est.
Dāvus et Fīdus **servī sunt**.
Āfra **serva** est. Lӯdia serva est.
Āfra et Lӯdia **servae** sunt.

Pompōnius **mercātor** est. Crassus mercātor est.
Pompōnius et Crassus **mercātōrēs** sunt.

Beim Wagenrennen verhält sich jemand auffällig:

Servae et servī **clāmant**.
Sed Pompōnius mercātor nōn **clāmat**.

1. **Vergleiche die grün markierten Substantivformen und beschreibe die Unterschiede. Erschließe, was die verschiedenen Endungen (z. B. serv-us, serv-ī) jeweils ausdrücken.**
2. **Vergleiche dann ebenso die orange markierten Verbformen.**

ÜBUNGEN

A Substantive sind verschieden
Deklinationsklasse und Genus bestimmen

Bestimme jeweils die Deklinationsklasse der folgenden Wörter und gib dann das Genus (Geschlecht) an.

1. servus | frūmentum | mercātor | equus | domina | victor | clāmor | dominus
2. dominae | fūrta | servī | mercātōrēs | servae | dominī | victōrēs | victōriae

B Weg von der Einzahl!
Plural bilden

Setze die folgenden Substantive in den Plural.

1. dominus | equus | populus
2. domina | serva | victōria
3. frūmentum | fūrtum
4. mercātor | victor | clāmor

C Die Endung im Blick
Singular und Plural bilden

Setze die Substantive, die im Singular stehen, in den Plural und umgekehrt.

mercātōrēs | servus | servae | fūrta ▷ victor | servī | equī | populī

D Gemeinsam im Wechsel
Sätze bilden

Partner A ordnet eine Verbform sinnvoll den Bildern zu. Partner B ergänzt zur Verbform ein passendes lateinisches Subjekt und übersetzt den Satz. Dann werden die Rollen getauscht.

amat | adsunt | gaudent | clāmat | tacent | stant

E Im Circus Maximus Kongruenz von Subjekt und Prädikat beachten

Übersetze. Achte dabei auf die Endungen der Substantive und Verben.

1. Servī adsunt. 2. Servī et servae venīre dēbent. 3. Servī et servae tacent et cōgitant. 4. Populus adest. ▷ 5. Populus spectat et rīdet et clāmat. 6. Mercātōrēs gaudent et rīdent.

F Vor dem Circus Maximus Plural bilden

Übersetze. Setze dann die lateinischen Sätze in den Plural.

1. Ibi servus est; ibi serva est. 2. Dominus clāmat. 3. Serva tacet. ▶ 4. Servus venīre dēbet. 5. Servus adest.

Der Wagenlenker der „Grünen" feiert seinen Sieg. Römisches Mosaik. 3. Jh. n. Chr.

G Im Haus des Herrn 3. Person Singular und Plural bilden

Setze das Prädikat in die richtige Form. Achte dabei auf die Kongruenz. Übersetze dann.

1. Hīc servī (esse). 2. Et Dāvus servus hīc (esse). 3. Servī ibi (stāre). 4. Dominus (venīre) et (rīdēre). 5. Domina (cōgitāre). 6. Servī venīre (dēbēre). 7. Dāvus servus tacēre (dēbēre). ▷ 8. Dominus (spectāre) et (gaudēre). 9. Dominus et domina (gaudēre).

H Deutsch ist anders Sprachen vergleichen

Vergleiche die lateinischen Sätze mit ihrer deutschen Übersetzung. Beachte die Wortstellung.

1. Servus tacēre dēbet.
   Der Sklave muss schweigen.

2. Servī venīre dēbent.
   Die Sklaven müssen kommen.

I Was Sklaven tun müssen Infinitive übersetzen

Übersetze.

1. Serva venīre dēbet. 2. Servī venīre dēbent. 3. Servī venīre et adesse dēbent. ▶ 4. Cūr servī adesse et tacēre dēbent?

Auf Deutsch

Wo sind die Möhren?

Nach dem Rennen hat ein Verehrer von Incitatus bei Scorpus einen Korb Karotten (carōtae) für das Pferd abgegeben. Als Scorpus später zurückkommt, stutzt er:

Scorpus videt: Carōtae nōn adsunt. Scorpus rogat: „Ubi sunt carōtae?“ Servus venit. Servus spectat et cōgitat. Nunc Dāvus et Incitātus veniunt. Dāvus rogat: „Cūr hīc clāmor est?“ Scorpus: „Hīc fūrta sunt – ubi sunt carōtae?“ Subitō[1] Scorpus tacet – Scorpus videt: Incitātus mandūcat[2] et mandūcat. Nunc Scorpus rīdet et clāmat: „Ubi Incitātus est, ibi carōtae nōn sunt!“

[1] subitō plötzlich

[2] mandūcāre kauen

Vergleiche die lateinischen Sätze mit der deutschen Übersetzung: Wo ist die Stellung der Satzglieder gleich? Wo gibt es Unterschiede?

2 UNTERWEGS IM ALTEN ROM

Das Forum Romanum heute.

In jeder Stadt gibt es Bauwerke und Denkmäler, die uns etwas über die Geschichte des Ortes verraten – auch im alten Rom: Zu den ältesten Teilen der Stadt gehört neben dem **Tempel des Jupiter**, der gegen Ende der Königszeit auf dem Kapitol errichtet wurde, vor allem das **Forum Romanum** zwischen dem Palatin und dem Kapitol; die sumpfige Senke zwischen den beiden Hügeln wurde schon um 600 v. Chr. entwässert und gepflastert.

Nach dem Ende der Königszeit (um 500 v. Chr.) wurde im Tal zwischen Palatin und Aventin die ursprünglich natürliche Anlage einer Wagenrennbahn zum **Circus Maximus** ausgebaut.

Die meisten der imposanten Bauwerke Roms entstanden in der Kaiserzeit (ab 27 v. Chr.): Das **Kolosseum**, in dem hauptsächlich Gladiatorenspiele stattfanden, wurde 80 n. Chr. eingeweiht. Spätere Kaiser errichteten weitere Tempel, Foren (Marktplätze) und andere Prachtbauten wie die Thermen.

Das Forum Romanum war das Zentrum des politischen, wirtschaftlichen und religiösen Lebens für die Hauptstadt Rom und für das Römische Reich.

1. MK Auf dem Stadtplan von Rom (→ S. 14 f.) sind die Bauwerke und Orte, die im Text erwähnt werden, eingetragen. Sucht arbeitsteilig zu vier der genannten Bauten Rekonstruktionen im Internet und stellt sie der Klasse vor.
2. Mit welchen heutigen Gremien, Politikern und hohen Beamten kannst du die genannten „wichtigsten Personen Roms“ vergleichen? Gib jeweils einen entscheidenden Unterschied an.

Hier konnte man auch die wichtigsten Personen Roms antreffen:

- die **Senatoren**: reiche und anerkannte Persönlichkeiten, die nach dem Ende ihrer Ämterlaufbahn in das Gremium des Senats aufgenommen wurden; der Senat bestimmte bis zur Zeit des Augustus maßgeblich die Richtlinien der römischen Politik. In der Kaiserzeit nahm der Einfluss der Senatoren ab, viele Kaiser hörten aber weiter auf den Rat des ehrwürdigen Gremiums.
- die **Konsuln**: die höchsten Beamten, die nach der Königszeit jährlich gewählt wurden und in der Zeit der Republik den römischen Staat lenkten; es gab immer zwei Konsuln, die sich in ihren Entscheidungen mit dem „Veto“ blockieren konnten.
- die **Prätoren**: die zweithöchsten Beamten, die auch jeweils für ein Jahr gewählt wurden. Sie waren für die Gerichtsbarkeit zuständig und leiteten die Prozesse. Da es aber in Rom keine Polizei in unserem Sinne gab, mussten die Opfer eines Verbrechens selbst dafür sorgen, dass die Täter vor dem Prätor erschienen. Wenn der Prätor bei der Festnahme anwesend war, sorgte er für die Verhaftung und Bestrafung.

Blick über das Forum Romanum im 1. Jh. n. Chr. Rekonstruktion von Gilbert J. Gorski. 2015.

2 Entführt!

Als Davus und Scorpus am nächsten Morgen zu den Ställen kommen, erschrecken sie: Der Sklave Fidus liegt benommen am Boden – seine Mitsklaven Afra und Syrus richten ihn gerade mühsam auf. Fidus erzählt hektisch: „Das Tor war aufgebrochen – die Kerle waren vermummt – schon spürte ich einen heftigen Schlag auf den Kopf …“ Plötzlich merkt Scorpus, was los ist: Incitatus ist weg! Sofort sind sich alle einig: Ein Pferd kann nicht einfach so verschwinden; vielleicht hat ja jemand etwas gesehen. Sie teilen sich für die Suche auf.

1. **Stelle aus den ersten beiden Abschnitten des Textes Verben zusammen, die zum Thema „Suche“ passen.**

Scorpus et Fīdus ad Capitōlium properant. Amīcī viās et tabernās pervestīgant[1], servōs et servās, mercātōrēs et senātōrēs rogant. Sed Incitātum nōn vident, indicia[2] nōn audiunt. Scorpus ad Capitōlium spectat et clāmat: „Ecce! Ibi Iuppiter est. Iuppiter adesse dēbet!“

Tum ad forum veniunt. Aedificia et viās bene spectant, dominōs et dominās rogant. Sed equum nōn reperiunt. Itaque ad stabula[3] iterum properant …

Sȳrus et Āfra Circum Maximum et Aventīnum pervestīgant[1]. Dāvus per viās ad forum Boārium venit. Ibi mercātōrēs rogat, sed indicia[2] nōn reperit. Subitō Pompōnium mercātōrem videt. Pompōnius in tabernam properat. Statim Dāvus ante tabernam stat. Nunc Pompōnium audit; itaque per fenestram[4] spectat. Videt Pompōnium et Narcissum senātōrem. Et quid audit?

„Ubi est equus? Hahahae!“ – „Nunc bēstia tacet.“ – „Scorpus et servī … rogant.“ – „Sed bēstiam reperīre …“

Davus versteht nicht jedes Wort, weiß aber sofort: Er darf keine Zeit verlieren! Er bekommt noch mit, dass die beiden Incitatus nach Spanien verkaufen wollen, damit er dort Siege einfährt und dann an einen Pferdezüchter verschachert wird. Schon in der kommenden Nacht will man ihn am Tiberufer in ein Schiff bringen und abtransportieren.

Statim Dāvus ad stabula[3] properat. Amīcī iam adsunt. Dāvus omnia[5] narrat. Scorpus gaudet: „Iuppiter nōs adiuvat! Bene est!“ Tum Dāvus praetōrem vocat. Nocte[6] amīcī et praetor diū ad Tiberim[7] exspectant. Subitō Incitātum audiunt et vident; etiam Pompōnius et Narcissus veniunt …

Schnell ist Incitatus befreit, und der anwesende Prätor sorgt für die Verhaftung von Pomponius und Narcissus.

[1] pervestīgāre durchsuchen
[2] indicium der Hinweis
[3] stabulum der Stall
[4] fenestra das Fenster
[5] omnia *(Akk.)* alles
[6] nocte in der Nacht
[7] Tiberis *(Akk.* -im*)* der Tiber

2. **In Z. 12 f. versteht Davus die Sätze von Pomponius und Narcissus nicht genau. Erschließe aus dem Zusammenhang sinnvolle deutsche Ergänzungen für die beiden Sätze.**

3. **Erkläre den Ausruf des Scorpus: „Iuppiter nōs adiuvat!“ (Z. 15) Beachte dazu den Inhalt des ersten Abschnitts.**

4. **MK Stelle in einer Liste die Orte zusammen, an denen die einzelnen Abschnitte des Textes spielen. Rekonstruiere dann die Wege der Freunde mithilfe des Stadtplans (→ S. 14 f.).**

2

Wer interessiert sich für wen im Circus Maximus?

Incitātus adest; Dāvus **Incitātum** spectat.
Equī adsunt; Scorpus **equōs** spectat.
Etiam dominae adsunt; dominī **dominās** spectant.
Āfra adest; servī **Āfram** spectant.

Pompōnius mercātor adest; Dāvus Pompōnium **mercātōrem** spectat.
Mercātōrēs adsunt; dominī et dominae **mercātōrēs** spectant.
Et equī? – Equī **frūmentum** spectant. Equī ad (zum) frūmentum spectant.

> 1. Stelle die neuen Endungen der farbig markierten Substantivformen in einer Tabelle zusammen. Sortiere die Endungen nach den Deklinationsklassen.
> 2. Erschließe, welches Satzglied die farbig markierten Formen bilden. Wie kannst du nach diesen Formen fragen?

ÜBUNGEN

A **Zieleinlauf** Neues kompakt

Davus beobachtet mit seinen Freundinnen, den Sklavinnen Lydia und Afra, gespannt den Zieleinlauf beim Pferderennen. Übersetze:

Equī veniunt. Dāvus **equōs** spectat.
Sed Incitātus nōn venit. Dāvus **Incitātum** nōn videt.
Etiam Lȳdia et Āfra adsunt. Dāvus **Lȳdiam** et **Āfram** rogat: „Ubi Incitātus est?"
Nunc servae rīdent. Dāvus stupet (stutzt) et **servās** spectat. Cūr servae rīdent?
Nunc etiam Dāvus **Incitātum** videt et rīdet: Incitātus victor est.
Populus Incitātum **victōrem** spectat. Populus gaudet.
Sed Incitātus nōn gaudet. Cūr nōn gaudet?
Frūmentum videt – sed carōtās (!) amat.

B **Formenrennen** Substantive bestimmen

Lege in deinem Heft eine Tabelle an: Nom. Sg., Nom. Pl., Akk. Sg., Akk. Pl.
Setze anschließend zusammen mit deinem Lernpartner die Substantive und Eigennamen aus dem Lektionstext, Z. 1–4, richtig ein.

C **Wer gehört hier nicht dazu?** Wortarten unterscheiden

Finde die zwei Irrläufer und begründe deine Entscheidung.

forum | equōs | etiam | amīcum | servās | iterum | aedificia

D **Der Unterschied am Ende** Deklinationsklassen erkennen

Bestimme die Deklinationsklasse. Bilde anschließend zu den Singularformen den Plural und umgekehrt.

servōs | amīcus | fora | mercātōrem | dominam
▷ bēstiās | senātōrēs | aedificia | viam

E Wo ist Incitatus? Wortformen sinngerecht zuordnen

Bei den folgenden Sätzen fehlt jeweils ein Teil. Fülle die Lücken treffend mit den angegebenen Wörtern und übersetze.

1. Sȳrus et Āfra ante Circum Maximum ? audiunt.
2. ? per viās properant; sed equum nōn ?.
3. ? Dāvus Pompōnium videt: ? ad forum venit.
4. Ante ? Dāvus stat et Pompōnium audit.

aedificium | amīcī | clāmōrem | reperiunt | subitō | mercātor

Die farbig gedruckten Buchstaben der eingesetzten Wörter ergeben in der richtigen Reihenfolge Incitatus' Leibspeise.

▷ Untersuche die deutsche Übersetzung zusammen mit deinem Banknachbarn: Partner A bestimmt Subjekt und Prädikat, Partner B gibt dazu den Numerus an. Nach jeweils zwei Formen wird gewechselt.

Der Campo de' fiori in Rom.

F ⟲ Markttag in Rom Numerus anpassen

Setze das in Klammern angegebene Verb in die passende Form und übersetze.

Beispiel: Amīcus diū (exspectāre). → Amīcus diū exspectat. Der Freund wartet lange.

1. Sȳrus et Āfra per viam (properāre).
2. Mercātor ad forum (venīre).
3. ▷ Servī ad amīcōs (spectāre).
4. ▶ Senātor ante aedificium (exspectāre).
5. Dominī et dominae diū (tacēre) et (cōgitāre).

G Gemeinsame Wurzeln Sprachen vergleichen

Die lateinischen Endungen -us und -um wurden im Italienischen oft zu -o. Nenne also zu den folgenden italienischen Substantiven die entsprechenden lateinischen:

Auf Deutsch

Ist das Incitatus?

Auf ihrer Suche nach Incitatus kommen Afra und Syrus zum Forum:

Sȳrus et Āfra per forum properant et dominās et dominōs vident. Sed equus nōn adest. Subitō Āfra videt: Ibi bēstia est – post[1] aedificium. Āfra clāmat: „Ecce, hīc Incitātus est!" Statim Āfra et Sȳrus ad aedificium properant, sed equum nōn vident. Sȳrus rogat: „Ubi Incitātus est?"

Subitō amīcī audiunt: „I-A, I-A!" Nunc Āfra: „Hīc Incitātus nōn est!"

[1] post *m. Akk.* hinter

Im Deutschen erscheint das Prädikat eines Hauptsatzes als zweites Satzglied. Im Lateinischen steht es meist am Ende des Satzes. Bei der Übersetzung musst du also das Prädikat an die zweite Stelle im Satz vorziehen: Sȳrus et Āfra per forum properant. Syrus und Afra **eilen** über das Forum.

Untersuche, an welchen Stellen bei der Übersetzung eine Umstellung des Prädikats nötig ist.

So lebten reiche Römer

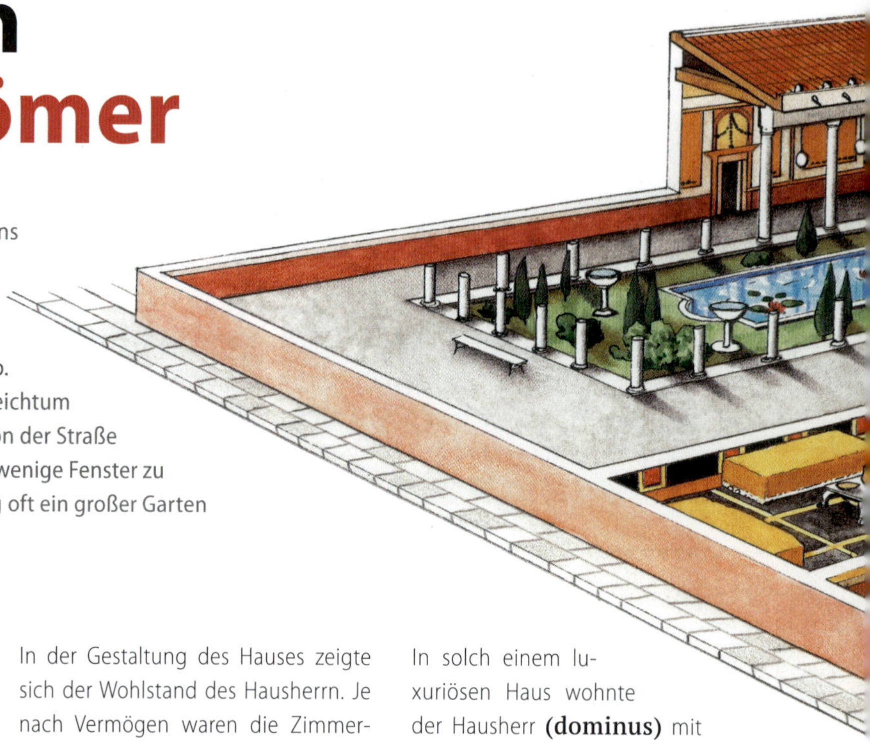

Wirklich reiche Römer hatten mindestens zwei Häuser: eines in der Stadt und eines auf dem Land. In der Stadt wohnten sie auf den Hügeln, wo die Luft besser war und wo es viel Platz gab. Ihren Wohnhäusern konnte man den Reichtum von außen aber nicht ansehen; denn von der Straße aus waren nur Mauern, Vordächer und wenige Fenster zu sehen. Neben oder hinter dem Haus lag oft ein großer Garten oder Park.

Man betrat das Innere eines solchen Hauses durch einen Gang, der in einer Eingangshalle **(ātrium)** endete. Hier war meist viel Betrieb, denn hier wurden die Gäste empfangen. Das Atrium war nach oben hin offen, um Licht und Luft hineinzulassen. In der Mitte des Atriums befand sich ein Wasserbecken **(impluvium)**, in dem man das Regenwasser auffing. Im Atrium befand sich auch das **lārārium**, ein kleines Heiligtum, an dem die Laren, die Schutzgottheiten des Hauses und der Familie, verehrt wurden. Vom Atrium gingen verschiedene Räume ab, z. B. die Schlafräume **(cubicula)**, die Küche und verschiedene Wirtschaftsräume. Ans Atrium grenzte auch das Speisezimmer **(triclīnium)**, in dem gepolsterte Speisesofas standen; denn man nahm die Mahlzeiten im Liegen ein. Vom Atrium führte oft ein Gang hinaus in den Garten **(hortus)**. Wenn man es sich leisten konnte, war dieser Garten von einer Säulenhalle **(Peristyl)** umgeben.

In der Gestaltung des Hauses zeigte sich der Wohlstand des Hausherrn. Je nach Vermögen waren die Zimmerwände reich bemalt, die Säulen und der Fußbodenbelag aus kostbarem Marmor gefertigt oder mit Mosaiken ausgelegt. Da es im Winter empfindlich kalt werden konnte, wurden die Räume mit Fußbodenheizungen **(Hypokausten)** erwärmt. Reiche Römer ließen sich auch Bäder mit fließend warmem Wasser einrichten. Solche Installationen – Heizung und Wasserleitungen – waren besonders kostspielig.

In solch einem luxuriösen Haus wohnte der Hausherr **(dominus)** mit seiner Frau und seinen Kindern, aber auch mit seinen Sklaven. Nach römischem Verständnis gehörten nämlich alle Personen, die in einem Haushalt lebten, zur **familia**, also auch die Sklaven. Bei sehr reichen Römern konnte eine Familie daher mehrere hundert Menschen umfassen! Der Hausherr war das unbestrittene Oberhaupt der Familie und hatte über die Mitglieder seiner Familie eine allum-

Rekonstruktion eines römischen Gutshofes ***(vīlla rūstica)*** *bei Perl-Borg im Saarland.*

fassende Gewalt **(patria potestās)**, d. h. er bestimmte sogar über Leben und Tod aller Familienmitglieder. Konflikte zwischen Vätern und erwachsenen Söhnen waren daher in Familien der Oberschicht nicht selten.

Wenn die reichen Römer nicht in der Stadt, sondern auf dem Land waren, lebten sie auf einem Gutshof **(vīlla rūstica)**, der manchmal mit luxuriösen Zimmern, vielen Bädern und riesigen Parks ausgebaut war. Vor allem umfasste eine solche **vīlla rūstica** immer einen großen Bauernhof, wo Oliven, Wein und Getreide angebaut und Tiere gehalten wurden. Bewirtschaftet wurden diese Gutshöfe von Sklaven, manchmal von mehreren hundert, die von einem Verwalter **(vīlicus)** beaufsichtigt wurden, der meist selbst ein Sklave war. Die Einnahmen, die diese Gutshöfe Jahr für Jahr erwirtschafteten, bildeten oft die Grundlage für den Reichtum einer Familie der römischen Oberschicht.

Stellt Informationen über das Leben zusammen, das der Sohn eines superreichen Römers führte. Partner A listet die angenehmen, Partner B die unangenehmen Aspekte auf. Erörtert dann, ob ihr ein solches Leben für erstrebenswert haltet.

Abenteuer auf dem Land

40501-30

Wohnen in der Metropole

Rom brennt!

40501-31

Unsere Geschichte spielt in der Millionenstadt Rom. Die meisten der Einwohner wohnten in der **Subūra**, einem tiefliegenden Gebiet zwischen den Hügeln Kapitol, Palatin, Viminal und Esquilin. Hier herrschten (wie in vielen modernen Großstädten) Überbevölkerung, schlechte hygienische Verhältnisse, Armut und Kriminalität.

In den dunklen und engen Gassen reihten sich vier- bis fünfstöckige Hochhäuser **(īnsulae)** direkt aneinander, wo oft über hundert Menschen in einem Haus lebten. Meist bewohnte eine ganze Familie ein winziges Zimmer, das nur ein einziges Fenster hatte. Die Wohnungseinrichtung bestand aus ein oder zwei Betten, einem Tisch, Stühlen und einer Truhe, in der die Familie Schmuck, Kleidung und ihren sonstigen Besitz aufbewahrte. In einer solchen Wohnung gab es keine Küche, kein Bad und keine Toilette: Wasser zum Waschen und Trinken holte man von öffentlichen Brunnen und das Essen aus einer Imbissbude **(thermopōlium)** oder Gaststätte **(taberna)**, die oft im Erdgeschoss der **īnsula** untergebracht war.

Weil die Hausbesitzer Geld sparen wollten, waren die Hochhäuser oft nicht stabil gebaut und stürzten häufig ein. Kaiser Augustus begrenzte zwar die erlaubte Höhe einer **īnsula** auf 70 Fuß (ca. 20 m), doch auch das hat die Hauseinstürze nicht verhindert: Risse in der Mauer wurden nur notdürftig geflickt, mit dünnen Holzbalken abgestützt oder sogar nur mit Farbe übermalt; denn der Neubau eines Hauses war billiger als die Reparatur eines alten. Eine viel größere Gefahr waren aber Brände, da Decken, Dächer und Treppenhäuser aus Holz gebaut waren und die Bewohner zur Beleuchtung Öllampen und Kerzen benutzten. Fast jedes Jahr, vor allem im Sommer, hat es in Rom gebrannt. Wenn ein Feuer ausgebrochen war, konnte man es kaum noch löschen, denn das Wasser musste über weite Strecken vom nächsten Brunnen in Eimern geholt werden (Schläuche gab es noch nicht), und oft kamen die Feuerwehrleute **(vigilēs)** überhaupt nicht bis zum Brand durch, weil die Straßen zu eng waren für ihre Fahrzeuge. Die Bewohner der oberen Stockwerke waren bei einem Feuer so gut wie verloren.

Die Subura war ein belebtes Viertel, eng, verwinkelt und schlecht beleuchtet. Daher zog dieser Stadtteil viele Ganoven und Diebe an. Hier gab es jede Menge zwielichtige Kneipen und Spelunken, die für ihre Kunden ideale Treffpunkte und Rückzugsorte waren – und in der Subura befand sich auch das Vergnügungsviertel des antiken Rom. Aber der Stadtteil war auch berühmt für seine Märkte, wo es billig frische Lebensmittel zu kaufen gab.

Scorpus sucht ein Zimmer in der Subura. Gib ihm einige Tipps, worauf er bei seiner Wohnungssuche auf jeden Fall achten sollte.

Der Spaccanapoli („Neapel-Spalter") ist eine schmale Straße, die die Altstadt von Neapel durchschneidet. Ähnlich wie im Spaccanapoli wird es auch in der Subura Roms ausgesehen haben.

3 Wellness & Unterhaltung

Zu den beliebtesten Freizeitbeschäftigungen der Römer gehörte ein Besuch in den **Thermen** (thermae *Pl.*). Das waren große, prächtig ausgestattete „Wellnessoasen", in denen man sich vielfältig betätigen konnte: Es gab Schwimmbecken, Baderäume, einen Sportplatz und oft sogar eine Bibliothek. Öffentliche Thermen gab es in Rom, aber auch in den meisten Provinzstädten des Römischen Reiches. In den Thermen konnte man wunderbar entspannen: baden, schwimmen und schwitzen, sich unterhalten und Sport treiben, lesen, sich rasieren oder massieren lassen. Badekleidung – abgesehen von hölzernen Latschen – kannten die Römer nicht, man badete nackt. Für Männer und Frauen gab es jeweils eigene Bereiche oder der Besuch war für unterschiedliche Tageszeiten vorgesehen.

Beheizt wurden die Bäder über Holzöfen, deren heiße Luft von den Heizkammern (praefurnia) mittels einer Fußboden- und Wandheizung (der **Hypokaustenheizung**) in alle Räume geleitet wurde. Sklaven mussten in diesen Gängen ständig für das Heranschaffen und Nachlegen des Heizmaterials sorgen – unter entsetzlichen Bedingungen, da der Rauch nur allmählich von dort abziehen konnte.

1 palaestra (Sportplatz)
2 piscīna (Schwimmbecken)
3 praefurnium (Heizkammer)

Männerabteilung:
4 apodytērium (Auskleideraum)
5 frīgidārium (Kaltbaderaum)
6 tepidārium (Laubaderaum)
7 caldārium (Warmbaderaum)

Frauenabteilung:
a apodytērium (Auskleideraum)
b tepidārium (Laubaderaum)
c caldārium (Warmbaderaum)

1. MK Informiert euch arbeitsteilig über antike Thermenanlagen, deren Überreste man in Rom und in Deutschland heute noch besichtigen kann, und stellt sie euch gegenseitig in digitalen Präsentationen vor.
2. MK Der Philosoph Seneca (ca. 1–65 n. Chr.) schildert in Brief 56 seine Eindrücke vom Treiben in einer Thermenanlage. Recherchiere den Inhalt des Briefs im Internet und stelle deinen Mitschülern die wesentlichen Eindrücke vor.

Rekonstruktion der Stabianer Thermen in Pompeji. 2. Jh. v. Chr.

3 Tatort Thermen

Gerade wollen der pompejanische Weinhändler Marcus Lollius und der römische Rechtsgelehrte und Senator Lucius Plotinus die Thermen betreten, als Demetrius – stadtbekannt für sein Redebedürfnis – auf sie zustürzt:

1. **Erschließe aus den farbig gedruckten Fachbegriffen, welche Räume die Personen in den Thermen besuchen; nutze dazu den Plan auf der linken Seite.**

„Iō! Hīc estis! Nunc apud amīcōs sum. Bene est! Salvē, Mārce! Salvē, Lūcī! Quīn thermās intrāmus? Venīte, amīcī!“ Iam **apodytērium** intrat.

Marcus und Lucius folgen Demetrius zögerlich. Der legt seine Tunika ab und deutet auf einen Sklaven, der in einer Nische die Kleidung seines Herrn bewacht:

„Ecce, ibi servus sedet. Certē fūrtum parat. Servī semper fūrta parant, audāciam sciō. Vidē! Nunc servus cōgitat: Quemadmodum fūrtum parō?“ Mārcus: „Audī, Dēmētrī! Sciō: Servus est Cāriānus; dominum semper adiuvat. Dominus Cāriānum amat ut[1] amīcum. Nunc Cāriānus dominum exspectat.“

[1] ut wie

Im **caldārium** sorgen Wand- und Fußbodenheizung für hohe Temperaturen, was Demetrius veranlasst, auf „echte“ Sklavenarbeit in den **praefurnia** hinzuweisen:

„Ibi servī nōn sedent, sed labōrant. Servī pārēre dēbent, nōn sunt amīcī – labōrāre dēbent ut[1] bēstiae, hahahae!“ Lūcius: „Moneō tē propter verba. Scīmus: Servī rēs[2] sunt. Tamen, Dēmētrī, servōs cūrāre dēbēmus. Itaque audī cōnsilium: Tacē!“

[2] rēs *Pl.* Sachen

Beleidigt verschwindet Demetrius. Im **frīgidārium** plätschert Wasser ins Becken, die bemalten Wände sorgen für Entspannung … Da ertönt ein Schrei aus dem **apodytērium** – schon stürzt Demetrius herein, immer noch unbekleidet:

„Fūrtum! Fūrtum! Ubi est vestis[3]? Vestem nōn iam reperiō. Adeste! Aliter … Certē servus … Sciō audāciam … Propter fūrtum servum necāre volō!“ Paulō post Cāriānus servus venit – intrāre vix[4] audet. Dēmētrium salūtat: „Salvē, domine! Ecce, vestis[3]! Vestem portō.“ Statim Mārcus rogat: „Cūr tū vestem[3] habēs, Cariāne? Narrā!“

[3] vestis *(Akk.* vestem*)* die Kleidung

[4] vix kaum

Carianus erzählt, ein vornehm aussehender Herr habe Demetrius' Kleidung „mitgehen lassen“. Er habe ihn so lange verfolgt, bis er seine Beute habe fallen lassen.

Lūcius rīdet: „Cāriānus Dēmētrium servat!“ Dēmētrius: „Rēctē mē rīdētis, amīcī! Tē autem laudō, serve: Tū mē servās! Nunc etiam egō servōs laudō.“

2. **Stellt aus Z. 1–12 arbeitsteilig Textbelege zusammen, die die Haltung der drei Männer Sklaven gegenüber charakterisieren. Legt dar, worauf sie sich jeweils berufen.**
3. **In seinem „Sklavenbrief“ (Brief 47) macht sich der Philosoph Seneca (ca. 1–65 n. Chr.) Gedanken über den richtigen Umgang mit Sklaven. Recherchiert im Internet den Inhalt des Briefs und stellt euren Mitschülern die zentralen Gedanken vor. Ermittelt Parallelen zu den Haltungen, die im Lektionstext deutlich werden.**

3 Widerspenstige Sklaven

Herr und Herrin wollen sich bedienen lassen, aber Diener und Dienerinnen lassen sich nicht drängen:

Dominus servum vocat. Sed servus nōn venit.
Dominus iterum servum vocat: „Venī, serve! Properā! Ubi es?“ – Servus nōn venit.
Dominus clāmat: „Cūr nōn venīs? Cūr nōn properās?“
Nunc servus venit: „Iam veniō, domine. Iam properō. Iam adsum. Cūr clāmās?“
Domina servās vocat. Sed servae nōn veniunt.
Domina iterum servās vocat: „Venīte, servae! Properāte! Ubi estis?“ – Servae nōn veniunt.
Domina clāmat: „Cūr nōn venītis? Cūr nōn properātis?“
Nunc servae veniunt. „Iam venīmus, domina. Iam properāmus. Iam adsumus.“

1. Vergleiche die farbig markierten Verbformen: Erschließe aus dem Kontext, welche Bedeutung die neuen Endungen haben.
2. Bilde mit den neuen Endungen die entsprechenden Formen von vidēre.
3. Entdecke eine neue Substantivform und erschließe aus dem Kontext ihre Funktion.

ÜBUNGEN

A Suche nach Incitatus Neues kompakt

Scorpus clāmat: „Fīde! Ubi es? Tē (dich) nōn videō. Venī ad Capitōlium! Properā!“
Fīdus: „Hīc sum. Iam veniō. Cūr clāmās?“
Āfra ad Dāvum et Sȳrum: „Venīte, amīcī! Ubi estis? Cūr nōn properātis?“
Dāvus et Sȳrus: „Hīc sumus. Iam venīmus. Tē iam vidēmus. Iam properāmus.“

B Die Endung macht's! Kasusformen bestimmen

Bestimme in den folgenden Sätzen Kasus, Numerus und Genus der fett gedruckten Substantive und Namen. Übersetze dann.

1. Mercātor **bēstiās** nōn amat. 2. Dominus: „**Serve**, pārē!“ 3. Senātor ad **tabernam** venit. 4. **Populus** equōs spectat. 5. Pompōnius **victōrēs** videt. 6. Āfra ante **circum** clāmōrem audit. 7. Salvēte, **amīcī**! 8. Āfra: „**Lȳdia**, **aedificium** intrā!“ 9. **Victor** equōs laudat.

C Der ungebetene Begleiter Verbformen bilden

Bilde das Prädikat in der richtigen Personalform. Übersetze dann.

1. Ante thermās Lūcius senātor et Mārcus mercātor (stāre). 2. Tum Dēmētrius venit. Mārcus ad Lūcium: „Quis adest? Dēmētrium spectāre nōn (audēre).“ 3. Iam Dēmētrius dominōs (salūtāre): „Salvē, Mārce! Salvē, Lūcī! 4. Cūr ante thermās (esse)? Quīn (properāre)? Egō thermās (intrāre). (Venīre)!“ 5. Intus (drinnen) Dēmētrius rogat: „Quid (vidēre), Mārce et Lūcī? (Narrāre)! 6. Egō servum (vidēre). Certē fūrtum (parāre).“ 7. Lūcius: „Mārcus et egō tē (monēre). Etiam tū servōs cūrāre (dēbēre).“

D Was will der Herr? Imperative erkennen

Der Herr gibt Befehle: Bestimme, welche Imperative sich an mehrere Sklaven richten und welche nur an Davus. Achtung: In seiner Befehlswut ruft der Herr versehentlich nicht nur Imperative. Übersetze nur die Imperativformen.

Audīte verba! | Pārēte! | Bene! | Venī! | Mercātōrem adiuvā! | Ibi! | Tacēte! | Senātōrem reperī!
▷ Narrā! | Amīce! | Certē! | Exspectāte! | Rēctē!

E Latein lebt! Fremdwörter erklären

Viele Fremdwörter haben sich aus dem Lateinischen entwickelt. Nenne zu den vier Begriffen die lateinischen Wörter, die ihnen zugrunde liegen, und erkläre ihre Bedeutung.
▶ Vergleiche die Bedeutung der Fremdwörter mit der Bedeutung des lateinischen Wortes und erkläre ggf. den Bedeutungsunterschied.

F ↺ Subjekt versteckt? Subjekt im Prädikat erkennen

Wähle die Sätze aus, in denen das Subjekt im Prädikat steckt. Übersetze dann.

1. Lȳdia et Āfra nōn rīdent. Servae sunt.
2. Dāvus et Fīdus gaudent. Incitātum vident.
3. Senātor ante tabernam exspectāre dēbet. Itaque tacet, nōn rīdet.
▷ 4. Pompōnius per viās properat. Tum senātōrem reperit.
▶ 5. Gāius amīcus est. Semper amīcōs adiuvat.
6. Scorpus et Incitātus victōrēs sunt. Sed victōrēs nōn videō.

Die Kritzelei an der Wand

Auf Deutsch

Lavinia, die Ehefrau des Marcus Lollius, hat sich mit ihrer Freundin Tertia und deren dreijähriger Tochter Aurelia in der Frauenabteilung der Stabianer Thermen verabredet.

Tertia et Aurēlia ante thermās exspectant. Aurēlia: „Ubi est Lāvīnia?" Tertia: „Ecce, iam venit!" Aurēlia clāmat: „Hīc sumus. Salvē, Lāvīnia!" Lāvīnia Tertiam et Aurēliam videt et salūtat: „Salvēte, Tertia et Aurēlia! Venīte!" Iam thermās intrant. Aurēlia aedificium bene spectat; prīmum[1] hīc est. Lāvīnia Aurēliam rogat: „Quid vidēs? Quid audīs? Narrā!" Aurēlia narrat: „Dominās videō. Verba audiō. Undique clāmor est. Sed puellās[2] nōn videō."

Tertia zeigt auf eine Kinderkritzelei an der Wand:

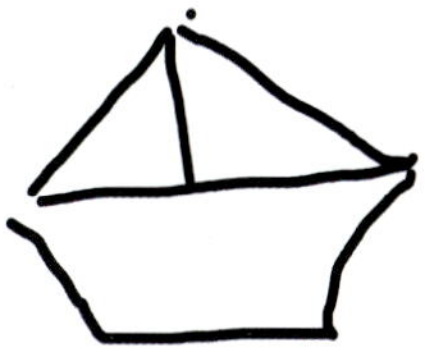

„Quid hīc vidēs, Aurēlia?" Aurēlia: „Nāvis[3] est." Aurēlia gaudet: „Nunc sciō: Etiam līberī[4] adsunt." Lāvīnia et Tertia rīdent: „Certē, Aurēlia. Venī! Tepidārium intrāmus."

[1] prīmum zum ersten Mal
[2] puella das Mädchen
[3] nāvis Schiff
[4] līberī *Pl.* die Kinder

Im Deutschen sind manche Verbformen mehrdeutig, z. B. „Kommt!" (Imperativ Pl.) – „(sie) kommt" (3. Pers. Sg.). Die lateinischen Entsprechungen findest du im Text. Nenne sie. Ermittle im Text weitere Verbformen, deren deutsche Übersetzung mehrdeutig sein kann, und bestimme sie.

1

2

Eine Gesellschaft mit Sklaven

3

Die römische Gesellschaft war in „Stufen" angelegt – jeder hatte seinen festgelegten Platz: Zunächst war entscheidend, ob jemand das römische Bürgerrecht besaß oder nicht. Römische Bürger durften als „Statussymbol" eine Toga tragen. Innerhalb der Gruppe der freien Bürger hatten die **Ritter und Senatoren** eine bevorzugte Stellung; um Ritter zu werden, musste man ein Vermögen von 400.000 Sesterzen haben. Die Senatoren (→ S. 20) – erkennbar an der weißen Toga mit purpurrotem Streifen – besaßen mehr als eine Million Sesterzen. Darüber stand nur der Kaiser.

Der Aufbau der römischen Gesellschaft in der Kaiserzeit lässt sich folgendermaßen darstellen:

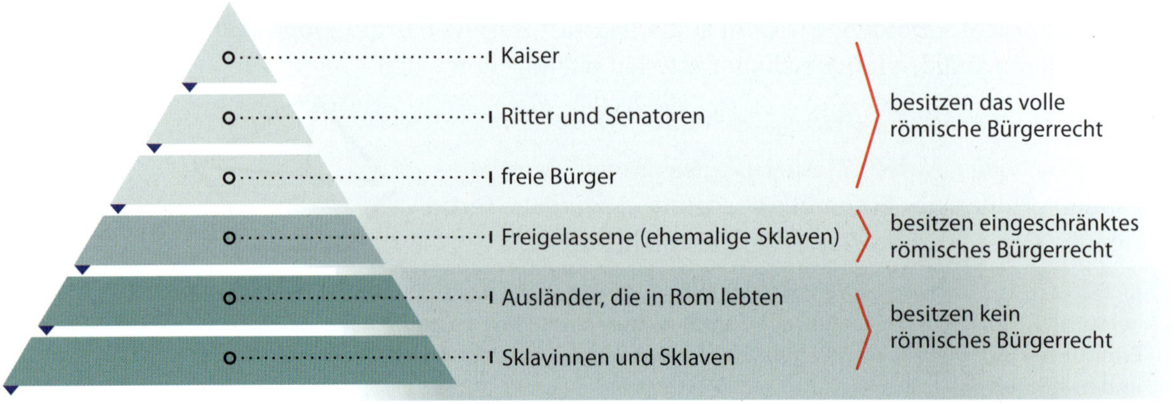

1 *Sklavenmarkt im alten Rom.*
2 *Schlafender Sklavenjunge. Mit der Laterne in der Hand wartet er auf seinen Herrn. Römische Marmorstatuette. 1. Jh. v. Chr.*
3 *Sklaven in Ketten. Marmorrelief.*
4 *Ein Sklave beim Bedienen. Römisches Mosaik aus Tunesien. 2. Jh. n. Chr.*

5 *Römische Sklavenmarke.*
6 *Gladiatorenschule, wo Sklaven für Kämpfe ausgebildet wurden.*

Auf der untersten Stufe standen die **Sklaven**: Sie waren zwar Menschen, aber ohne Menschenrechte. Juristisch waren sie – wie Sachen – Besitz ihrer Herren, der gekauft oder verkauft wurde. So wurden sie als „Werkzeuge, die sprechen können" bezeichnet. Die Preise für Sklaven richteten sich nach dem Alter und den Fähigkeiten.

Es gab nicht nur Sklaven in allen Lebensbereichen und „Berufen" – auch die Lebensbedingungen waren sehr unterschiedlich: Die einen schufteten in Bergwerken, Steinbrüchen oder bei schwerer Feldarbeit, andere arbeiteten in den Häusern reicher Römer als Köche, Lehrer, Ärzte oder Diener, wieder andere waren Schauspieler, Wagenlenker (wie Scorpus) oder Gladiatoren. Der berühmte Sklavenaufstand des Spartacus (73–71 v. Chr.) nahm seinen Anfang in einer Gladiatorenschule in Capua, wo Sklaven für die Kämpfe ausgebildet wurden.

Sklave oder Sklavin wurde man durch Kriegsgefangenschaft, wenn man von Räubern oder Piraten gekidnappt und verkauft oder als Kind von Sklaven geboren wurde. Die Herren konnten ihre Sklavinnen und Sklaven schlagen, einsperren und sogar hinrichten lassen – oder aber gut behandeln und sogar freilassen. Um das Auffinden geflohener Sklaven zu erleichtern, mussten manche eine Plakette oder ein Halsband mit dem Namen des Besitzers tragen.

Die römische Gesellschaft hatte von der Sklaverei viele Vorteile: Sklaven waren billige Arbeitskräfte und erlaubten der Oberschicht einen luxuriösen Lebensstil; die Adeligen konnten sich so einer politischen Laufbahn oder ihren Studien und Interessen widmen.

Der griechische Schriftsteller Plutarch schreibt über den einflussreichen konservativen Politiker Marcus Porcius Cato (234–149 v. Chr.) und seine Sklaven:

„Er hielt eine große Menge Sklaven, die er aus Kriegsgefangenen kaufte. Er nahm am liebsten solche, die noch klein waren und sich wie junge Hunde bilden und ziehen ließen. (…) Sklaven, die etwas falsch gemacht hatten, ließ er gleich mit Peitschen bestrafen. Immer wieder suchte er sie in Streit und Uneinigkeit zu halten, weil Eintracht ihm Furcht und Verdacht erregte."

1. **Stelle die Personen der Lektionen 1–3 in einer Liste zusammen. Gib jeweils die gesellschaftliche Schicht an, zu der sie gehören.**
2. **Vergleicht eure Ergebnisse zu Aufgabe 3 auf S. 29 mit den unten zitierten Aussagen des Schriftstellers Plutarch über M. Porcius Cato und seine Sklaven.**

4 Mord als Sport?

Große Fußballstadien erinnern in ihrem Aussehen an antike Amphitheater („Rundtheater“) – und auch das Verhalten der Fans ist vergleichbar: Man sitzt dicht gedrängt, feuert an und jubelt. Man springt vor Begeisterung auf oder macht seinem Ärger und seiner Enttäuschung lauthals Luft.

Der Unterschied liegt in dem Spektakel, das man besucht: Heute ist es der sportliche Wettstreit zweier Mannschaften, und für den Sieg zählt man die Tore. Im Amphitheater waren es die Gladiatorenkämpfe, die mit heftigen Verletzungen oder dem Tod der Kämpfer endeten. Die Gladiatoren wurden in eigenen „Schulen“ trainiert und gingen meist ganz unterschiedlich bewaffnet aufeinander oder auf wilde Tiere los.

Das bedeutendste Amphitheater war das Kolosseum in Rom (→ S. 15 und 58). Das älteste erhaltene Amphitheater wurde in Pompeji (um 70 v. Chr.) erbaut und fasste bis zu 20.000 Zuschauer. Da es mit den Pompejanern allein nicht voll wurde, lud man zu den Spielen (so nannte man die Kämpfe in der Arena) auch die Bewohner von Nachbarstädten ein; dabei blieben Rivalitäten, Pöbeleien und auch Ausschreitungen nicht aus.

Das im Lektionstext geschilderte Geschehen geht auf ein tatsächliches Ereignis im Amphitheater von Pompeji (59 n. Chr.) zurück; es ist im Werk des Geschichtsschreibers Tacitus überliefert. Der Veranstalter dieser Spiele war der römische Senator Livineius Regulus.

MK **Recherchiert arbeitsteilig zu den römischen Amphitheatern: Wie war die Bauweise? Welche Spiele fanden darin statt? Wer veranstaltete die Spiele? Wer waren die Kämpfer in der Arena? Welche Bedeutung hatten die Spiele für Zuschauer und Veranstalter?**
Stellt eure Ergebnisse übersichtlich zusammen und macht sie euren Mitschülern über eine digitale Plattform zugänglich.

4 Hooligans im Amphitheater

Der Weinhändler Marcus Lollius hat Besuch von seinem Neffen Gaius. Die beiden wollen die Gladiatorenspiele besuchen. Heute sollen auch wieder Nuceriner (Nūcerīnī, ōrum) aus der Nachbarstadt kommen. Auf dem Weg zum Amphitheater erfährt Gaius von seinem Onkel einiges über die Begeisterung der Pompejaner (Pompēiānī, ōrum) für die Gladiatorenkämpfe.

1. Lies den Text konzentriert durch und weise die folgenden Stichworte den fünf Abschnitten zu: Ausschreitungen in der Arena – Stimmung im Amphitheater – Info über die Kämpfe – Angst und Flucht – Sticheleien der Fans

Mārcus Lollius dē lūdīs et dē gladiātōribus narrat: „Pompēiānī lūdōs amant. Gladiātōrēs sine timōre pūgnant. Audāciam laudō.“ Gāius: „Gaudeō, quod lūdōs spectāmus. Sed cūr etiam Nūcerīnī adsunt?“ Mārcus: „Lūdī Nūcerīnōs movent; etiam Nūcerīnī lūdīs gaudent. Itaque adsunt.“

Nunc amphitheātrum vident. Turba ante portās stat lūdōsque exspectat. Paulō post Mārcus et Gāius in amphitheātrō sedent. Dominī et dominae, servī et servae gaudiō clāmant. Etiam Līvinēius Rēgulus senātor adest. Turba senātōrem clāmōre salūtat.

Dum gladiātōrēs arēnam intrant, Nūcerīnī Spīculum gladiātōrem laudant: „Tandem adest Spīculus victor!“ Pompēiānī autem Spīculum rīdent: „Spīculus nōn gladiō pūgnat, sed clāmōre. Spīculus nōs nōn movet.“ Statim Nūcerīnī cum Pompēiānīs certant[1]. Pompēiānī Nūcerīnōs verbīs temptant: „Quid scītis dē lūdīs, quid dē gladiātōribus?“

Simul Nūcerīnī iam pulvīnōs[2] per arēnam iactant[3], Pompēiānōs etiam saxīs[4] temptant. Tamen nēmō[5] Nūcerīnōs continet. Pompēiānī: „Scelerātī estis! Semper iniūriās parātis!“ Auxilium exspectant; itaque amīcōs vocant: „Adiuvāte nōs!“ Tum undique Pompēiānī et Nūcerīnī in arēnam veniunt: Nōn gladiātōrēs, sed Nūcerīnī et Pompēiānī gladiīs pūgnant.

Nunc Mārcus Lollius Gāium monet: „Hīc manēre nōn audeō. In timōre sum. Fugā nōs servāre dēbēmus.“ Statim ex amphitheātrō properant – in amphitheātrō Pompēiānī adhūc cum Nūcerīnīs pūgnant.

[1] certāre streiten
[2] pulvīnus das Sitzkissen
[3] iactāre werfen
[4] saxum der Stein
[5] nēmō niemand

Die Pompejaner behalten letztlich die Oberhand – aber es gibt auf beiden Seiten Verletzte und sogar Tote. Die Nuceriner wenden sich daraufhin an den Senat in Rom, der scharf reagiert: Die Pompejaner dürfen zehn Jahre lang keine Gladiatorenspiele mehr abhalten, und der Veranstalter Livineius wird verbannt.

2. Untersuche die Äußerungen der Pompejaner und der Nuceriner im dritten und vierten Abschnitt: Bewerte ihre Aussagen im Hinblick auf die Eskalation des Geschehens.

3. Was mag während des Geschehens in Gaius vorgegangen sein? Formuliere seine Gedanken in vier Sätzen.

Video
41500-02

4

Dem Dieb auf den Fersen

Cāriānus ex **aedificiō** properat.
Fūr (der Dieb) in **viā** stat. Cāriānus vestem (die Kleidung) servat.
In **aedificiō** Dēmētrius clāmat: „Fūrtum! Servus fūr est."
Lūcius: „Cōgitā dē **verbīs**, Dēmētrī!"
Tum Cāriānus intrat; vestem habet.
Itaque Dēmētrius cum **Mārcō et Lūciō** servum laudat:

„Fūr **audāciā** fūrtum parat. Tū autem victor es."
Lūcius: „Nunc **verbīs** gaudēmus, Dēmētrī!"

Präpositionen

ē/ex aus
in auf, in
dē über
cum (zusammen) mit

1. **Der Ablativ wird oft nach Präpositionen verwendet. Finde eine passende Übersetzung für die Ablative nach den Präpositionen in Z. 1–6.**
2. **Im letzten Absatz wird der Ablativ ohne Präposition verwendet. Beschreibe seine unterschiedlichen Bedeutungen in Z. 7–8. Erschließe eine passende Wiedergabe im Deutschen.**

ÜBUNGEN

Du kannst den Ablativ selbstständig üben: Wenn du nach der Erarbeitung der Aufgaben **A** und **B** noch unsicher bei den Substantivformen bist, löse **D**; hier werden auch die Formen des Nominativs und des Akkusativs wiederholt. Wenn du schnell fertig bist, bereite Aufgabe **F** so auf, dass du die Lösung der Klasse präsentieren und erläutern kannst.

A Ein lautstarker Fanblock Neues kompakt

Populus Scorpum et Incitātum amat. Populus clāmat.
Scorpus clāmōrem audit. Scorpus **clāmōre** gaudet.
Clāmor Scorpum adiuvat. Populus Scorpum **clāmōre** adiuvat.
Scorpus cum **equīs** iam adest. Post populus ē **circō** properat.
Populus etiam in **viīs** clāmat. Populus **gaudiō** clāmat.

B Gut in Form Ablativ Singular und Plural bilden

Bilde zu den Formen des Ablativ Singular den Plural und umgekehrt.

populō | servā | clāmōre
victōribus | timōre | iniūriīs
gladiīs | scelerātō | portīs

C Zu viel -o Wortarten unterscheiden

Wähle die Substantivformen aus, die im Ablativ stehen.

veniō | cōnsiliō | taceō | parō | gladiō | cūrō | amīcō

D Überfall! Substantivformen bestimmen

Bestimme die farbig gedruckten Substantive nach Kasus, Numerus und Genus. Übersetze dann.

1. **Scelerātī** gaudent. 2. Scelerātī ante **aedificium** stant. 3. Scelerātī mercātōrēs **gladiīs** temptant. 4. Scelerātus cum **mercātōre** pūgnat. 5. Dominus **clāmōrem** audit. 6. Dominus cum **dominā** ad **servōs** properat.

E Irrläufer Formen unterscheiden

In jeder Reihe passt eine Form nicht dazu. Begründe.

1. ante | ad | cum | per
2. audīs | servīs | amīcīs | viīs
3. dominō | gaudiō | audeō | verbō

F Wer ist wo? Präpositionen unterscheiden

Entscheide, ob nach der Präposition ein Akkusativ oder ein Ablativ steht, und ergänze die fehlenden Endungen. Die Abbildung gibt dir Hilfen. Übersetze dann.

1. Dominus ad port ? stat.
2. Dominus ex aedifici ? salūtat.
3. Dominae in aedifici ? sunt.
4. Amīcī per vi ? properant.
5. Amīcī ante aedifici ? sunt.

G Deutsch ist anders Ablative übersetzen

Während in den folgenden lateinischen Sätzen der bloße Ablativ steht, muss im Deutschen eine passende Präposition vor dem Substantiv eingefügt werden. Die passende Präposition erkennst du meist an der Frage, mit der du nach dem Ablativ fragst.

Dominus **verbīs** monet.
Der Herr mahnt durch Worte.
Scelerātus **gladiō** pūgnat.
Der Verbrecher kämpft mit dem Schwert.

Frage: wo-durch? wo-mit?
→ Ablativ des Mittels

Equus **frūmentō** gaudet.
Das Pferd freut sich über das Getreide.

Frage: wo-r-über? weshalb?
→ Ablativ des Grundes

Stelle die passende Frage nach dem Ablativ und übersetze.

1. Scelerātī gladiīs pūgnant. 2. Nōs fugā servāre dēbēmus. 3. Scelerātī timōre gaudent.

Auf Deutsch

Fragwürdige Sieger

Zuhause erzählen Gaius und sein Onkel von dem aufregenden Erlebnis im Amphitheater.

Gāius dē lūdīs narrat: „Dum in amphitheātrō sedēmus, subitō Nūcerīnī gaudiō clāmant: ‚Iō, Spīcule! Iō, Spīcule! Tandem iterum ades!‘ Statim Pompēiānī Nūcerīnōs verbīs temptant. Sed Nūcerīnī iniūriam parant: Subitō in arēnam properant – ibi etiam gladiīs pūgnant. Dum pūgnant, egō timōre taceō. In amphitheātrō manēre nōn audēmus; fugā nōs servāmus.“

Tum Mārcus Lollius: „Pompēiānī sine timōre pūgnant; victōrēs sunt. Tamen audāciam nōn laudō. Nam[1] Pompēiānī Nūcerīnōs, Nūcerīnī Pompēiānōs etiam necāre temptant.“

[1] nam denn

1. **Stelle aus dem Text die Ablative zusammen, die ohne Präposition stehen. Ermittle dann für die Übersetzung passende deutsche Präpositionen (→ Übung G).**
2. **Erkläre, warum Gaius und Marcus die Ereignisse im Präsens schildern.**

Briton Rivière: Androclus and the lion. 1908. Auckland Art Gallery, Neuseeland.

Differenziert üben

Lies den lateinischen Text und versuche, seinen Inhalt ohne Übersetzung zu erfassen. Auf den lateinischen Text folgen drei Aufgabenbereiche mit verschiedenen Schwierigkeitsgraden. Wähle einen dieser Aufgabenbereiche aus und bearbeite ihn.

MK **Beschreibe das Gemälde und recherchiere dazu im Internet unter dem Suchwort „Androklus".**

Sensation im Circus Maximus

40501-32

Tierhetze in der Arena. Römisches Mosaik. 4. Jh. n. Chr.

AUFGABEN

Stufe 1: Gib zu jeder Frage die richtige Antwort.

1. Wen führen die Sklaven in den Circus?
a. einen jungen Gladiator
b. einen alten Mann, der mit einem Schwert bewaffnet ist
c. einen unbewaffneten alten Mann
d. eine Gruppe von Löwen

2. Wie verhält sich der senex in der Arena?
a. Er bleibt stehen und erwartet seinen Tod.
b. Er verlässt schleunigst den Circus.
c. Er versucht sich zu wehren.
d. Er versteckt sich.

3. Wie reagiert einer der Löwen auf den senex?
a. Er geht auf den senex zu und beobachtet ihn.
b. Er legt sich auf den Boden und beginnt zu dösen.
c. Er fällt sofort über ihn her.
d. Er greift zusammen mit den anderen Löwen an.

4. Wie endet die Geschichte?
a. Alle Löwen verhalten sich friedlich.
b. Die Löwen genießen ihre Mahlzeit.
c. Der Löwe beschützt den Mann in der Arena.
d. Die Löwen werden von Sklaven getötet.

Ein Wunder im Circus

Im Circus Maximus fanden nicht nur Pferderennen statt, sondern auch Tierhetzen und Gladiatorenkämpfe. Dort soll sich auch die folgende wundersame Begebenheit ereignet haben, die ein Zuschauer aufgeregt einem „Reporter" der Acta diurna (einer Wandzeitung auf dem Forum) erzählt.

Turba iam adest et bēstiās exspectat. Nunc servī cum sene[1] circum intrant, tum senex dēsertus[2] in circō manet. Senex ibi sine gladiō stat et tacet et populum spectat. Statim populus in circō clāmat: „Ubi bēstiae sunt, ubi leōnēs[3] sunt?" Subitō portae patent[4]: Leōnēs in circum properant et senem vident. Senex bēstiās videt et mortem[5] exspectat.

Ūnus ē[6] leōnibus senem diū spectat. Tum venit ad senem, apud senem stat, sed senem nōn necat. Nunc populus nōn iam clāmat, sed tacet. Leōnem et senem diū spectat. Turba rogat: „Quīn leō senem temptat et necat?"

Etiam senex leōnem spectat; subitō gaudet et rīdet; tum leōnem mulcet[7].

Nunc cēterae[8] bēstiae senem temptant, sed leō senem adiuvat et servat. Tum servī veniunt et bēstiās dēportant[9].

Populus nōn iam sedet, sed gaudet et clāmat; nam leō et senex amīcī sunt.

[1] senex, senem der alte Mann
[2] dēsertus allein
[3] leō, leōnem der Löwe
[4] patēre offen stehen
[5] mors, mortem der Tod
[6] ūnus ē *m. Abl.* einer von
[7] mulcēre streicheln
[8] cēterae die übrigen
[9] dēportāre wegbringen

■ **Stufe 2:** Aus der Erzählung des Zuschauers hat der „Reporter" der Acta diurna einen Artikel verfasst. Stell dir vor, du bist der Sklave des Senators Aquilius Florus, der jeden Morgen die neuesten Nachrichten pünktlich auf den Frühstückstisch des Herrn legen muss. Beim hektischen Abschreiben der Acta diurna sind dir aber die Wachstäfelchen durcheinandergeraten. Bringe sie wieder in die richtige Reihenfolge.

1. Senex leōnem mulcet.
2. Senex bēstiās videt et mortem exspectat.
3. Leō senem cōgnōscit (erkennt), properat ad senem.
4. Populus clāmat; nam (denn) sene et leōne gaudet.
5. Servī cum sene in circum veniunt.
6. Bēstiae in circum properant; ibi senem spectant.

■ **Stufe 3:** Schreibe den folgenden Text ab. Füge die passenden Substantivendungen nach den Präpositionen ein; dazu kannst du die abgebildete Schreibtafel nutzen. Markiere dann das Subjekt und bilde zu den Infinitiven die richtige Verbform.

„Servī cum sen? in circum venīre. Tum leōnēs ē port? in circ? properāre, Androclum spectāre. Androclus in circ? stāre et tacēre. Ūnus ē leōnibus ad sen? venīre et ante sen? stāre. Turba autem tacēre, nōn clāmāre. Senex leōnem diū spectāre, tum ad leōn? properāre. Nunc leōnēs senem temptāre, leō autem Androclum servāre. Tum Androclus apud leōn? manēre. Populus gaudēre!"

5 ORPHEUS

Die Römer liebten sagenhafte Geschichten. Die meisten dieser sog. Mythen hatten sie von den Griechen übernommen. Eine besonders beliebte Geschichte war die von Orpheus, dem besten Sänger und Musiker aller Zeiten. Wenn Orpheus auf seiner Lyra spielte und seine Lieder sang, bezauberte er damit nicht nur die Menschen, sondern er zog sogar die Tiere in seinen Bann. Es soll vorgekommen sein, dass sich Dutzende von Tieren um ihn herum versammelten, während er spielte. Da lag dann der Wolf neben dem Schaf, der Löwe neben dem Reh, die Schlange neben der Maus – und alle lauschten seiner Musik, ohne sich gegenseitig aufzufressen.

Orpheus mit der Kithara. Römisches Mosaik. 3. Jh. n. Chr.

Doch dieser mythische Superstar erleidet eines Tages ein furchtbares Unglück. Seine junge Frau Eurydike stirbt (am Tag ihrer Hochzeit!) an einem Schlangenbiss. Orpheus ist untröstlich, will sich aber mit seinem Schicksal nicht abfinden: Er findet einen Eingang in die Unterwelt, den Tartarus, lässt sich vom Fährmann Charon über den Todesfluss Acheron setzen, verzaubert Pluto und Proserpina, die Herrscher der Unterwelt, mit einem wundervollen Lied – und erreicht etwas Unvorstellbares …

MK **Informiert euch über die Musikinstrumente der Antike (z. B. Lyra, Kithara, Doppelflöte, Panflöte): Jeder wählt ein Instrument aus, das ihn interessiert, und stellt eine Zusammenfassung seiner Ergebnisse in eine digitale Plattform ein. Wenn jemand zum gleichen Instrument recherchiert hat, kann er ggf. Wichtiges ergänzen; dies sollte er dann in der entsprechenden Datei deutlich machen.**

5 Orpheus & Eurydike

Die Herrscher der Unterwelt gestatten, dass Orpheus den Schatten Eurydikes aus dem Tartarus wieder ans Licht der Oberwelt führt, damit seine Ehefrau ins Leben zurückkehrt. Aber sie stellen eine Bedingung: Orpheus darf, wenn er Eurydike zum Licht führt, seine Augen nicht zur Geliebten wenden und zurückschauen.

1. Untersuche die Einleitungen zu den wörtlichen Reden des Orpheus und die Reaktionen des Schattens. Stelle daraufhin Vermutungen über den Verlauf der Szene an.

Orpheus cum uxōre Tartarum relinquere vult. Eurydica post Orpheum per Tartarum properat. Sed Orpheus Eurydicam nōn videt, nam oculōs ad uxōrem vertere nōn dēbet. Orpheus et Eurydica Tartarum relinquunt et lūcem petunt.

Sed Orpheus timet, quoniam uxōrem nōn videt. Itaque dīcit: „Tēcum Tartarum relinquere volō, Eurydica. Tē ad lūcem dūcō!" – Sed umbra tacet.

Nunc Orpheus rogat: „Quīn respondēs, uxor? Ubi es? Nōnne tū quoque lūcem petis?" – Sed umbra nōn respondet.

Orpheus dīcit: „Tē in Tartarō relinquere nōlō, Eurydica. Certē tū quoque hīc remanēre nōn vīs. Nōnne ad lūcem accēdere vīs? Nōnne lūx tē movet? Nōnne gaudēs, quod tandem ad lūcem contendimus? Nam hīc remanēre nōlumus; sed lūcem et salūtem petimus." – Umbra nōn respondet.

Orpheus diū exspectat. Tum dīcit: „Tē amō, Eurydica!" – Umbra tacet.

Nunc Orpheus clāmat: „Eurydica! Ostende amōrem! Nōnne mē amās?" Et oculōs ad uxōrem vertit. Statim Eurydicam videt – et in oculīs amōrem videt. Eurydica dexteram tollit et ad Orpheum tendit. Sed tum cēdit; nam Orpheum relinquere dēbet.

2. Stell dir vor, wir könnten Eurydikes Gedanken lesen. Schreibe auf, was sie über Orpheus' Worte denkt.

3. Diskutiert, ob das folgende Urteil gerecht ist: „Orpheus liebt Eurydike nicht wirklich, weil er daran zweifelt, dass sie ihm folgt und dass sie ihn liebt."

ein bekanntes Verb	ein neues Verb	zwei Verben mit Besonderheiten	
gaudē-re	pet-e-re verlangen	velle wollen	nōlle nicht wollen
gaude-ō	pet-ō	vol-ō	nōl-ō
gaudē-s	pet-i-s	vī-s	nōn vī-s
gaude-t	pet-i-t	vul-t	nōn vul-t
gaudē-mus	pet-i-mus	vol-u-mus	nōl-u-mus
gaudē-tis	pet-i-tis	vul-tis	nōn vul-tis
gaude-nt	pet-u-nt	vol-u-nt	nōl-u-nt

1. Vergleiche die Formen in Spalte 1 und 2. Finde Ähnlichkeiten und Unterschiede.
2. Beschreibe die Besonderheiten bei **velle** und **nōlle**.
3. Trage die Verbformen der Übung A in eine Konjugationstabelle ein.

ÜBUNGEN

Die konsonantische Konjugation sowie die Verben velle und nōlle könnt ihr selbstständig einüben. Wer nach der Erarbeitung der **rot** markierten Übungen noch Schwierigkeiten beim Erkennen der Formen hat, löst Übung **C**. Wer schnell fertig ist und einen guten Blick für die Wortarten hat, befasst sich mit **D**. Schüler, die bei den Präpositionen noch unsicher sind, wiederholen diese in **G**.

A Nur das Beste für Priscilla Neues kompakt

Priscilla ist die verwöhnte Tochter des Rennstallbesitzers. Heute besucht sie mit ihren Sklavinnen Lydia und Barbara Incitatus in den Stallungen.

Lӯdia et Barbara gaudent et dīcunt: „Salvē, Dāve!“ Sed Prīscilla tacet.
Dāvus: „Certē equōs dūcere vultis. Accēdite!“
Prīscilla: „Nōn gaudeō. Egō nōn accēdō. Equōs nōn dūcō.“
Lӯdia: „Cūr Incitātum dūcere nōn vīs? Egō Incitātum dūcere volō.
Nam (denn) Incitātus victor est.“ Etiam Barbara Incitātum dūcere vult.
Sed nunc Prīscilla dīcit: „Tacēte! Vōs (ihr) Incitātum nōn dūcitis.
Victōrem egō dūcō.“

B Verben gesucht! Verbformen bestimmen

Im Lektionstext begegnen dir viele neue Verbformen. Suche in Z. 1–7 alle Verben der konsonantischen Konjugation heraus. Bestimme jeweils die Form und übersetze.

C Buchstabenverlust Wörter vervollständigen

Setze den fehlenden Vokal ein und übersetze die Verbformen.

v?s | relinqu?nt | pet? | cont?ndis
vert?t | t?nditis | tollim?s | nōl?nt
v?lumus | dūc?te | rem?nent | n?lle

A E I O U

D Wörtermix Numerus und Wortart erkennen

Hier ist einiges durcheinandergeraten! Ordne die Verben nach Singular und Plural. Finde die anderen Wortarten und benenne sie.

contende | ante | vertitis | tendit | amīcīs | relinquunt | petō | accēdite | ades | vultis | tollimus | dūcis | certē | habēs

E Wer will was? Verben zuordnen

Ordne die Formen von **velle** und **nōlle** richtig zu und übersetze.

1. Orpheus Eurydicam ad lūcem dūcere ? .
2. Ad uxōrem dīcit: „Tēcum umbrās relinquere ? .
3. Cūr dīcere nōn ? , cūr tacēs? Tē relinquere ? .“
4. Sed umbrae et Eurydica respondēre ? .

vult | nōlunt | volō | nōlō | vīs

F Unerwünschte Gäste Verbformen anpassen

Setze die in Klammern stehenden Infinitive in die richtige Form. Achte dabei auf den richtigen Numerus. Übersetze anschließend.

1. Gāius cum Mārcō ad amphitheātrum (contendere).
2. Paulō post etiam Nūcerīnī (accēdere) et lūdōs spectāre (velle).
3. Nūcerīnī: „Ubi (esse) Spīculus gladiātor? Tandem Spīculus victor (venīre).“
4. Subitō autem Pompēiānī: „Nūcerīnī ē circō (cēdere) dēbent.“

G ⟲ Ein Treffen mit Hindernissen Deutsch ist anders

Vervollständige den Mischtext, indem du zusammen mit deinem Lernpartner die in Klammern stehenden Präpositionalausdrücke übersetzt. Beachte den Kasus nach den Präpositionen im Deutschen.

1. Lucius (in forum) eilt, um seine Freundin Cornelia zu treffen.
2. Lange Zeit wartet er (post aedificia).
3. Doch er kann sie (in forō) nirgends sehen.
4. Lucius sucht Cornelia, bis er sie schließlich (ante Circum Maximum) entdeckt.

Auf Deutsch

Herakles und der Höllenhund

Herakles (Herculēs, is), der berühmteste Held der griechischen Sagenwelt, musste im Auftrag des Königs Eurystheus den dreiköpfigen Höllenhund Cerberus lebendig zu ihm bringen.

Herculēs ad Cerberum venit. Mōnstrum[1] Herculem clāmōre terrēre[2] vult. Sed Herculēs nōn timet. Cum Cerberō pūgnat et mōnstrum[1] capit[3]. Cerberum ē Tartarō ad lūcem dūcit.

Die Menschen, die Herkules zum Königspalast ziehen sehen, sind begeistert:

Turba in viīs stat, Herculem cum Cerberō videt, Herculem propter audāciam laudat. Tum Herculēs ad Eurystheum accēdere et mōnstrum[1] ostendere vult. Cerberus Eurystheum clāmōre terret[2]. Itaque Eurystheus Cerberum vidēre nōn vult.

Subjekt und Prädikat bilden den Kern eines Satzes. Beginne bei der Übersetzung der lateinischen Sätze mit den farbig gedruckten Satzkernen; ergänze dann den Rest.

[1] mōnstrum das Ungeheuer

[2] terrēre erschrecken

[3] capere fangen

6 Ikarus

Ebenso berühmt wie die Geschichte von Orpheus war die von Dädalus und seinem Sohn Ikarus. Dädalus wird von König Minos auf der Insel Kreta festgehalten. Der König will nämlich nicht auf die Dienste des genialen Erfinders und Baumeisters verzichten: Dädalus hatte für Minos ein gewaltiges Labyrinth gebaut, in dem der König ein grässliches Ungeheuer versteckt hält: Minotaurus, ein Mischwesen mit dem Unterkörper eines Mannes und dem Oberkörper eines Stiers.
Doch Dädalus hat Heimweh, er möchte wieder nach Hause, in seine Heimatstadt Athen. Das ahnt Minos und er verbietet allen Fischern und Seeleuten, Dädalus mit an Bord zu nehmen. Aber Dädalus wäre kein genialer Erfinder, wenn dieses Verbot ihn beeindrucken würde. Er zieht sich in seine Werkstatt zurück, überlegt, probiert aus, tüftelt und bastelt, bis es ihm schließlich gelingt, Flügel zu bauen. Diese werden mit Wachs und ledernen Riemen zusammengehalten und können auf den Rücken geschnallt werden. Nach einigen heimlichen Versuchen weiß Dädalus: Als erstem Menschen ist es ihm gelungen, sich den uralten Menschheitstraum vom Fliegen zu erfüllen. Doch wird es ihm auch gelingen, seinen jungen Sohn Ikarus unversehrt nach Athen zu bringen?

1. MK Informiere dich im Internet oder in einem Buch mit antiken Sagen über die Vorgeschichte des Dädalus in Athen. Referiere vor der Klasse, was ihn nach Kreta verschlagen hat.

2. MK Recherchiere im Internet über die berühmten Eltern des Königs Minos. Erzähle dann der Klasse anschaulich, wie die beiden sich kennengelernt haben.

6 Ikarus und der Traum vom Fliegen

Bei Sonnenaufgang schleichen Dädalus und Ikarus zu der Stelle, von der aus sie den Flug wagen wollen. Ikarus ist ganz aufgeregt. Er freut sich unbändig auf das Fliegen. Dädalus legt sich selbst und seinem Sohn die Flügel an – und tatsächlich …

1. Werte aus, was Dädalus seinem Sohn beim Fliegen zuruft, und stelle so Vermutungen über den Verlauf der Flucht an.

Ālae[1] Daedalum et Īcarum portant. Fīlius post patrem volat[2]. Puer gaudet, sed Daedalus timet. Nam pater audāciam fīliī bene scit. Itaque Īcarum iterum iterumque monet. Amor et cūra fīliī patrem impellunt.

Sei vorsichtig, Ikarus! Halte Blickkontakt zu mir! Lass dich nicht von der Landschaft unter dir ablenken.

Sed puer patrem nōn audit. Cōgitat: „Ah! Per aurās volāre[2] dēlectat. Ibi aedificia videō. Templa deōrum et vīllās cōgnōscō. Ibi agrōs Crētae īnsulae videō. Cōpia vīllārum et agrōrum oculōs dēlectat.“

Wir fliegen jetzt aufs Meer hinaus. Komm nicht auf die Idee, dich den Wellen zu nähern! Bleib in meiner Nähe!

Nunc puer verba patris audit. Sed cōnsilia virī puerum nōn movent: „Cōnsilia patris nōn probō! Aquam attingere volō.“

Ikarus, lass das! Zieh wieder höher! Flieg immer dicht hinter mir!

Sed Īcarus nōn gaudet. Cōgitat: „Pater semper timet, semper dubitat. Nōnne ālae[1] mē bene portant? Ibi lūcem sōlis videō – nunc sōlem petere volō.“

Lass das! Du unterschätzt die Schwierigkeiten. Du darfst nicht so hoch fliegen!

Īcarus autem nōn pāret. Cūram patris nōn cōgnōscit: „Ah! Parentēs līberōs semper monent. Semper cūram līberōrum ostendunt. Sed numquam līberōs laudant. Cūram parentum nōn probō. Pārēre nōlō. Puer nōn sum – adulēscēns iam sum.“

Ikarus! Nicht so hoch! Die Hitze der Sonne wird den Flügeln gefährlich.

Puer autem patrem nōn iam audit – sine timōre sōlem petit. Sed sōl partem ālārum[1] iam dēlet[3]. Itaque ālae[1] puerum nōn iam portant. Dēnique Daedalus ālās[1] fīliī in aquā videt. Iterum iterumque fīlium vocat.

[1] āla, ālae der Flügel

[2] volāre fliegen

[3] dēlēre zerstören

2. Ikarus reagiert jeweils unterschiedlich auf die Worte seines Vaters. Arbeite die Unterschiede heraus und belege sie mit lateinischen Wendungen aus dem Text.

3. Erfindet in Partnerarbeit ein Gespräch zwischen Dädalus und der Mutter des Ikarus. Ausgangssituation: Dädalus berichtet der Mutter, dass er Ikarus mit Flügeln ausgerüstet hat und wie er ihn beim Flug zu lenken versuchte.

6

Orpheus und die Liebe

Orpheus singt im Tartarus vor Pluto, dem Herrscher der Unterwelt, um Eurydike wiederzugewinnen:

„Audī, Plūtō! Dē amōre canō (ich singe): Servī et servae amant, senātōrēs amant. Canō dē amōre **servōrum** et **servārum**, canō dē amōre **senātōrum**. Vir (der Mann) amat, uxor amat. Canō dē amōre **virī**, canō dē amōre **uxōris**. Egō Eurydicam amō, Eurydica mē amat. Canō dē amōre **Orpheī**, canō dē amōre **Eurydicae**.“

Turba **umbrārum** verba audit, ad Plūtōnem spectat.

Plūtō amōrem **Orpheī** videt. Nunc oculōs **Eurydicae** videt. In oculīs amōrem **Orpheī** videt.

1. **Erschließe aus Z. 2–4 die Formen des Genitivs der a-, o- und 3. Deklination. Bei der Unterscheidung von Singular und Plural hilft dir der Zusammenhang.**
2. **Erkläre, was die verschiedenen Genitive in Z. 5–7 ausdrücken. Vergleiche die Bedeutung des Genitivs Orpheī in Z. 6–7.**

ÜBUNGEN

Wenn ihr den neuen Grammatikstoff selbständig einüben wollt, erarbeitet zuerst die rot markierten Aufgaben. Wer beim Erkennen und Übersetzen von Genitiven mehr Übung braucht, löst **D**. Schnelle bereiten **F** so vor, dass sie die Sätze zusammen mit der Klasse übersetzen können. Anschließend stellt jeder einen der Sätze mithilfe der W-Fragen grafisch dar; vergleicht eure Lösungen.

A **Incitatus und die Liebe** Neues kompakt

Afra beobachtet schon seit Tagen die liebevolle Sorge (cūra) des Davus um das Wohlergehen von Incitatus. Beachte den Genitivus obiectivus.

Āfra Dāvum et Incitātum spectat. Āfra cūram Dāvī videt.
Serva Dāvum propter cūram Incitātī amat.
Etiam Dāvus Āfram amat. Dāvus amōre Āfrae gaudet.
Fīdus Dāvum spectat. Quid videt?
Fīdus amōrem Āfrae videt et rīdet.

B **Genitiv auf den ersten Blick** Wortformen analysieren

Wähle die Genitivformen aus. Gib jeweils den Nom. Sg. dazu an.

parentum | virīs | cūrās | amōris | amātis | puerōrum | servī | lūcis | patrum | fīlium | verbīs | aquārum | clāmōrum | stātis

C **Wessen?** Genitivattribute übersetzen

Übersetze die folgenden Wendungen.

salūs dominae | clāmor parentum | timor patris | audācia scelerātī | cōpia frūmentī | iniūria mercātōris | servae adulēscentis | pars aedificiī | auxilium amīcōrum

D Wer liebt wen? Genitive unterscheiden

Gib verschiedene Übersetzungsmöglichkeiten an. Es gibt vier Lösungen.

amor Lūciī

amor Atiae

E Formenstaffel Substantivformen bilden

Bilde im Wechsel mit deinem Lernpartner die verlangten Formen.

1. ager et circus → Gen. → Akk. → Pl. 2. pater et puer → Pl. → Abl. → Gen. → Sg.

F Kriminelle Zeiten Sätze durch W-Fragen erschließen

Wer? Was? Wen? Wann? Wo?

Wende W-Fragen bei der Satzanalyse an. Übersetze dann.

1. Puerī in forō semper fūrta vident.
2. Paulō post senātor bēstiam in tabernam dūcit.
3. Tum adulēscēns ante thermās scelerātum continēre audet.

G Wertvolle Freunde Lateinische Sprichwörter interpretieren

Nenne Eigenschaften, die eine gute Freundin oder einen guten Freund ausmachen. Stimmst du dem lateinischen Spruch zu? Begründe deine Antwort.

AMICI IDEM (dasselbe) VOLUNT ET NOLUNT.

H ⟲ Einer für alles Ablative übersetzen

Ein Quoquaxus ist ein „Stellvertreter" für alle möglichen Wörter.
Füge beim Übersetzen jeweils ein passendes deutsches Substantiv ein.

1. Quoquaxīs audīre
2. Quoquaxō amīcōs adiuvāre
3. In quoquaxō sedēre
4. Quoquaxō amōrem ostendere
5. Cum quoquaxīs pūgnāre

Auf Deutsch

Ariadne und Theseus

Jedes Jahr mussten die Athener junge Menschen nach Kreta schicken, die von Minotaurus (→ S. 44) im Labyrinth gefressen wurden. Der athenische Held Theseus **war bereit**, Minotaurus **entgegenzutreten**. Ariadne (Ariadna), die Tochter des Minos, **will** Theseus **helfen** und gibt ihm deshalb einen langen Faden, den sie am Eingang des Labyrinths festbindet.

Nunc Thēseus labyrinthum Daedalī **intrāre audet**. Subitō Mīnōtaurus adest. Thēseus Mīnōtaurum gladiō **temptāre nōn dubitat**. Diū cum Mīnōtaurō pūgnat. Tandem Mīnōtaurum necat. Tum fīlum[1] Ariadnae Thēseum ē labyrinthō dūcit. Ariadna cum Thēseō Crētam **relinquere vult**, quod virum amat. Thēseus Ariadnam Athēnās[2] **dūcere cōgitat**. Itaque fugam parant. Mox[3] autem Thēseus Ariadnam **relinquere parat**. Itaque Ariadna in Naxō[4] īnsulā remanet.

[1] fīlum der Faden
[2] Athēnās nach Athen
[3] mox bald
[4] Naxus Naxos

An den markierten Stellen stehen zwei Verbformen im Satz: ein Prädikat und ein abhängiger Infinitiv. Achte bei der Wiedergabe darauf, ob lateinische Infinitive im Deutschen mit oder ohne „zu" wiedergegeben werden. Vergleiche die markierten Beispiele in der deutschen Einleitung.

Die Götter der Griechen und Römer

Die Griechen und Römer glaubten an viele Götter – nicht an einen einzigen Gott wie Juden, Christen oder Muslime. Die Verehrung vieler verschiedener Götter nennt man **Polytheismus**, den Glauben an einen einzigen Gott **Monotheismus**. Ursprünglich stammten die antiken Götter aus der Natur. Zeus zum Beispiel war ein Himmelsgott, sein Bruder Poseidon war für das Meer und die Erde zuständig, und Hades, der dritte Bruder, herrschte in der Unterwelt.

Götter – ganz wie die Menschen?
Griechen und Römer stellten sich vor, dass die Götter **menschliche Gestalt** und **menschliche Eigenschaften** hatten. Deshalb waren sie auch nicht frei von Gefühlen und negativen Eigenschaften wie Freude und Leid, Liebe, Eifersucht oder sogar Hass. Im Unterschied zu den Menschen waren sie aber unsterblich; und natürlich hatten sie Macht über die Erde, die Naturgewalten – und die Menschen.

Durch die Menschenähnlichkeit waren die Götter den Menschen näher als die Gottheiten anderer Religionen. Sie wurden nicht als fremde, ferne Macht empfunden, sondern sie griffen in das menschliche Leben ein: Manchmal schienen sie mit dem Leid der Menschen zu spielen; sie halfen ihnen aber auch, gaben ihnen Ratschläge und sprachen ihnen Mut und Stärke zu.

Einzelne Gottheiten waren für bestimmte Aufgaben oder Lebensbereiche zuständig: Hera zum Beispiel, die Gattin von Zeus, war die Beschützerin der Ehe, seine Tochter Athene die Göttin der Weisheit und Aphrodite, eine weitere Tochter des Zeus, die Göttin der Liebe.

Athene

Ares

Hephaistos

Aphrodite

Dionysos

Demeter

Götterverehrung – vor allem durch Opfer

Die Menschen suchten die Hilfe der Götter gegen übermächtige Naturgewalten und gegen Feinde. Nicht nur durch Gebete hofften sie auf göttliche Unterstützung, sondern mehr noch durch **Opfer**:

Sie spendeten der Gottheit Statuen und Waffen, legten Früchte auf ihren Altar und opferten ihr Tiere. Auch wenn sich die Menschen zu Mahlzeiten trafen, opferten sie zunächst auf dem Hausaltar einen Teil der Speise und des Weins den Göttern. Außerdem erbauten sie den Göttern prächtige **Tempel**, in denen große Statuen der jeweiligen Gottheit Platz fanden.

Am Tisch der Götter

40501-33

Mythen und Sagen

Anders als im Judentum, Christentum und Islam gab es in der griechisch-römischen Religion keine heilige Schrift. Die Menschen erzählten Sagen und Mythen von den Göttern. Es waren vor allem die Werke der griechischen Dichter **Hesiod** und **Homer**, die die Göttervorstellungen prägten. Ihre Erzählungen entstanden im 8. Jahrhundert vor Christus. In der ***Ilias*** und der ***Odyssee*** Homers wird vom Trojanischen Krieg und von griechischen Helden erzählt. In diesen Geschichten greifen aber die Götter immer wieder in das Geschehen ein und lenken es.

Auch spätere Dichter, zum Beispiel der Römer **Ovid** (43 v. – 17 n. Chr.), haben unzählige Sagen in Versen aufgeschrieben, in denen wir noch heute die antiken Götter kennenlernen.

MK Erstellt gemeinsam mithilfe geeigneter digitaler Werkzeuge eine Mindmap zum Thema „Götter der Griechen und Römer“. Jedes Team bearbeitet eine (oder zwei) der abgebildeten Gottheiten:

1. **Informiert euch zur ausgewählten Gottheit in einem mythologischen Lexikon oder im Internet und sammelt eure Ergebnisse in einem digitalen Dokument. Macht dabei jeweils eure Ergänzungen deutlich und löscht nichts.**
2. **Strukturiert dann die Informationen als Mindmap. Folgende „Verzweigungen“ sind denkbar: Erkennungszeichen der Gottheit, Aufgaben der Gottheit, griechischer und lateinischer Name.**
3. **Erstellt dann ein Plakat, auf dem ihr die geordneten Informationen zu den einzelnen Gottheiten zusammenführt. Dieses könnt ihr im Lauf der Zeit um weitere Götter ergänzen.**

7 Troja

Zu den Lieblingsmythen der Griechen und Römer gehörten die Geschichten um den Trojanischen Krieg: Die schöne Helena, Königin von Sparta, hatte ihren Mann Menelaos verlassen und war mit Paris, einem trojanischen Prinzen, nach Troja gegangen. Darüber war ihr Mann, König Menelaos, sehr wütend und bat seinen älteren Bruder Agamemnon, den König von Mykene, eine große Armee zusammenzutrommeln, die Troja angreifen und Helena nach Sparta zurückholen sollte.

Das tat Agamemnon auch. Viele tausend Griechen folgten seinem Ruf, darunter große Helden wie Achilles, Odysseus, Diomedes, Aiax oder Nestor. Die Griechen segelten über die Ägäis und griffen die reiche und gut befestigte Stadt Troja an. Doch die Trojaner schlugen die Griechen ein ums andere Mal zurück. Ihr größter Kämpfer war Hektor, der Sohn des trojanischen Königs Priamos, der die trojanischen Krieger immer wieder in die Schlacht führte. Doch schließlich sollte die Trojaner das Kriegsglück verlassen: Die Götter hatten ihren Untergang beschlossen. Mit Hilfe eines hölzernen Pferdes gelang es den Griechen, in die Stadt einzudringen, die Tore von innen zu öffnen und die anderen griechischen Krieger hineinzulassen …

1. MK **Informiert euch arbeitsteilig zu den folgenden Namen und tragt eure Ergebnisse der Klasse vor: Agamemnon, Achill, Odysseus, Hektor.**
2. MK **Ein berühmter trojanischer Priester hieß Laokoon. Informiere dich über sein Schicksal und trage deine Ergebnisse der Klasse in einem Kurzreferat vor.**

7 Äneas flieht aus Troja

Zehn Jahre lang hatten die Griechen die Stadt Troja erfolglos belagert. Die Trojaner halten ihre Mauern für unüberwindbar. Noch ahnt der Trojaner Äneas, ein Sohn der Liebesgöttin Venus, nicht, was ihm und seiner Stadt bevorsteht …

Subitō Aenēās clāmōrem audit. Statim surgit, gladium capit, aedēs relinquit. Quid aspicit? Undique Graecī Trōiānōs petunt. Aenēās virīs et mulieribus adesse vult. Itaque ōrat: „Venus māter, tū es dea, ades Trōiānīs! Servā nōs!“

Dann stürzt sich Äneas in den Kampf. Doch er erkennt bald, dass die Übermacht der Griechen zu groß, dass Troja verloren ist. Schnell sind seine Gedanken bei seiner Frau Krëusa, seinem Sohn Julus und seinem Vater Anchises.

Aenēās per viās currit et cōgitat: „Quid agere dēbeō? Familiae cōnsulere volō. Anchīsēs pater iam senex est: Senem et Iūlum fīlium et Crēūsam uxōrem servāre cupiō.“ Tum aedēs intrat, puerō, uxōrī, patrī dīcit: „Victōria Graecīs est: Trōiam capiunt, iniūriās faciunt, Trōiānōs necant. Victōribus cēdere dēbēmus. Trōiam igitur mēcum relinquite!“ Verba patris puerō nōn placent, etiam senex et mulier dubitant, sed dēnique virō pārent. Aenēās dexteram fīliī capit, patrem umerīs[1] gerit. Crēūsa post virum currit.

[1] umerus die Schulter

[2] patria nova die neue Heimat

Tatsächlich gelingt es Äneas, seine Familie mitten durch das Schlachtgetümmel aus der Stadt zu führen. So glaubt er jedenfalls. Als er außerhalb der Stadt im Schutze eines kleinen Waldes Halt macht, stellt er entsetzt fest, dass er seine Frau verloren hat. Er lässt seinen Vater und seinen Sohn zurück und rennt noch einmal in das brennende Troja.

Subitō umbra uxōris ante oculōs virī stat. Aenēās cōgnōscit: Uxor nōn iam vīvit. Tum umbra: „Iuppiter mē mittit. Egō hīc remanēre dēbeō. Sed vōbīs salūs est – via in patriam novam[2] patet. Iuppiter iubet: Aenēās gentī Trōiānōrum patriam novam[2] dare dēbet.“ Subitō umbram nōn iam aspicit. Prīmō uxōrem vocat: „Cūr tū remanēre cupis? Cūr mē relinquis?“ Dēnique patrī deōrum prō sīgnō grātiās agit et Trōiam iterum relinquit.

1. **Gib den drei lateinischen Abschnitten des Textes passende Überschriften.**
2. **Erschließe Charaktereigenschaften des Äneas.**
   Gib jeweils Textstellen an, die diese Eigenschaften belegen.
3. **Beschreibe die Wirkung des zweiten Satzes (Statim … relinquit) auf den Leser. Wie wird diese Wirkung erreicht?**
4. **Erkläre, warum sich Äneas am Ende bei Jupiter bedankt.**

Gian Lorenzo Bernini: Äneas flieht mit seinem Vater und seinem Sohn aus dem brennenden Troja. 1618.

7 Ärger mit den Sklaven

Dominus: „Labōrā!“ Servus dominō respondet: „Nōn labōrō. Labōrāre nōlō.“ Etiam serva dominae respondet: „Labōrāre nōn cupiō (ich will).“

Der Ärger mit den Sklaven breitet sich aus:

Servī dominīs respondent: „Nōn labōrāmus!“ Servae dominās nōn iam timent, dominīs nōn iam pārent.

Dominī ad senātōrem properant et senātōrī dē servīs narrant. Tum senātor in forum properat et senātōribus dē servīs narrat.

Senātōrēs autem rīdent: „Quid? Cūr dominī servōs timent? Dominī gladiōs capere (ergreifen) dēbent. Quīn dominī gladiōs capiunt? Dominīs gladiī sunt – servīs gladiī nōn sunt.“

Die markierten Dative werden unterschiedlich verwendet:

1. **Erschließe aus den ersten beiden Zeilen ihre Funktion im Satz.**
2. **Die in der letzten Zeile verwendeten Dative nennt man „Dativ des Besitzers“. Erkläre die Bezeichnung und entwickle eine passende Übersetzung.**

ÜBUNGEN

A Happy End mit Möhren Neues kompakt

Narcissō senātōrī equī sunt. Sed equīs Narcissī victōria nōn est. Semper Incitātō victōria est. Pompōnius mercātor Narcissō adest. Incitātum abdūcere (entführen) volunt. Sed Dāvus et amīcī Incitātō adsunt. Itaque Dāvō et amīcīs victōria est. Incitātō autem carōtae (!) sunt.

B Formen über Formen Dativformen erkennen

Wähle die Dativformen aus und nenne jeweils den Nominativ Singular. Gib bei mehrdeutigen Formen alle Möglichkeiten an.

clāmōrem | auxiliō | cōpiae | dominīs | amōre | partium | patrī | fīliī | lūdō ▷ gladiōrum | iniūriae | servīs

C Wer … wem? Dativ als Objekt übersetzen

Partner A bildet zwei Sätze, wobei jeder Satz eine Wortform aus jeder Spalte enthält. Partner B übersetzt die Sätze. Dann bildet Partner B zwei Sätze, Partner A übersetzt. Jede Form darf nur einmal verwendet werden. Überprüft, ob sich mit den übrigen Formen sinnvolle Sätze bilden lassen.

Equō	adest	servus
Bēstiae	cōnsulit	serva
Amīcō	grātiās agit	taberna
Dominae	pāret	uxor
Mātrī	placet	scelerātus
Patrī	respondet	mercātor

D **Deutsch ist gleich – im Dialekt** Dativ des Besitzers übersetzen

Auch im Deutschen gibt es in manchen Regionen einen Dativ des Besitzers. So sagt man beispielsweise im Kölner Dialekt: „Wem ist die Tasche?" oder: „Die Tasche ist mir".
Bilde sinnvolle Sätze. Übersetze im Dialekt, dann hochdeutsch.

1. Mercātōribus	gladiī	
2. Dominō	fīlius	est.
3. Dominae	tabernae	sunt.
4. Scelerātīs	servī	

E **Deutsch ist anders** Sprachen vergleichen

Manche Verben haben im Lateinischen einen anderen Kasus nach sich als im Deutschen. Übersetze und vergleiche jeweils die lateinische und die deutsche Fassung.

1. Servus dominum adiuvat. 2. Dominus servum iubet.

F **Doppelpass** Verbformen bilden

Spielt euch die Formen zu, indem ein Partner eine Form von monēre und dann der andere die entsprechende von facere bildet. Beispiel: moneō → faciō. Spielt dann ebenso Doppelpass mit:

cōgitāre → capere
mittere → aspicere
▷ respondēre → cupere

G ⟲ **Wollen und Müssen** Infinitivkonstruktionen übersetzen

Übersetze Satz 1 bis 4. Wenn du dabei noch Probleme hast, markiere zunächst Subjekt und Prädikat und setze dann Klammern um die Infinitivkonstruktion. Schnelle bereiten die Sätze 5 bis 7 für die Mitschüler so vor, dass sie gezielte Hilfen geben können.

1. Līberī parentibus pārēre nōlunt. 2. Līberī cum amīcīs lūdere (spielen) volunt. 3. Sed semper pārēre dēbent. 4. Etiam servī dominīs pārēre dēbent. ▶ 5. Itaque labōrāre et dominum adiuvāre dēbent. 6. Iniūriam facere nōn audent. 7. Sed rīdēre et cum amīcīs lūdere (spielen) cupiunt.

Auf Deutsch

Ein Kind erlebt Krieg und Flucht

Während Trojaner und Griechen in der Stadt kämpfen, fürchtet sich der kleine Julus. Er vertraut auf seinen Vater, weil der sich immer gut um ihn gekümmert hat.

Dum Trōiānī et Graecī in urbe[1] pūgnant, Iūlus patrem et mātrem aspicit. Puer timet. Sed videt: Pater familiae cōnsulere cupit. Aenēās dexteram fīliī capit, cum fīliō et uxōre per urbem[1] currit. Subitō puer clāmat, quod mātrem nōn iam videt. Mātrem vocat. Nunc etiam patrem vocat. Clāmat: „Māter nōn iam adest!" Sed pater verba puerī nōn audit, quod Graecī et Trōiānī, dum pūgnant, clāmant. Pater currit et currit ...

[1] urbs, urbis die Stadt

Anfang und Ende eines Nebensatzes erkennst du leicht an der Subjunktion und am Prädikat. Vergleiche die Wortstellung in lateinischen und deutschen Nebensätzen. Beschreibe den Unterschied zur Wortstellung in Hauptsätzen.

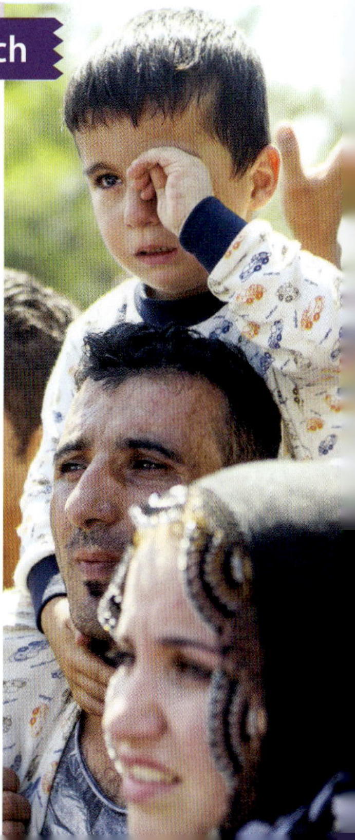

8 Romulus und Remus

Die Kapitolinische Wölfin.

Antike Sagen erzählen, dass Rom im Jahr 753 v. Chr. gegründet wurde, und zwar von den Zwillingsbrüdern Romulus und Remus. Ihre Mutter war Rea Silvia, die Tochter Numitors, des rechtmäßigen Königs der kleinen Stadt Alba Longa (etwa 20 Kilometer südöstlich des späteren Rom).

Die sog. Ara Casali, ein römischer Marmoraltar aus dem 2. Jh. n. Chr.

Doch Numitor war von seinem jüngeren Bruder Amulius aus Alba Longa vertrieben worden. Rea Silvia wurde nach dem Willen des neuen Königs eine Priesterin – damit sie auf keinen Fall heiraten und Kinder bekommen sollte, die dem falschen König Amulius einmal gefährlich werden könnten. Doch der Kriegsgott Mars hatte ein Auge auf die schöne Priesterin geworfen – und sie vergewaltigt. Lange konnte die arme Rea Silvia ihre Schwangerschaft verbergen, doch als sie die Kinder auf die Welt gebracht hatte, wurden sie von König Amulius, ihrem Onkel, entdeckt. Der befahl seinen Sklaven, die Babys in den Tiber zu werfen. Das taten die Sklaven auch, allerdings legten sie sie in einen Korb, der in der Nähe eines Hügels namens Palatin an Land getrieben wurde.

Ob der Flussgott Tiberinus die Jungen beschützt hat? Auf jeden Fall hat er ihre Mutter gerettet. Die wurde nämlich auf Befehl des falschen Königs ebenfalls in den Fluss geworfen – und von Tiberinus vor dem Ertrinken bewahrt. Er verlieh ihr sogar die Unsterblichkeit und machte sie zu seiner Frau, so jedenfalls die Sage.

MK Vergleiche die einzelnen Elemente dieser Sage mit dem Altarrelief. Trage deine Ergebnisse dann in ein gemeinsames digitales Dokument ein. Strukturiert dieses Dokument gemeinsam nach den auf dem Altar dargestellten „Etappen" des Mythos.

8 Ein Anfang mit **Schrecken**

Die Zwillingsbabys wurden am Tiber von einer Wölfin gefunden. Die Wölfin rettete sie vor dem Verhungern, indem sie sie mit ihrer Milch säugte. Wenig später fand der Hirte Faustulus die Kinder. Er und seine Frau Acca zogen die Jungen groß. Jahre später beschlossen die Brüder, eine eigene Stadt zu gründen, und zwar auf dem Palatin (**Palātium**), wo die Wölfin sie einst gefunden hatte. Dort wird Faustulus Zeuge eines fürchterlichen Ereignisses.

1. **Rekonstruiere vor der Übersetzung den Ablauf der Ereignisse, indem du aus der Rede des Faustulus (Z. 4 – 14) die Verbformen der 3. Person mit den zugehörigen Subjekten und Objekten heraussuchst und diese Kernsätze übersetzt.**

Faustulus domum properāvit et clāmāvit: „Acca, ubi es? Venī et audī!“ Ubi casam[1] intrāvit, lacrimās tenēre nōn iam potuit. Uxor rogāvit: „Ubi fuistī? Quid est?“ Faustulus autem flēvit – uxōrem nōn audīvit.

Tandem Faustulus lacrimās tenuit: „Hodiē cum comitibus ad Palātium properāvī. Etiam Rōmulus et Remus et multitūdō virōrum Palātium petīvērunt. Tum Rōmulus virōs ad sē vocāvit et, ubi tacuērunt, ōrātiōnem habuit: ‚Gaudeō, quod iter ad Palātium facere nōn dubitāvistis. Hodiē sacrum facere dēbēmus. Deīs mūnera dare volumus. Nam auxiliō deōrum casās[1] bene mūnīvimus. Nunc Palātium mūnīre dēbēmus. Tum sine perīculō vīvere possumus.‘ Virī verba Rōmulī clāmōre probāvērunt et statim urbem mūrō mūnīre voluērunt.

Subitō autem Remus: ‚Egō tuum[2] mūrum rīdeō: Certē enim hostēs urbem petere cupiunt; sed tuus[2] mūrus agmina hostium ab urbe nōn prohibet.‘ Et statim Remus mūrum trānsilit[3]. Tum Rōmulus per īram[4] tēlum capit et, o Acca, frātrem necat! Crēde mihi, uxor: Remō adesse nōn potuī.“

[1] casa
die Hütte

[2] tuus
dein

[3] trānsilīre
m. Akk.
überspringen

[4] per īram
im Zorn

2. **Versetze dich bei der Erarbeitung der einzelnen Abschnitte in Accas Perspektive: Stelle Vermutungen an, worin Acca die Ursache für die Verzweiflung ihres Mannes sieht.**
3. **Erschließe, was Remus zu seinem Handeln veranlasst haben könnte und weshalb Romulus so heftig darauf reagiert.**
4. **MK Sucht arbeitsteilig im Internet Informationen zu den Stichwörtern „Romulus und Remus“ sowie „Gründung Roms“ und stellt diese übersichtlich zusammen. Überprüft dann eure Ergebnisse anhand eines Lexikons oder Geschichtsbuchs und notiert Unterschiede.**

8 Erinnerungen an die Heimat

Auf der Flucht denkt Julus an seine Kindheit in Kleinasien (**Asia**) zurück:

„Nunc semper timeō. In Asiā nōn timuī.
Nunc tū, pater, familiam servāre dēbēs. Etiam in Asiā familiam servāre dēbuistī.
Nunc Anchīsēs semper tacet. In Asiā nōn tacuit, sed fabulās (Geschichten) narrāvit.
Nunc fugitīvī (Flüchtlinge) sumus. In Asiā dominī fuimus.
Pater et ave (Großvater)! Semper labōrātis. In Asiā nōn labōrāvistis.
Mercātōrēs in forō Trōiae clāmāvērunt. Nunc mercātōrēs nōn iam clāmant.

Nunc pater in Asiā vīvere nōn iam potest.
Ibi cum uxōre bene vīvere potuit.
Egō in Asiā vīvere nōn iam possum.
Ibi cum amīcīs rīdēre potuī."

1. **Erschließe, welche Bedeutung die roten Verbformen im ersten Absatz haben.**
2. **Beschreibe die Unterschiede zwischen den blauen und roten Verbformen: am Verbstamm und an der Endung. Unterscheide nach Konjugationsklassen und Formen von esse.**
3. **Das Verb posse („können") ist ein zusammengesetztes Verb: pot-esse. Beschreibe die Veränderungen, die sich bei der Zusammensetzung ergeben.**

ÜBUNGEN

A Falscher Verdacht Neues kompakt

Cāriānus servus thermās intrāvit. Dominus rogāvit:
„Ubi fuistī? Ubi vestis (die Kleidung) est? Nōnne vestem servāvistī?"
Cāriānus: „In viā fuī. Scelerātum continuī et vestem Dēmētriī servāvī."
Tum Cāriānus frīgidārium intrāvit. Dēmētrius statim clāmāvit:
„Ecce! Servus! Certē fūrtum parāvit!"
Cāriānus: „Fūrtum nōn parāvī. Vestem servāre voluī et potuī. Hīc est!"
Dēmētrius prīmō tacuit, tum Cāriānum laudāvit.

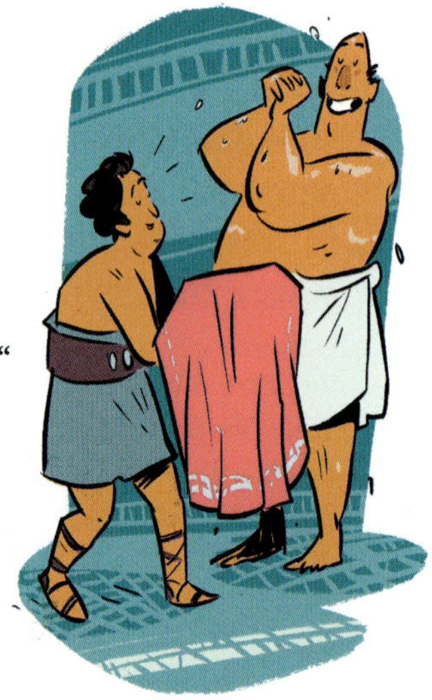

B Perfekt gesucht! Konjugationsklassen erkennen

Ordne die Perfektformen im Lektionstext, Z. 1–10, der richtigen Konjugationsklasse zu.

C Deutsch ist gleich Satzglieder bestimmen

Bestimme ausgehend vom Prädikat die Satzglieder (→ Begleitband, S. 58 f.).

1. Rōmulus auxiliō deōrum urbem mūnīvit.
2. Rōmulus comitibus in urbe mūrum ostendit.

D Weg vom Präsens! Perfektformen bilden

Setze die Prädikate ins Perfekt und übersetze dann.

1. Servus sum. **2.** Cūr tacēs? **3.** Ōrātiōnem habētis. **4.** Puerī exspectāre nōlunt.
▷ **5.** Forum petitis. ▶ **6.** Urbem mūrō mūniunt et hostēs prohibent.

E Kinderstimmen am Tiber Verbformen bilden

Setze die in Klammern stehenden Verben zusammen mit deinem Lernpartner in die richtige Perfektform. Partner A gibt Person und Numerus an, Partner B bildet anschließend die Perfektform. Übersetzt die Sätze dann.

1. Faustulus cum comitibus agrōs (petere).
2. Subitō virī (tacēre): Vōcēs[1] puerōrum (audīre).
3. Dēnique virī frātrēs domum (portāre).
4. Faustulus, ubi casam[2] (intrāre), Accam uxōrem ad sē (vocāre).
5. Acca: „Ubi (esse), Faustule?“
6. ▷ Faustulus narrāvit: „Ad agrōs cum comitibus (properāre).
7. Subitō vōcēs[1] puerōrum (audīre). Ecce: Frātrēs sunt.“
8. ▶ Statim Acca puerōs attingere (velle).

[1] vōcēs Stimmen
[2] casa die Hütte

F Neue Eltern Wortbedeutungen erkennen

Füge in die Sätze das passende Verb im Perfekt ein:

dubitāre | portāre | flēre

1. Virī Rōmulum Remumque ad casam[2] Faustulī ?.
2. Acca frātrēs attingere et tenēre nōn ?.
3. Tandem puerī nōn iam ?.

G ⟲ Die Endung im Blick Substantive unterscheiden

Bestimme Kasus und Numerus der folgenden Substantive; nenne die Lernform.

amīce | senibus (2) | mūnerum | lacrimās | senātōrēs (2) | forum (2)
▷ perīcula (2) | uxōre | oculōs ▶ serva (3) | bēstiārum

Auf Deutsch

Frieden mit Frauenräubern?

Nach der Gründung der Stadt lebten die Gefährten des Romulus dort sicher – aber es waren nur Männer. Bei einem Fest mit den benachbarten Sabinern (Sabīnī) sahen die Römer (Rōmānī) die glücklichen Familien der Nachbarn. Sie beschwerten sich bei ihrem Anführer:

„Urbem bene mūnīvimus. Nunc sine perīculō vīvimus. Sed sine uxōribus vīvere nōn possumus. Tū nōs adiuvāre dēbēs.“ Tum Rōmulus et comitēs fīliās Sabīnōrum vī (mit Gewalt) capere voluērunt. Sabīnōs gladiīs petīvērunt; dēnique Sabīnī fīliās servāre nōn potuērunt.

Ein Jahr später wollten die Sabiner ihre Töchter befreien. Doch die hatten inzwischen Kinder bekommen:

Sabīnī cum Rōmānīs pūgnāvērunt. Rōmānī Sabīnōs ab urbe prohibuērunt. Subitō autem fīliae Sabīnōrum patrēs ad sē vocāvērunt: „Vidēte līberōs! Līberī patrēs amant. Rōmānī līberīs et uxōribus bene cōnsulunt.“

Achte bei der Übersetzung besonders auf die Tempora: Lateinisches Präsens wird deutsches Präsens. Lateinisches Perfekt wird in der Regel mit deutschem Präteritum wiedergegeben.

Differenziert üben

Unten findest du Übungsmöglichkeiten zu verschiedenen Schwerpunkten, die dir das Übersetzen des lateinischen Textes rechts erleichtern sollen. Suche mindestens drei Übungen aus, deren Schwerpunkt dir noch Schwierigkeiten bereitet, und erledige sie vor dem Übersetzen des Textes.

Das Kolosseum, das größte Amphitheater der Antike, wurde 80 n. Chr. von Kaiser Titus mit hunderttägigen Spielen eröffnet, unter anderem mit Gladiatorenkämpfen, nachgestellten Seeschlachten und Tierhetzen. Im Kolosseum fanden ca. 50.000 Zuschauer Platz. Sein Umfang beträgt 527 Meter, die Höhe 48 Meter.

AUFGABEN

A **Wortschatz-Quiz** **Bedeutungen unterscheiden**

Ordne jeder Vokabel die passende Bedeutung zu, präge sie dir dann ein. Lass dich abfragen.

cōpia | currere | exspectāre | gaudēre | sacrum | mulier | ostendere | placēre | respondēre | velle

Opfer | wollen | Frau | erwarten | laufen | sich freuen | Menge | gefallen | zeigen | antworten

B **Formen-Marathon** **Formen erkennen und bilden**

Bilde die verlangten Formen:

1. gladiātōrēs → Sg. → Dat. → Akk. → Gen. → Plural
2. mūrō → Pl. → Akk. → Sg. → Gen. → Pl. → Nominativ
3. nōluit → 2. Pers. → Pl. → 1. Pers. → Sg. → Übersetzung

C **Achtung, Kasus!** **Präpositionen bestimmen**

Ordne die folgenden Präpositionen richtig zu und übersetze sie dann:

Präp. mit Akkusativ	Präp. mit Ablativ

ante | dē | cum | post | ad | apud | in

In Colosseo

Publius wollte seinem Freund Philippus, der aus Griechenland bei ihm zu Besuch in Rom war, etwas typisch Römisches zeigen: Er nahm ihn mit zu den Gladiatorenspielen im Kolosseum. Dabei begleiteten die beiden ihre Freunde Atia, Antonia und Aulus.

Pūblius Philippō lūdōs in amphitheātrō ostendere voluit. Itaque cum amīcīs amphitheātrum intrāvit. Ibi turba lūdōs iam exspectāvit. Tum gladiātōrēs et bēstiae arēnam petīvērunt et turbam dēlectāvērunt.

Pūblius clāmāvit: „Vidēte, amīcī, cōpiam bēstiārum!“ Gladiātōrēs cum bēstiīs pūgnāvērunt et bēstiās necāvērunt. Turba gaudiō clāmāvit, sed Atiae Antōniaeque lūdī nōn placuērunt: „Cūr gladiātōrēs bēstiās necant?“ Pūblius amīcīs respondēre nōluit, quod nunc rētiārius[1] arēnam intrāvit.

Philippus rogāvit: „Cūr alius[2] gladiātor gladium habet, alius[2] rēticulum[3]?“ Aulus: „Rētiārius[1] est.“

Diū pūgnāvērunt, tandem gladiātor rētiārium[1] superāvit[4], sed rētiārium nōn necāvit. Pūblius vocāvit: „Sī[5] bene pūgnant, turba gladiātōrēs laudat.“

[1] rētiārius der Netzkämpfer
[2] alius ... alius der eine ... der andere
[3] rēticulum das Netz
[4] superāre besiegen
[5] sī wenn

D Sätze als Baukasten Satzglieder bestimmen

Übertrage folgende Sätze in dein Heft und bestimme die Satzglieder:

1. Pūblius Philippō lūdōs in amphitheātrō ostendere voluit.
2. Cum amīcō amphitheātrum intrāvit.
3. Atiae Antōniaeque lūdī nōn placuērunt.

E Übersetzen mit System Eine Übersetzungsmethode kennenlernen und anwenden

Lies die folgenden Erklärungen und erprobe die beschriebene Methode an den beiden Sätzen.

1. Lege das erste Satzglied fest. Achtung! Das erste Wort im Satz ist nicht unbedingt das Subjekt.
2. Pendle zum Prädikat und prüfe anhand der KNG-Kongruenz, ob das Wort, das du für das Subjekt hältst, auch tatsächlich das Subjekt ist.
3. Übersetze nach dem ersten Satzglied das Prädikat – im deutschen Hauptsatz muss es an zweiter Stelle stehen.
4. Pendle vom Prädikat zurück und übersetze die restlichen Satzglieder der Reihe nach.

Pūblius Philippō lūdōs in amphitheātrō ostendere vult.

Nunc gladiātōrēs et bēstiae in arēnam currunt.

F Was ist gemeint? Fachbegriffe sicher verwenden

Weise die Fachbegriffe den lateinischen Wortformen zu. In einigen Fällen sind mehrere Lösungen möglich.

Nominativ | Infinitiv | Vokativ | Adverb | Dativ | Präposition | Maskulinum | Genitiv | Akkusativ | Femininum | Imperativ | Perfekt

vidēte | bēstiārum | tenuistis | amīce | amīcae | cum | gladiātor | placēre | mūrōs | tēlīs | nunc | bene

Friedrich Brentel: Horatius Cocles. 1630.

9 Helden und Vorbilder?

Die Geschichte von Romulus ist ein Mythos. Tatsächlich war es so, dass sich auf den sieben Hügeln am Tiberufer im 8. Jahrhundert v. Chr. einfache Bauern ansiedelten, deren Dörfer allmählich zu einer Stadt zusammenwuchsen. In dieser Stadt lebten überwiegend Menschen aus den Stämmen der Latiner und Sabiner. Doch auch viele Etrusker ließen sich in dieser jungen Stadt nieder. Die Etrusker waren damals das mächtigste Volk auf der italienischen Halbinsel, sie waren den Römern in kulturellen, wirtschaftlichen und politischen Dingen weit überlegen. Gegen Ende des 7. Jahrhunderts v. Chr. übernahmen die Etrusker auch die Herrschaft über die Stadt Rom und stellten dort die Könige. Doch im Laufe der Zeit wurden sie von den Römern als Fremdherrscher empfunden, die man loswerden wollte. So kam es wiederholt zu Kriegen gegen die Etrusker, in denen sich legendäre Heldinnen und Helden mit List und Tapferkeit (lat. virtūs) im Kampf auszeichneten.

Einer dieser Helden war Horatius Cocles, dem die Römer später auf dem Forum eine Statue errichteten. Hier erzählten die Älteren den Jüngeren oft von seiner großen Heldentat am Pons Sublicius, einer Brücke über den Tiber – und von Larcius und Herminius, seinen Gefährten im Kampf gegen die Etrusker.

1. MK Recherchiert über die römischen Helden Mucius Scaevola und Cincinnatus. Erzählt euch anschaulich die Legenden, die sich um diese Männer ranken: Welche Taten haben sie vollbracht? Welche ihrer Eigenschaften und Verhaltensweisen waren für die Römer der späteren Zeit besonders vorbildhaft?
2. Diskutiert dann in der Klasse, ob ihr Verhalten auch heute als vorbildlich gelten kann.

9 EINER für ALLE

Der Pons Sublicius stellte den einzigen Zugang zur Stadt dar, der nicht durch die Stadtmauer gesichert war. Angreifer mussten lediglich über diese Brücke kommen, um in die Stadt zu gelangen. Das wussten die Etrusker, und eines Tages, als das römische Heer sich gerade in den Sabiner Bergen aufhielt, versuchten sie, über diese Brücke in die fast soldatenfreie Stadt einzumarschieren. Der Römer Mamercus war gemeinsam mit Horatius, Larcius und Herminius am Pons Sublicius postiert. Später berichtet er von dem, was nun passierte …

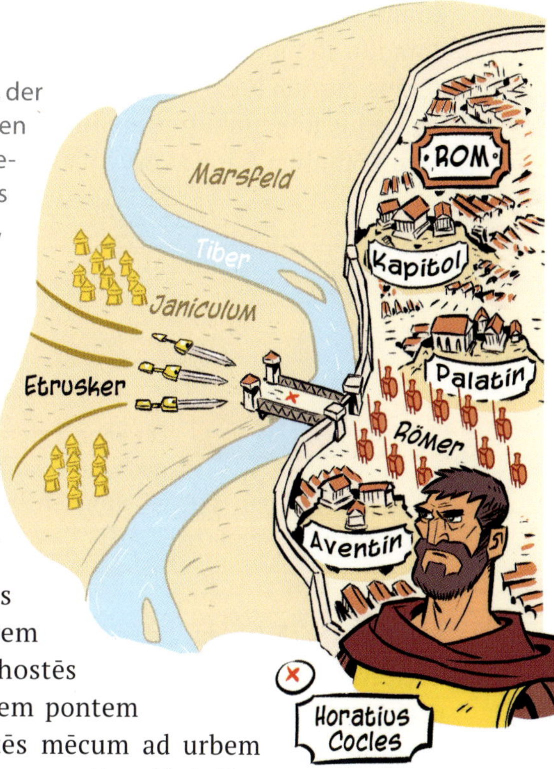

1. **Stelle mithilfe der Überschrift und des Einleitungstextes Vermutungen dazu an, worum es im lateinischen Text geht; beziehe auch die Abbildung auf S. 60 in deine Überlegungen ein.**

In rīpā Tiberis cum Horātiō, Larciō Herminiōque comitibus pontem dēfendere dēbuī. Prīmum hostēs vidēre nōn potuimus; posteā autem procul clāmōrem audīmus, deinde Tuscōs venīre vidēmus, postrēmō hostēs propius ad rīpam flūminis accēdere videō. Egō quidem pontem statim relinquō – in urbem contendō. Etiam comitēs mēcum ad urbem currere putō. Ubi in urbe fuī, comitēs adhūc mediō in ponte stāre videō. Nunc certē sciō amīcōs in perīculō esse. Hostēs aspiciunt amīcōs, amīcī aspiciunt hostēs. Tacent Rōmānī, tacent Tuscī.

Tandem Horātius per īram clāmat: „Venīte, Tuscī! Nōs gladiōs nōn dēpōnimus, sed patriam proeliō dēfendere cupimus.“ Hostēs autem accēdere nōn dubitant. Sciō comitēs pontem tenēre nōn posse – nunc nē lacrimās quidem tenēre possum. Iam hostēs amīcōs circumvenīre volunt. Subitō vōcem Horātiī audiō: „Dēfendite patriam, amīcī! Rescindite[1] pontem!“

Quid faciunt Larcius Herminiusque? Horātiō cōnfīdunt et pārent; ergō pontem rescindere[1] īnstituunt. Horātium autem gladium sūmere et contrā hostēs pūgnāre videō. Iam hostēs amīcum necāvisse putō. Repente autem comitem dē ponte in Tiberim dēsilīre[2] videō. Et statim pōns corruit[3]. Tuscī in rīpā remanent. Cōnstat Horātium sine vulnere per flūmen urbem petīvisse. Fāma est Tiberim deum Horātiō et comitibus adfuisse.

[1] rescindere einreißen

[2] dēsilīre herabspringen

[3] corruere zusammenstürzen

2. **Vergleicht das Verhalten des Horatius Cocles, Larcius und Herminius mit dem des Mamercus. Diskutiert, wer eurer Ansicht nach richtig handelt.**
3. **Mamercus gerät beim Erzählen in große Aufregung. Untersucht in Partnerarbeit, mit welchen Mitteln es Mamercus gelingt, bei seinen Zuhörern Spannung zu erzeugen. Übt dann den Vortrag des Textes und lest ihn euch vor.**

9

Schlimme Nachrichten

Rōmulus Remum audit: Remus rīdet.
Rōmulus Remum rīdēre audit.
Rōmulus Remum mūrum rīdēre audit.
Remus mūrum hostēs nōn prohibēre dīcit.
Faustulus Rōmulum frātrem necāre videt.
Acca Rōmulum frātrem necāvisse audit.

1. Vergleiche die Sätze in Z. 1 mit dem Satz in Z. 2 und beschreibe die Veränderungen. Erschließe für die Sätze in Z. 2 – 6 eine passende deutsche Wiedergabe.
2. Untersuche, in welchem zeitlichen Verhältnis **necāre** zu **videt** bzw. **necāvisse** zu **audit** steht.

ÜBUNGEN

Du kannst den AcI selbstständig einüben: Wenn du nach der Erarbeitung der Aufgaben **A**, **B** und **D** noch unsicher mit den Zeitverhältnissen bist, löse **E**. Wenn du unterschiedliche Übersetzungsmöglichkeiten für den AcI trainieren willst, übersetze **C**.

A Gute Nachrichten Neues kompakt

Nach einem Kampf mit Räubern kommen Romulus und Remus nach Hause:

Frātrēs aedēs intrant. Acca frātrēs aedēs intrāre audit.
Faustulum vocat. Faustulus videt frātrēs intrāvisse.
Statim servae narrat frātrēs intrāvisse. Iubet: „Parā cēnam[1]!“

Postrīdiē[2] Acca amīcō narrat: „Diū Rōmulum exspectāvī.
Subitō Rōmulum intrāre audīvī. Faustulum vocavī.
Faustulus statim servae narrāvit Rōmulum intrāvisse.“

[1] cēna das Essen

[2] postrīdiē am folgenden Tag

B AcI oder nicht? Sätze analysieren

Überprüfe jeweils, welche Sätze einen AcI enthalten, indem du die Bestandteile eines AcI suchst. Achte auch darauf, ob das Prädikat des Satzes einen AcI auslösen kann. Übersetze anschließend.

1. Mamercus hostēs videt.
2. Mamercus hostēs ad pontem accēdere videt.
3. Amīcī Tuscōs clāmāre audiunt.
4. Mamercus lacrimās tenēre nōn potest.
5. Rōmānī urbem servāre cupiunt.
6. Rōmānī Horātium pontem dēfendere volunt.
7. Horātius amīcōs hostēs prohibēre cupit.

Prädikat ✓
Akkusativ ✓
Infinitiv ✓

C Nicht immer wörtlich! den AcI wiedergeben

Übersetze, falls möglich, wörtlich, ansonsten mit einem „dass“-Satz.

1. Patrem venīre videō. Gaudeō patrem adesse. **2.** Mātrem lacrimās tēnere nōn posse sciō. **3.** Pater mātrem flēre audit. Pater nōs gaudēre videt.

D Irren ist menschlich Übersetzungen prüfen

Gib die korrekte Übersetzung an. Erkläre die Fehler in den falschen Übersetzungen.

1. Scīmus Horātium urbem servāvisse.
a. Wir wissen, dass Horatius die Stadt rettet.
b. Wir wissen, dass Horatius die Stadt gerettet hat.
c. Wir kennen Horatius, der die Stadt gerettet hat.

2. Uxōrēs virōs lacrimās tenere nōn posse vident.
a. Die Ehefrauen können sehen, dass die Männer die Tränen nicht zurückhalten.
b. Sie sehen, dass Frauen und Männer ihre Tränen nicht zurückhalten können.
c. Die Ehefrauen sehen, dass die Männer die Tränen nicht zurückhalten können.

E Zeiten ändern sich Zeitverhältnisse wiedergeben

Bilde – entsprechend der deutschen Wiedergabe – die korrekte Form des Infinitivs.

1. Wir wissen, dass die Mauern die Feinde von der Stadt fernhielten.
   Scīmus mūrōs hostēs ab urbe (prohibēre).
2. Die Sklaven glaubten, dass die Kinder zuhause sind.
   Servī līberōs in vīllā (esse) putāvērunt.
3. Klar ist aber, dass die Jungen ihren Freund Lucius aufsuchten.
   Cōnstat autem puerōs Lūcium amīcum (petere).

F ⟲ Alles durcheinander Wortformen analysieren

Ordne die Substantivformen den dir bekannten Deklinationsklassen zu.
Achtung: Nicht alle Wörter sind Substantive!

īrae | agminis | crēdis | hostibus | itinera | mūnīre | mūnere | puer | repente | salūs | subitō | agrōrum | deō | sōlem

a-Dekl.
o-Dekl.
3. Dekl.

Auf Deutsch

Ein mutiges Mädchen

Im Krieg gegen den Etruskerkönig Porsenna mussten die Römer den Feinden adelige Mädchen als Geiseln geben. Eines der Mädchen, Cloelia, konnte aber mit einigen Freundinnen fliehen. Porsenna **erfuhr**, dass Cloelia **geflohen war**. Da forderte er sie als Geisel zurück. Cloelia **wusste**, dass sie zurückkehren **musste**. Bei der Rückkehr zu Porsenna **erklärt** Cloelia stolz, dass sie ihre Freundinnen **gerettet hat**. Porsenna **sieht**, dass Cloelia ein mutiges Mädchen **ist**, und spricht zu ihr:

„Cōnstat tē cum puellīs per Tiberim Rōmam[1] petīvisse. Nam amīcās obsidēs[2] esse nōluistī. Nunc nōn dubitāvistī patriam parentēsque iterum relinquere. Cōgnōscō tē patriae cōnsulere. Certē parentēs fīliam iterum obsidem[2] esse nōlunt. Itaque tē in patriam redīre[3] iubeō."

[1] Rōma Rom
[2] obses, obsidis die Geisel
[3] redīre zurückkehren

Das Zeitverhältnis wird im AcI durch den Infinitiv Präsens (für die Gleichzeitigkeit) und den Infinitiv Perfekt (für die Vorzeitigkeit) ausgedrückt. Im Deutschen ist auch das Tempus des Prädikats zu beachten.

1. **Erkläre dies an den markierten Beispielen in der deutschen Einleitung.**
2. **Beachte bei der Übersetzung des lateinischen Textes, welches Zeitverhältnis jeweils vorliegt und welches Tempus im deutschen dass-Satz gewählt werden muss.**

1. MK Informiert euch in verschiedenen Quellen (Lexika, Geschichtsbücher, Internet) über die Etrusker, insbesondere über ihre Geschichte, ihre Kultur und Religion. Teilt euch die Recherche auf und fertigt kurze digitale Präsentationen an. Erklärt dabei auch, was die Römer von den Etruskern übernommen haben.
2. MK Vergleicht dann in kleinen Teams die Ergebnisse, die aus verschiedenen Quellen stammen. Stellt die Beobachtungen der Teams zu den einzelnen Quellen auf einer digitalen Pinnwand aus.

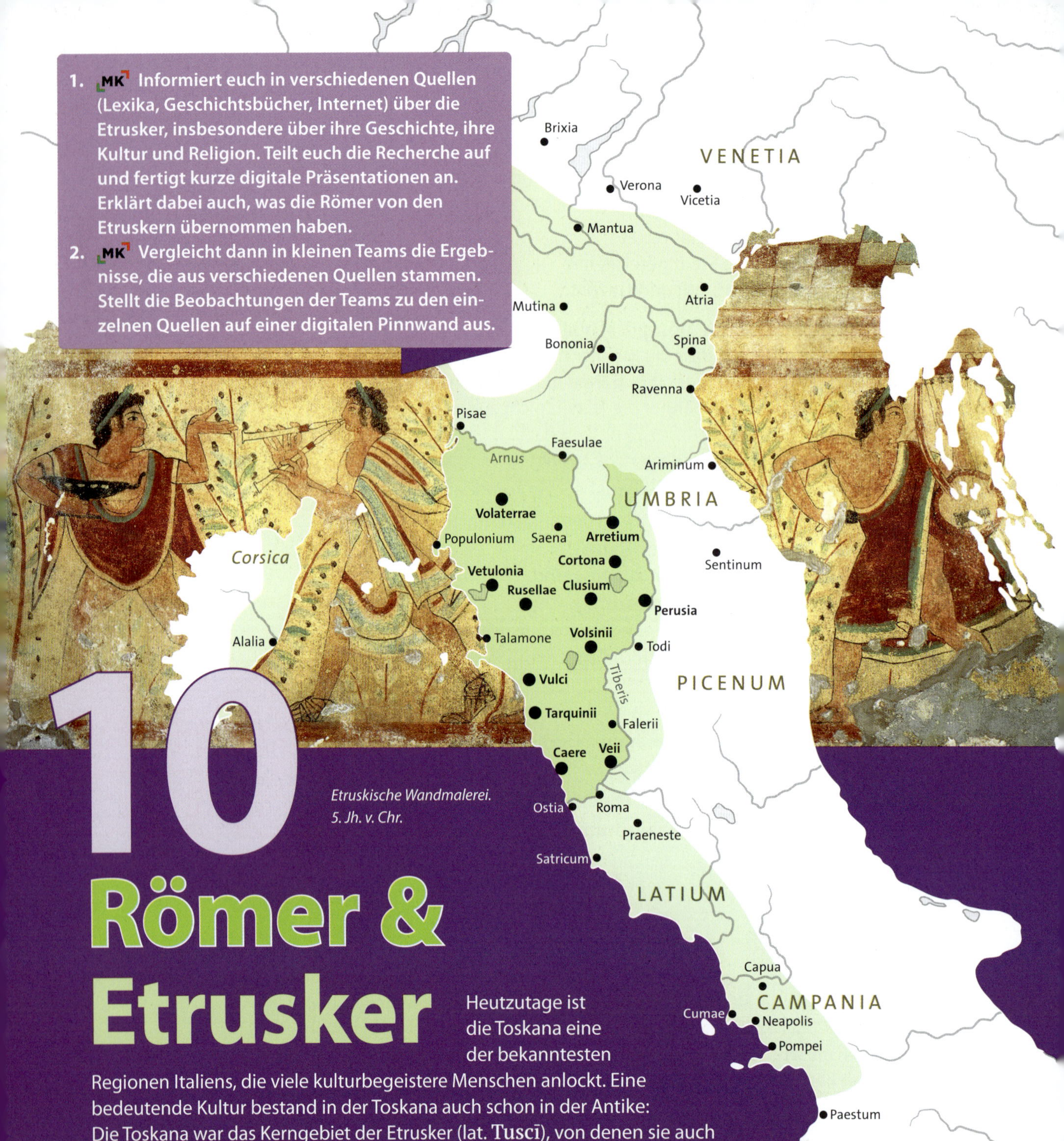

Etruskische Wandmalerei. 5. Jh. v. Chr.

10 Römer & Etrusker

Heutzutage ist die Toskana eine der bekanntesten Regionen Italiens, die viele kulturbegeistere Menschen anlockt. Eine bedeutende Kultur bestand in der Toskana auch schon in der Antike: Die Toskana war das Kerngebiet der Etrusker (lat. **Tuscī**), von denen sie auch ihren Namen erhielt. Das Volk der Etrusker besaß kein einheitliches Reich, sondern hatte sich in einem Bund von zwölf wichtigen Städten organisiert. Dennoch konnten die Etrusker ihre Macht auch auf andere Teile Italiens ausdehnen. Aus diesem Grund sind sie auch für die römische Geschichte bedeutsam. Nicht nur viele Einrichtungen und religiöse Bräuche – etwa die Interpretation göttlicher Zeichen aus dem Vogelflug – übernahmen die Römer von ihnen, auch Rom selbst stand längere Zeit unter etruskischem Einfluss. Dies spiegelt sich in der sagenhaften Überlieferung über die frühe Geschichte Roms. Nach ihr regierten, beginnend mit Romulus, sieben Könige in Rom. An ihrem Ende standen drei Könige aus dem etruskischen Geschlecht der Tarquinier. Der letzte von ihnen, Tarquinius Superbus, war angeblich ein schlimmer Tyrann, der sich den Hass der Römer zuzog, was schließlich zu seiner Vertreibung aus Rom führte.

10 Das Maß ist voll

Tarquinius Superbus, der siebte König Roms, ist bei den Römern wegen seiner grausamen Herrschaft verhasst. Die Situation verschärft sich, als Lukretia, eine junge adelige Frau aus Collatia, von Tarquinius' Sohn Sextus überfallen und vergewaltigt wird. Obwohl Lukretia unschuldig ist, nimmt sie sich aus Verzweiflung das Leben. In Collatia ist die Empörung so groß, dass Collatinus, der Ehemann der Lukretia, und dessen Freund Lucius Iunius Brutus mit einer großen Schar bewaffneter Männer nach Rom ziehen.

1. **Beschreibe mit Hilfe der Informationen in der Einleitung sowie der Schlüsselwörter (petere, occupāre, terrēre, properāre, audīre, īram nōn iam tenēre) einen möglichen Handlungsverlauf und die Stimmung in Z. 1–5.**

Prīmā lūce Brūtus cum multīs sociīs Rōmam petīvit et forum occupāvit. Rōmānī Brūtum et sociōs forum occupāre audīvērunt. Et vōcēs et arma virōrum Rōmānōs terruērunt. Hominēs statim ad forum properāvērunt, quod causam clāmōris cōgnōscere voluērunt. Ubi dē scelere fīliī rēgis et dē morte miserae Lucrētiae audīvērunt, īram nōn iam tenuērunt.

Tum Brūtus magnā vōce: „Lucrētiam“, inquit, „semper Collātīnō uxōrem bonam fuisse scītis; Lucrētiam semper deōs coluisse scītis. Sextus autem Tarquinius multā nocte cubiculum[1] Lucrētiae petīvit – nunc propter iniūriam Sextī Tarquinī Lucrētia mortua est – et nōs morte Lucrētiae dolēmus. Tōta gēns mala Tarquiniōrum urbem statim relinquere dēbet! Scelera rēgis bene scītis. Num dē sanguine multōrum virōrum bonōrum dīcere dēbeō? Cōgitāte dē līberīs vestrīs! Sī tūtī ā sceleribus et iniūriīs esse vultis, necesse est[2] rēgem malum et tōtam gentem Tarquiniōrum urbem relinquere. Ita urbem ā magnō perīculō servāre possumus!“

Et Rōmānī et Collātīnī[3] verba Brūtī probāvērunt. Tarquiniī autem īram hominum timuērunt et Rōmam relinquere properāvērunt. Ita Tarquinius Superbus rēx ultimus Rōmānōrum fuit.

[1] cubiculum das Schlafzimmer

[2] necesse est es ist nötig

[3] Collātīnī die Collatiner

2. **Gib die Charaktermerkmale der Tarquinier an (Z. 6–14). Stelle die entsprechenden Substantive mit ihren Adjektiv- und Genitivattributen in einer Tabelle zusammen. Ordne die Wendungen einem Sachfeld zu und beziehe sie auf die Überschrift.**

3. **MK Stelle grafisch – z. B. durch Pfeile – dar, in welchem Verhältnis die im Text genannten Personen zueinander stehen.**

4. **MK Wie stellst du dir Brutus bei seiner Rede (Z. 6–14) vor? Fertige eine ausdrucksstarke Zeichnung an, die Brutus in dieser Situation zeigt.**

● Etruskischer 12-Städte-Bund
• sonstige Siedlung
Etrurien-Kerngebiet
Kolonialgebiet und Machtbereich der Etrusker vom 8.–6. Jh. v. Chr.

Video
41500-03

10 Stadtführung auf dem Forum Romanum

„In forō multī virī, multae mulierēs, multa aedificia sunt. Spectāte magnās basilicās (Hallen), spectāte magna templa deōrum. In magnīs templīs multī Rōmānī deīs bonīs mūnera dant. Itaque magnī deī populō adsunt; Rōmānī ab hostibus tūtī sunt."

Adjektive
- multus, a, um viel
- magnus, a, um groß
- bonus, a, um gut
- tūtus, a, um sicher

1. **Erkläre mit Hilfe von Z. 1 und 2, weshalb die Adjektive in verschiedenen Formen auftreten.**
2. **Nutze deine Erklärung, um in Z. 3 und 4 die Adjektive auf die richtigen Substantive zu beziehen.**

ÜBUNGEN

Übe zunächst mithilfe von Übung **B** und **C** die KNG-Kongruenz und die Verwendung der Adjektive ein. Wenn du noch Schwierigkeiten bei der KNG-Kongruenz hast, bearbeite **D**. Um den Ablativ zu wiederholen und den Ablativ der Zeit einzuüben, löse **E**. Wenn du schnell fertig bist, bereite mit einem Partner **F** so vor, dass später die Mitschüler überprüft werden können.

A Freundschaft? Neues kompakt

Mārcus mercātor cum Lūciō senātōre disputat (diskutiert):
„Mercātōrēs bonī amīcīs mūnera nōn dant."
Lūcius: „Senātōrēs bonīs amīcīs mūnera dant."

B Endungen unter der Lupe KNG-Kongruenz beachten

a. Ordne den Substantiven die passenden Adjektivformen zu:

multīs | malum | tūtī | magnus | miserae
rēx | servae | mūrī | scelus | hominibus

b. Bestimme Kasus, Numerus und Genus des Bezugsworts und ergänze die passende Adjektivendung. Übersetze dann.

1. Rōmānī mult... deōs et mult... deās colunt.
2. Itaque magn... templa deōrum petunt.
3. Hominēs bon... deōs timēre nōn dēbent.
4. Sed īra deōrum hominēs mal... terret.

C Götter und Menschen Verwendung von Adjektiven unterscheiden

Übersetze die Sätze. Bestimme jeweils die Verwendung des Adjektivs (→ Begleitband, S. 70).

1. Hīc vidētis multōs deōs et deās Rōmānōrum. 2. Deī bonī sunt, nam hominibus adsunt. 3. Hominēs bonī īram deōrum nōn timent. 4. Īra deōrum magna est.

D Im Zentrum Roms Adjektivformen zuordnen

Ordne die Adjektive richtig zu.

1. In forō Rōmānō ? mercātōrēs et ? tabernae sunt.
2. Sed etiam ? templa et aedificia forī hominēs dēlectant.
3. Hominēs deōs in ? templīs colunt.

multa | multī | multae | magnīs

E Ablative im Fokus
Ablative als Adverbiale übersetzen

Du kennst bisher den Ablativ des Mittels (wodurch? womit?), des Grundes (worüber? weshalb?) und der Zeit (wann?). Übersetze und stelle jeweils die richtige Frage.

1. Der Kaufmann Lucius geht prīmā lūce zum Marktplatz.
2. Dort preist er magnā vōce seine Waren an.
3. Einige Kunden sind empört clāmōre des Kaufmanns.
4. Der Tag vergeht und der Kaufmann schreit noch multā nocte an seinem Stand.

F ↺ Wettstreit um Formen
Kongruente Formen bilden

Spiele gegen einen Partner. Bildet so schnell wie möglich die richtigen Formen nach folgendem Schema:

Nom. Sg. → Pl. → Abl. → Dat. → Sg. → Abl. → Gen. → Pl. → Akk. → Sg.

uxor bona
senātor bonus
magnum iter

G Latein lebt
Fortleben des Lateinischen erkennen

Nenne zu den folgenden Wörtern jeweils das lateinische Herkunftswort.

frz. *porte* – rum. *portal* | sp. *vivir* – port. *viver* | it. *buono* – frz. *bon* | engl. *sign* – frz. *signe* | sp. *hombre* – it. *uomo*

H Latein prägnant
Lateinische Sprichwörter verstehen

Erkläre die Bedeutung der Sprichwörter und gib für das erste ein aktuelles Beispiel an.

1. Hominēs sumus, nōn deī.
2. Et servī hominēs sunt.

Auf Deutsch

Ackerland für Roms Soldaten

Nach der Königszeit hatten die Senatoren (die patrēs) **den** größte**n** Einfluss in Rom. Sie stammten aus **den** vornehme**n** Familien. **Das** einfach**e** Volk, die Plebs, hatte dagegen wenig Macht. Einzelne Vertreter **der** vornehme**n** Familien stellten sich auf die Seite des Volkes, wenn erobertes Ackerland an **die** ehemalige**n** Soldaten verteilt wurde. Gaius Flaminius spricht dazu vor dem Volk:

„Audīte, Rōmānī: Vōs[1] virī bonī estis. Multōs hostēs ab urbe prohibuistis. Urbem Rōmam ā magnīs perīculīs līberāvistis[2]. Patriam dēfendere numquam dubitāvistis. Prō salūte urbis semper pūgnāvistis.

Nunc audīte dē magnā iniūriā, audīte dē magnō scelere: Bonī agrī gentibus superbīs[3] sunt. Populō agrī malī sunt. Familiae vestrae miserae sunt. Sed senātōrēs superbī[3] tūtī ab hostibus esse volunt. Itaque virīs bonīs bonōs agrōs tandem dare dēbent. Sī vōbīs agrōs bonōs nōn dant, īram populī timēre dēbent.“

[1] vōs ihr

[2] līberāre befreien

[3] superbus, a, um stolz, arrogant

Auch vor einer Wendung, die aus Nomen und Adjektiv besteht, muss im Deutschen oft ein Artikel ergänzt werden. Der Artikel und das Adjektiv müssen nicht die gleiche Endung haben (vgl. die Markierungen im Einleitungstext). Überprüfe, bei welchen Wendungen ein Artikel nötig ist, und achte bei der Übersetzung auf die richtigen Endungen im Deutschen.

ROM wird immer mächtiger

Die Zeit der Könige

Der Sage nach wurde Rom im Jahr 753 v. Chr. von Romulus gegründet. Er war der erste von insgesamt sieben römischen Königen, die die Stadt am Tiber etwa 250 Jahre lang beherrschten. Doch als sich König Nr. 7, Tarquinius Superbus, als brutaler Gewaltherrscher aufführte, vertrieben ihn die Römer um das Jahr 500 v. Chr. aus der Stadt. Entscheidend bei dieser Vertreibung waren die adeligen Grundbesitzer, die **Patrizier**, die Rom von nun an selbst regierten.

*Die Göttin **Libertas**.*

***SPQR** steht für die beiden politischen Kräfte, die die römische Republik tragen: Senatus populusque Romanus.*

*Die römische **Wölfin**.*

Drei Denare (römische Silbermünzen) aus dem 1. Jh. v. Chr.

Herrschaft der Senatoren

Mit Tarquinius' Vertreibung begann die Zeit der Römischen **Republik** (ca. 500 – 27 v. Chr.), in der Rom vor allem von den Patriziern gelenkt wurde. Diese fanden sich in einem Ältestenrat zusammen, den sie **Senat** und dessen Mitglieder sie **Senatoren** nannten. Zunächst konnten nur die Patrizier Senatoren werden.

In der **cūria**, ihrem Tagungsgebäude, fällten die Senatoren alle wichtigen politischen Entscheidungen. Da die Senatoren Männer aus adeligen Familien waren, handelte es sich bei der Römischen Republik um eine Adelsherrschaft, also eine Aristokratie. Die Mitglieder des Adels waren reiche Männer; sie verfügten über großen Grundbesitz, sodass sie Zeit und Geld für die Senatorentätigkeit hatten. Sämtliche politischen Ämter in Rom waren nämlich Ehrenämter; eine Bezahlung gab es dafür nicht, sodass sie nur Vermögende ausüben konnten.

Statue eines römischen Patriziers, bekleidet mit der Toga, der Nationaltracht der freien Römer. In Händen hält er zwei Ahnenbildnisse. 1. Jh. v. Chr.

Mitbestimmung des Volkes

Allerdings waren die einfachen Bürger nicht völlig von der Herrschaft ausgeschlossen. Sie konnten an Volksversammlungen teilnehmen und dort Beamte, sogenannte **Magistrate**, wählen oder über Gesetze abstimmen. Männer ohne Bürgerrecht, Frauen, Kinder und Sklaven durften nicht wählen und an keiner Volksversammlung teilnehmen. Die Magistrate wurden in der Regel für ein Jahr gewählt und übten die Regierungsgewalt in verschiedenen Zuständigkeitsbereichen aus. Die wichtigsten Magistrate waren die beiden **Konsuln**. Sie wurden aus dem Kreis der Senatoren gewählt, leiteten die Sitzungen des Senats und hatten den Oberbefehl über das römische Heer.

Im 5. Jh. v. Chr. erkämpften sich auch die einflussreichsten Familien der **Plebejer**, der nichtadeligen Römer, die Möglichkeit, in das Kollegium der Senatoren aufgenommen zu werden.

Die Eroberung Italiens und der Mittelmeerwelt

Nach der Vertreibung des letzten Königs weiteten die Römer ihren Machtbereich langsam, aber unaufhaltsam aus. Zunächst besiegten sie die Stäm-

Die Macht Roms beruhte auch auf technischer Überlegenheit. Durch die Perfektionierung des Straßenbaus konnte Rom Italien mit einem Netz militärischer Aufmarschlinien überziehen. Auf diesen Straßen konnten Truppen in Windeseile von A nach B marschieren. Auf dem Foto: die Via Appia, die „Königin der Straßen“. Sie wurde ab 312 v. Chr. von Rom nach Capua erbaut und im 2. Jh. v. Chr. bis Brundisium verlängert.

me in ihrer unmittelbaren Nachbarschaft, dann die Völker im Norden der italienischen Halbinsel und schließlich die im Süden. Im 3. Jh. v. Chr. war Rom die unumstrittene Herrin **Italiens** und geriet deshalb mit Karthago in Konflikt. **Karthago** war eine mächtige Handelsstadt im Norden **Afrikas** (im heutigen Tunesien), die bis dahin die Vormachtstellung im westlichen Mittelmeer hatte.

In drei harten und langen Kriegen, den **Punischen Kriegen** (Punier war ein anderer Name für die Karthager), kämpften Rom und Karthago um die Herrschaft im Mittelmeerraum. In diesen Kriegen siegte letztlich Rom und wurde damit zur unangefochtenen Herrin der gesamten Mittelmeerwelt. Besonders lebhaft erinnerten sich die Römer auch noch Jahrhunderte später an den Zweiten Punischen Krieg (218 – 201 v. Chr.), in dem die Karthager von ihrem genialen Feldherrn **Hannibal** angeführt wurden. Über ihn wirst du in den nächsten beiden Lektionen mehr erfahren. Zeitgleich zu den Punischen Kriegen unterwarfen die Römer auch die anderen Völker rund um das Mittelmeer, z. B. die Städte der Griechen. Diese Gebiete wurden nach ihrer Eroberung zu römischen **Provinzen**.

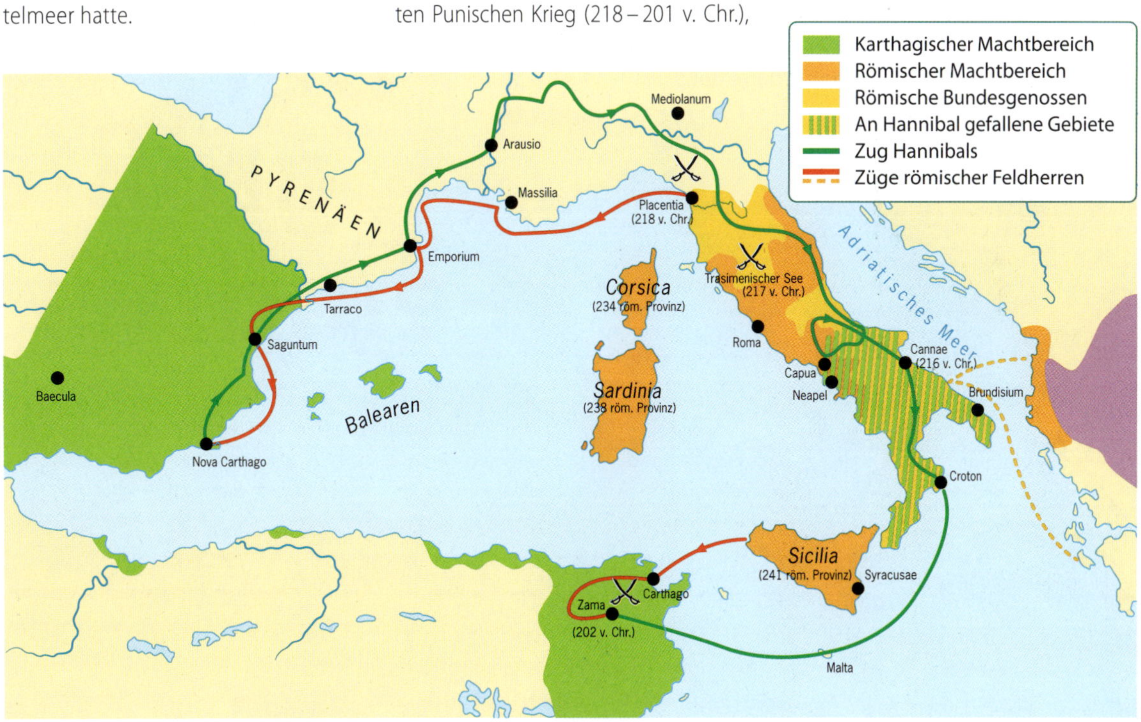

Der Zweite Punische Krieg: Kampf zwischen Rom und Karthago um die Vorherrschaft im Mittelmeerraum.

MK Die Römer eroberten 146 v. Chr. zwei große Städte: Karthago und Korinth. Recherchiert arbeitsteilig über diese Eroberungen: Berichtet dann über den Verlauf der Geschehnisse, über die Gründe und die machtpolitischen Folgen.

Der größte Feind

40501-34

Nach der Vertreibung ihres letzten Königs hatten die Römer ihren Machtbereich nach und nach über ganz Italien ausgeweitet. Nun streckten sie ihre Finger auch in Richtung Sizilien aus. Dabei gerieten sie allerdings in Konflikt mit der reichen nordafrikanischen Handelsstadt Karthago, die im 3. Jh. v. Chr. große Teile des westlichen Mittelmeergebiets kontrollierte. Die Folge war, dass die beiden größten Mächte der damaligen Zeit, die Römer und die Punier („Punier" war das lateinische Wort für Karthager), in drei erbittert geführten Kriegen um die Vorherrschaft im Mittelmeerraum kämpften.

Im 2. Punischen Krieg (218 – 201 v. Chr.) hatte der berühmte Feldherr Hannibal das Kommando über die punischen Truppen. Hannibal hatte schon als kleiner Junge beim punischen Heer gelebt, dessen Feldherr sein Vater Hamilkar war. Als dieser gefallen war, wählten die Soldaten Hannibal 221 v. Chr. zu seinem Nachfolger.
Antike Quellen berichten, dass Hannibal ein tapferer und kluger Feldherr war, der bei seinen Männern höchstes Ansehen genoss – und der von seinem Vater Hamilkar zum ewigen Hass auf die Römer verpflichtet worden war: Als er neun Jahre alt war, soll er feierlich am Altar des höchsten punischen Gottes Baal geschworen haben, niemals ein Freund der Römer zu sein und erst dann zu ruhen, wenn Rom endgültig besiegt sei.

1. MK Informiert euch in zwei Teams über den Mythos von Dido und Äneas sowie über die Geschichte der Stadt Karthago. Sammelt eure Ergebnisse in einem digitalen Dokument, das ihr nach und nach erweitert. Fasst dann das Wichtigste thesenartig zusammen und tragt es in der Klasse vor.
2. Stellt dann einen Zusammenhang zwischen dem Mythos und der Geschichte der Punischen Kriege her.

11 Der größte Feind

11 Hannibal ante portas

Hannibal hielt seinen Schwur und setzte den Kampf seines Vaters gegen Rom fort. Im Jahr 218 v. Chr. überquerte er von Spanien aus völlig überraschend mit dem gesamten Heer die vereisten Alpen und stand plötzlich in Italien. Die Römer leisteten Widerstand, doch vergeblich: Nach mehreren Niederlagen gegen die Punier verloren sie in der Schlacht bei Cannae 216 v. Chr. trotz zahlenmäßiger Überlegenheit fast das gesamte Heer. Der Weg nach Rom war für Hannibal frei.

1. **Informiert euch mit Hilfe der deutschen Einleitung über die Vorgeschichte des Lektionstextes und stellt Vermutungen an, über welches Thema nun in Rom diskutiert wird.**
2. **Ermittle vor der Übersetzung, welche Personen in den drei Abschnitten des Textes sprechen und über welche Personen sie reden; beachte dazu vor allem die Eigennamen und Substantive.**

Uxōrēs Rōmānōrum tōtam urbem vōcibus suīs complēvērunt et in forum cucurrērunt, postquam Hannibalem legiōnēs vīcisse audīvērunt. Uxor quaedam[1] clāmāvit: „Dī[2] bonī, adeste mihi miserae! Cūnctī fīliī meī in agmine nostrō stetērunt, cum hoste pūgnāvērunt, patriam dēfendērunt. Num fīliōs āmīsī?“ Alia autem uxor: „Cūr tū tē miseram vocās? Tibi deī multōs fīliōs dedērunt – et virum tuum in urbe mānsisse nōs quoque scīmus. Egō autem virum nōn iam habeō, ūnus tantum fīlius adhūc vīvit. Nōn sōlum tū, sed etiam nōs salūtī virōrum nostrōrum timēmus[3]!“

Etiam senātōrēs statim cum cōnsulibus dē bellō cōnsuluērunt: Ūnus ē senātōribus ita dīxit: „Hannibal magnīs labōribus mīlitēs elephantōsque[4] per Alpēs in Italiam dūxit, multa oppida cēpit, legiōnēs nostrās vīcit – nunc sine ūllō timōre Rōmam contendere īnstituit et caput nostrum capere cupit. Nōs autem magnum perīculum premit. Itaque cēnseō: Aperīte portās victōrī!“

Cēnsor autem dīxit: „Egō sententiam tuam nōn probō. Hannibal nōs proeliō vīcit, sed victor bellī nōn est. Moenia Rōmae alta sunt. Cūnctī Rōmānī urbem armīs servāre dēbent!“

[1] quaedam eine
[2] dī ~ deī
[3] timēre *m. Dat.* fürchten um
[4] elephantus: *vgl. Abb.*

Innenbild einer Tonschale aus Mittelitalien, 3. Jh. v. Chr.

3. **Arbeite die unterschiedlichen Haltungen zum weiteren Vorgehen der Römer heraus (Z. 9–18). Wie lassen sich die beiden Haltungen begründen? Diskutiert, welche Haltung die uxōrēs einnehmen könnten.**
4. **Gib die Textstelle an, zu der die abgebildete Tonschale passt.**

11

Frei von der Königsherrschaft

Nachdem Tarquinius die Macht (potestās, ātis) verloren hat, regieren Brutus und die Senatoren gemeinsam die Stadt.

Populus Tarquinium rēgem timuit. Brūtum et senātōrēs nōn timet.
Populus Tarquinium rēgem malum esse vīdit. Nunc Brūtum et senātōrēs virōs bonōs esse videt.
Tarquiniī urbem relīquērunt. Brūtus et senātōrēs urbem nōn relinquunt.
Tarquinius potestātem gentis dēfendit. Nunc Brūtus Rōmānōs dēfendit.
Tarquinius fīliīs magnam potestātem dedit. Brūtus senātōribus potestātem dat.
Tarquinius dīxit: „Egō dominus sum." Brūtus dīcit: „Senātōrēs dominī sunt."

Tarquinius: „Populus mihi pārēre dēbet; ā mē salūtem petere dēbet."
Brūtus ad senātōrēs: „Vōs dominī estis! Populus vōs amat. Ā vōbīs salūtem petit."
Et populus: „Brūte, tibi et senātōribus pārēmus."

1. **Vergleiche im ersten Abschnitt die Perfektstämme und Präsensstämme der Verben. Beschreibe die unterschiedlichen Arten der Perfektbildung.**
2. **Erschließe im zweiten Abschnitt die Formen der Personalpronomina aus dem Kontext. Ergänze fehlende Formen mithilfe des Begleitbandes, S. 194.**

ÜBUNGEN

Die Bildung des Perfekts könnt ihr selbstständig in **A** und **C** einüben, die Personalpronomina in **D**. Wer nach der Erarbeitung dieser Aufgaben noch Schwierigkeiten beim Erkennen der Perfektformen hat, löst **B**. Schnelle Lerner befassen sich mit **G** oder **H** und stellen dann das Ergebnis vor. Wer bei den verschiedenen Wortarten noch unsicher ist, wiederholt diese in **F**.

A Perfektsuche Tempora unterscheiden

Schreibe alle Perfektformen aus dem Lektionstext, Z. 1–8, heraus.
Gib jeweils den Infinitiv Präsens und die Art der Perfektbildung an.

B Formenbaukasten Perfektformen analysieren

1. Zerlege die folgenden Formen in Perfektstamm und Endung; nenne den Infinitiv Präsens.
2. Übersetze die Formen.

mānsimus | rīsistī | vīdistis | fēcimus | aspexistī | dedistis | relīquērunt | accessī | vēnī | mīsit

C Das Tempus im Blick Formen unterscheiden

Bestimme die Verbformen. Entscheide, welche Form sowohl Präsens als auch Perfekt sein kann.

senātor respondet | urbem dēfendit | cūncta narrāvistī | mīles hostēs vīdit

D Hannibals Plan Sätze vervollständigen

Setze die Formen passend ein und übersetze.

Mīlitēs Hannibalis: „Quō (wohin) ? dūcis, Hannibal? Iam multōs comitēs āmīsimus!" Hannibal mīlitibus respondet: „ ? labōrēs sciō. ? per Alpēs in Italiam dūxī. Crēdite ? : Italia ? patet!"

nōs | nōbīs | vōs | magnōs | mihi

E **Hannibal kommt näher** Wortbedeutungen erkennen

Vervollständige die Sätze, indem du jeweils eine passende Subjunktion und ein passendes Prädikat auswählst. Übersetze anschließend.

ubi	postquam	sī	quod	vīcit	aspexērunt	dūxit	volumus

1. Multī Hannibalem magnum hostem vocant, ■ mīlitēs elephantōsque per Alpēs ■.
2. Mīlitēs Rōmānī, ■ elephantōs ■, timuērunt.
3. ■ Hannibal legiōnēs Rōmānās ■, multī senātōrēs portās urbis aperīre voluērunt.
4. Aliī senātōrēs autem: „■ Rōmam servāre ■, urbem dēfendere dēbēmus.

F ⟲ **Irrläufer gesucht!** Wortarten unterscheiden

Finde den Irrläufer und begründe deine Entscheidung.

1. moenia | oppida | cōgitā | itinera
2. tacēte | audī | arma | vince | crēdite

G **Was meinen die alten Römer?** Sprichwörter kennenlernen

Übersetze die lateinischen Sprichwörter.
Beschreibe zusammen mit deinem Lernpartner Situationen im Alltag, zu denen die Sprichwörter passen.

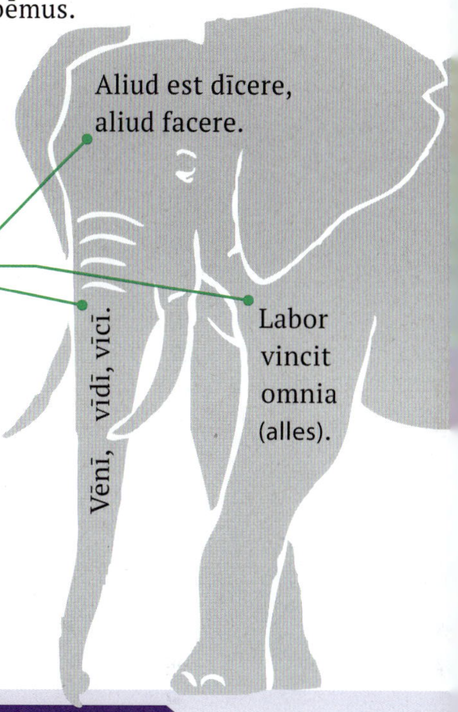

H **Mit Elefanten über die Alpen** Bildquellen erschließen

Hannibals Übergang über die schneebedeckten Alpen stellte für die damalige Zeit eine unglaubliche Leistung dar. Bis heute versuchen Forscher den genauen Weg Hannibals nachzuzeichnen. Beschreibe, wie Hannibal und seine Soldaten (→ S. 70) auf den Betrachter wirken.

Auf Deutsch

Interview mit Hannibal

Stell dir vor, ein junger Mann führt zur Zeit des 2. Punischen Krieges zwischen Rom und Karthago (Carthāgō, inis) ein Interview mit Hannibal. Es geht um den Feldzug über die Alpen …

ADULĒSCĒNS: Multīs cum legiōnibus Carthāginem relīquistī, Hannibal. Agmen per Alpēs dūxistī, multa oppida cēpistī. In Italiam vēnistī, sed multōs mīlitēs āmīsistī. Cūr iter per Alpēs fēcistī?
HANNIBAL: Rōmānī terrās aliēnas[1] petere nōn dubitant. Etiam Carthāginem capere cupiunt. Itaque Rōmānōs vincere dēbeō.
ADULĒSCĒNS: Cūr mīlitēs in itinere semper tibi pāruērunt?
HANNIBAL: Egō quoque magnōs labōrēs bellī suscēpī[2]; itaque mīlitēs mē amant mihique pārent.

[1] terrae aliēnae *f Pl.* fremde Länder

[2] suscipere (*Perf.* suscēpī) ertragen

Das deutsche Perfekt Aktiv besteht im Gegensatz zum Lateinischen aus zwei Bestandteilen: einer Präsensform von „haben" oder „sein" (z. B. „du hast" oder „du bist") und dem Partizip II des Verbs (z. B. „gesagt, gekommen, verlassen").

Vergleiche Z. 1–3 des Textes mit der deutschen Übersetzung. Formuliere dann eine Regel zur Stellung der zwei Bestandteile des Perfekt Aktiv in deutschen Sätzen.

12 HANNIBAL gibt nicht auf

Jean-Michel Leuillier stellte 2016 mit seinen 26.000 Playmobil-Figuren die Schlacht bei Zama nach. In Wirklichkeit nahmen an diesem letzten Kampf zwischen Römern und Karthagern wohl mehr als 80.000 Menschen teil. Über 20.000 fanden darin den Tod.

Hannibal brachte Rom an den Rand des Untergangs. Er griff das Römische Reich an, indem er über die Alpen nach Italien vorstieß und dort die Römer in mehreren Schlachten besiegte. Doch nach seinen Siegen verzichtete Hannibal auf eine Eroberung der Stadt Rom. Warum? Darüber wird noch heute spekuliert. Einer seiner Offiziere soll ihm vorgeworfen haben: „Du verstehst zu siegen, Hannibal. Den Sieg zu nutzen verstehst du aber nicht."

So erholten sich die Römer von ihren Niederlagen, sie setzten mit neuen Truppen nach Afrika über und besiegten unter ihrem Feldherrn Publius Cornelius Scipio die karthagischen Truppen in der Schlacht bei Zama (202 v. Chr). Nach dem Friedensschluss war Karthago als Konkurrentin für Rom ausgeschaltet.

Hannibal war in den folgenden Jahren nicht mehr als Feldherr, sondern als Politiker in Karthago tätig. Allerdings zerstritt er sich mit den Mächtigen in seiner Heimatstadt und musste schließlich 195 v. Chr. Karthago verlassen. Daraufhin stellte er sich einige Jahre lang in den Dienst verschiedener Könige im östlichen Mittelmeerraum, für die er wieder als Feldherr arbeitete. Dabei soll er einmal befohlen haben, Tonkrüge mit Giftschlangen auf gegnerische Schiffe zu schleudern, um die feindlichen Soldaten in Panik zu versetzen. Doch Hannibal lebte in ständiger Angst vor den Römern, die ihm seine Siege immer noch übelnahmen …

MK Hannibal und die Römer: Erstellt eine Wandzeitung über den Verlauf des 2. Punischen Krieges: Tragt alle Ereignisse ein, die in den deutschen und lateinischen Texten eures Lateinbuchs erwähnt werden. Ihr könnt euch die Arbeit teilen, indem einzelne Teams verschiedene Zeitabschnitte bearbeiten.

12 Die Römer **bleiben Sieger**

In Bithynien (**Bīthȳnia**) sitzt Leandros zusammen mit seiner Tochter Thalia am Strand des Schwarzen Meeres und genießt den Sonnenuntergang. Thalia weiß, dass ihr Vater als Kind ein Sklave des Feldherrn Hannibal war, der die Römer das Fürchten gelehrt hatte. Heute erzählt ihr Vater vom letzten Tag dieses berühmten Mannes, der am Ende seines Lebens bei Prusias (**Prūsiās, ae**), dem König von Bithynien, Unterschlupf gefunden hatte.

1. **Beschreibe mit Hilfe der deutschen Einleitung und der Schlüsselwörter des ersten Absatzes, worum es im ersten Teil des Textes gehen wird.**

Tibi multa iam narrāvī dē clārō imperātōre Poenōrum, quī Rōmānōs multīs proeliīs superāvit. Sed postquam Scīpiō, imperātor Rōmānōrum, Hannibalem in Āfricā superāvit, Poenī pācem cum Rōmānīs fēcērunt. Posteā Hannibalī in patriā, quam valdē[1] amāvit, manēre nōn iam licuit; uxōrem līberōsque, quōs aequē[2] amāvit, relinquere dēbuit. Quod senātōrēs Poenī dēcrēvērunt. Postrēmō Hannibal ad rēgem Prūsiam vēnit, cui dē factīs suīs et dē sorte[3] suā narrāvit. Tum Hannibalī in Bīthyniā manēre licuit.

[1] valdē sehr
[2] aequē gleichermaßen
[3] sors, sortis *f* das Los, das Schicksal

Ja, und dann kam er, dieser furchtbare Tag. Vor dem Haus, das König Prusias meinem Herrn überlassen hatte, hörte ich merkwürdige Geräusche. Da rief mich Hannibal zu sich.

„Tē appellāvī“, inquit, „quia magnum est perīculum: Mīlitēs Rōmānī adsunt, aedēs circumveniunt. Quī certē mē capere volunt. Nam Rōmānī crīmine falsō mē accūsant; mē adhūc hostem populī Rōmānī esse dīcunt. Certē mē necāre volunt prō multīs proeliīs, quibus Rōmānōs vīcī.“

„Sōlus nōn es“, inquam. „Tibi adsum!“ Hannibal respondit: „Semper mē cūrās, semper salūtī dominī studēs. Sed iniūriās Rōmānōrum nēscīs. Fuga mihi nōn licet. Scīs mē neque aurum neque pecūniam habēre. Sed aliō dōnō tē dēlectāre possum, quō certē gaudēs. Tē dīmittō, puer. Nunc et mē et aedēs relinque!“

Nōn dubitāvī. Ante aedēs multōs mīlitēs vīdī, quōrum gladiī mē terruērunt. Posteā vērō audīvī Hannibalem, quem exemplum magnae virtūtis vocō, vītam vēnēnō[4] fīnīvisse[5].

[4] vēnēnum das Gift
[5] fīnīre beenden

2. **Gib den beiden Abschnitten des Textes passende Überschriften.**
3. **Tum Hannibalī … manēre licuit (Z. 7): Stelle begründete Vermutungen darüber an, was König Prusias dazu bewegt haben könnte, den flüchtigen Hannibal in seinem Reich aufzunehmen.**
4. **Untersuche, wie Hannibal die Römer und sein Verhältnis zu den Römern darstellt. Vergleiche seine Darstellung mit den Informationen auf S. 74.**
5. **Beschreibe die Beziehung zwischen Hannibal und seinem Sklaven. Belege deine Antwort mit Stellen aus dem Text.**

12

Video
41500-04

Rom im Krieg

Senātōrēs dē bellō cōnsulunt. Die Senatoren sind auf den Marktplatz gekommen.
→ Senātōrēs, quī in forum vēnērunt, dē bellō cōnsulunt.
Uxōrēs tōtam urbem vōcibus complent. Die Frauen fürchten die Feinde.
→ Uxōrēs, quae hostēs timent, tōtam urbem vōcibus complent.
Patricia lacrimās tenēre nōn potest. Patricias Söhne haben mit den Feinden gekämpft.
→ Patricia, cuius fīliī cum hostibus pūgnāvērunt, lacrimās tenēre nōn potest.
Clōdia reprehendit (kritisiert) Patriciam. Die Götter haben Patricia viele Söhne geschenkt.
→ Clōdia reprehendit Patriciam, cui deī multōs fīliōs dedērunt.
Clōdia dē virō suō narrat. Die Feinde haben ihren Mann getötet.
→ Clōdia de virō suō, quem hostēs necāvērunt, narrat.
Vir patriam servāre voluit. Clodia erzählt über ihren Mann.
→ Vir, dē quō Clōdia narrat, patriam servāre voluit.

1. Beschreibe, wie die grau gedruckten Zusatzinformationen im Lateinischen mit dem vorausgehenden Satz verbunden werden.
2. Übersetze dann so, dass die Relativpronomina zum Bezugswort passen und dass der Kasus stimmt.

ÜBUNGEN

A Familienschicksal Neues kompakt

Clōdia virum suum, quī cum hoste pūgnāvit, āmīsit. Amīcus Clōdiae dē morte virī narrat et uxōrī epistulam[1] dat. Clōdia, cui amīcus epistulam virī dat, lacrimās tenēre nōn potest. Clōdia epistulam legit[2]. Vir in epistulā, quam Clōdia legit, līberōs laudat. Clōdia līberōs, quōs vir laudat, vocat. Dē morte patris narrat.

[1] epistula der Brief
[2] legit sie liest

B Alles relativ Relativpronomina erkennen

Schreibe alle Relativpronomina aus dem Lektionstext heraus. Notiere jeweils das Bezugswort. Erkläre, was die Relativpronomina in Z. 5 und 9 von den übrigen unterscheidet.

C Aus zwei mach eins Relativsätze bilden

Wandle die Sätze um, indem du das unterstrichene Wort durch ein Relativpronomen ersetzt und die Sätze wie im Beispiel zusammenführst. Übersetze anschließend.

Beispiel: Philippus tabernam intrat (Taberna in forō est).
→ Philippus tabernam, quae in forō est, intrat.

1. Circus magnus est (Lūcius circum intrat).
2. Lūcius gaudet et rīdet (Amīcī Lūciī iam adsunt).
3. Lūcius mercātōrēs nōn videt (Turba mercātōrēs circumvenit).
▷ 4. Atia hodiē ad forum properat (Atia est fīlia Mārcī).
▶ 5. Ibi Atia servās videt (Cum servīs tabernās intrat).
6. Paulō post cum Lūciō equōs spectat (Equī in circō currunt).

D Viele und alles Substantivierungen übersetzen

Achte bei der Übersetzung insbesondere auf die Wiedergabe der Adjektive und Pronomina.

1. Multa dē Rōmānīs narrō.
2. Cūnctī victōriā gaudent.
3. Audīvimus nostrōs bene pūgnāvisse.
4. Multī miserīs adsunt.
5. ▶ Dē bonīs et malīs cōgitāmus.
6. Patrem suōs amāre scīmus.

E Freundschaft? Relative Satzanschlüsse übersetzen

Ein römischer Kaufmann macht eine unschöne Erfahrung mit einem Freund. Übersetze.

Mercātor: „Quid dē senātōre, amīcō meō, audīvī? Fīlium ad senātōrem mīsī. Quī fīlium meum nōn salūtāvit. Auxilium ab amīcō per fīlium petīvī. Ad quem nē oculōs quidem vertere voluit. Cēnseō senātōrēs amīcōs bonōs nōn esse. Quibus crēdere nōn potes."

F Latein aktuell Sprichwörter kennenlernen

a. Schildere kurz eine Situation, in der eines der beiden Sprichwörter passen könnte.
b. Wir kennen das Sprichwort „Qualität vor Quantität". Ordne es begründet einem der lateinischen Sprichwörter zu.

1. Multum, non multa.
2. Quod licet Iovī, nōn licet bovī (dem Rind).

G ⟲ Was gehört zusammen? Kongruenzen erkennen

Ordne die Satzteile korrekt zu. Übersetze dann.

1. Māter patrem
2. Dē rēge
3. Urbs moenibus
4. In viā virōs
5. Multī virtūtem

A multōs audiō.
B altīs tūta est.
C tuam laudant.
D nostrum amat.
E ultimō multa narrāre possum.

Auf Deutsch

Karthago – ein warnendes Beispiel?

Im Jahr 146 v. Chr. wurde Karthago nach langer Belagerung von den Römern endgültig zerstört. Der römische Feldherr war Publius Cornelius Scipio Aemilianus, ein Enkel des Hannibalbezwingers Scipio Africanus. Dieser empfand aber über seinen Sieg nicht nur Freude:

Post victōriam multī ad Scīpiōnem vēnērunt, quī imperātōrem laudāvērunt: „Magna est virtūs tua, quā hostem vīcistī. Nunc Poenī, quōs semper timuimus, nōs nōn iam terrent." Sed Scīpiō diū tacuit, ruīnās[1] urbis spectāvit – et flēvit. Itaque Polybius, amīcus Scīpiōnis, rogāvit: „Cūr flēs? Tū es victor, quō cūnctī Rōmānī gaudent." Scīpiō respondit: „Amīce, hīc sortem[2] cūnctōrum imperiōrum[3] vidēs: Etiam imperia, quae magna fuērunt, occidunt[4]. Itaque fleō, quia sors[2] imperiī nostrī mē movet."

[1] ruīna vgl. Fremdwort
[2] sors, sortis *f* das Los, das Schicksal
[3] imperium das Reich, der Staat
[4] occidere untergehen

Wie Substantive können auch Relativpronomina im Ablativ ohne Präposition stehen. Erschließe, mit welchen Präpositionen die Relativpronomina quā (Z. 2) und quō (Z. 4) übersetzt werden müssen.

Jean-Léon Gérôme:
Der Tod Cäsars. 1867.

Ein Weltreich am Rand des Abgrunds

Die Hauptlast der Kriege
trugen in der Zeit der Republik die einfachen Bauern und ihre Familien. Die Väter und die älteren Söhne mussten als Soldaten dienen und starben oft im Kampf, während die Frauen und Kinder versuchten, die Höfe alleine zu bewirtschaften. Viele Bauernfamilien verarmten und mussten sich verschulden oder oft sogar ihr Land verkaufen. Zwei Brüder, **Tiberius und Gaius Gracchus**, versuchten zwischen 133 und 121 v. Chr. als Volkstribunen, Land aus dem Staatsbesitz an diese Familien zu verteilen. Sie scheiterten jedoch am Widerstand der Senatoren und fanden beide einen gewaltsamen Tod.

Ehrgeizige Politiker

Schon bald nach diesen gescheiterten Reformversuchen begann die Phase der römischen **Bürgerkriege**, in denen sich die mächtigsten Politiker untereinander erbarmungslos bekämpften. Die politische Ordnung der alten Republik geriet so ins Wanken. Auch das gewaltige Reich, das sich die Römer aufgebaut hatten, konnte so auf Dauer nicht mehr wirksam regiert werden.

Cäsar an die Macht!

Im 1. Jh. v. Chr. rangen **Crassus**, **Pompejus** und **Cäsar** um die Macht in Rom. Zunächst hatten sich diese drei Männer in einem Bündnis, dem sog. **Triumvirat**, zusammengeschlossen, um gemeinsam über Rom zu herrschen. Doch als Crassus bei einem Feldzug ums Leben kam, zerbrach dieses Bündnis. 49 v. Chr. begann ein blutiger Bürgerkrieg, in dem sich Cäsar und Pompejus gegenüberstanden. Cäsars Truppen siegten in der Entscheidungsschlacht bei Pharsalos in Griechenland. Cäsar ließ sich daraufhin vom Senat zum **Diktator** auf Lebenszeit ernennen. Nur wenige Wochen später – am 15. März 44 v. Chr. – wurde er von etwa zwanzig Senatoren, die sich mit seiner Alleinherrschaft nicht abfinden wollten, ermordet.

Tod dem Diktator!
40501-35

Ein neuer Cäsar

Mit seinem Testament hatte Cäsar seinen 18-jährigen Großneffen Gaius Octavius adoptiert und zum Haupterben eingesetzt. Octavius nahm, wie damals üblich, den Namen seines Adoptivvaters an, er hieß fortan Gaius Iulius Caesar **Octavianus**. Zunächst sah aber alles danach aus, als würde **Marcus Antonius**, Cäsars General und rechte Hand, der neue starke Mann in Rom werden.

Kampf um die Herrschaft

42 v. Chr. besiegte Octavian zusammen mit Marcus Antonius bei Philippi in Griechenland die Armeen der Senatoren Cassius und Brutus. Die beiden hatten zwei Jahre zuvor die Ermordung Cäsars organisiert. In den folgenden Jahren wurde die Herrschaft im Römischen Reich aufgeteilt: Octavian bekam den Westen des Reiches, Antonius herrschte über den Osten. Dort verbündete er sich mit **Kleopatra**, der ägyptischen Königin, die auch seine Geliebte wurde. Doch diese Herrschaftsteilung funktionierte nicht lange. 31 v. Chr. kam es zwischen Octavian und Antonius zur entscheidenden Seeschlacht bei **Actium** an der griechischen Westküste. Octavian und seine Flotte gingen daraus als Sieger hervor. Antonius und Kleopatra begingen daraufhin Selbstmord. Octavianus kehrte nach Rom zurück und bekam 27 v. Chr. vom Senat den Ehrentitel **Augustus** („der Erhabene") verliehen. Unter diesem Namen ging er als erster römischer Kaiser in die Geschichte ein.

◀ *Der sog. Augustus von Prima Porta. Die überlebensgroße Marmorstatue ist um 20 v. Chr. entstanden und zeigt den Kaiser – zehn Jahre nach der Entscheidung bei Actium – in der gottgleichen Pose des Siegers und Friedenskaisers.*

▲ *Die beiden Todfeinde Octavians auf einer Münze vereint: Auf der Vorderseite Marcus Antonius, der diese Silbermünze um 35 v. Chr. prägen ließ; auf der Rückseite sieht man seine Verbündete und Geliebte Königin Kleopatra.*

1. **MK Informiere dich über eine der wichtigen Personen der Römischen Republik, von denen auf dieser Doppelseite die Rede ist, und stelle sie der Klasse in einem Referat vor. Recherchiere dazu im Internet und erstelle eine kurze digitale Präsentation (max. drei Folien).**
2. **MK Vergleiche den betreffenden Internetartikel mit den Ausführungen eines Geschichtsbuchs (Umfang der Information, Übersichtlichkeit, Art der Bebilderung).**
3. **MK Ordnet die Informationen und die Themen der Texte, die ihr in den Lektionen 8 – 10 erarbeitet habt, dem Zeitstrahl zu. Verfahrt ebenso mit den Texten der Lektionen 11 – 14.**

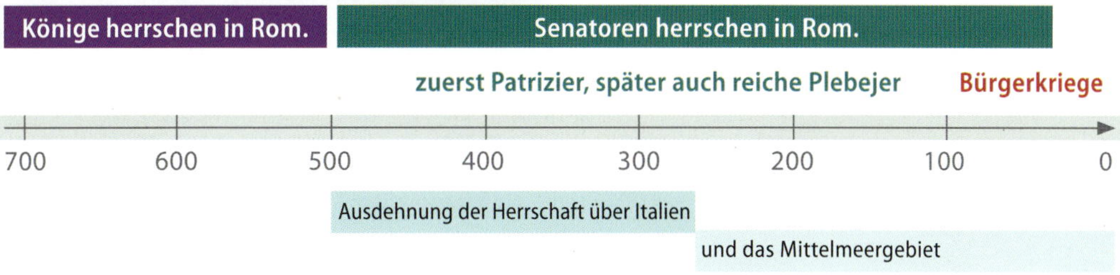

Caesar, Caesaris m
Marmorne Porträtbüste des römischen Politikers und Feldherrn, entstanden wahrscheinlich um 20 v. Chr.

Differenziert üben

Im ersten Text (rechts oben) sind als Hilfe bestimmte grammatische Erscheinungen hervorgehoben:

- AcI und Prädikate, von denen sie abhängen
- Infinitive und Prädikate, von denen sie abhängen
- Relativpronomina und ihre Bezugswörter

Zu diesen Stoffgebieten und zu den Perfektformen findest du unten Übungen: Wenn du dich in einem dieser Stoffgebiete unsicher fühlst, solltest du vorab die entsprechende Übung bearbeiten.

Den zweiten Text (rechts unten) kannst du dann ohne Hilfen erschließen.

AcI und abhängige Infinitive

Übertrage die Sätze in dein Heft. Markiere jeweils das Prädikat und den AcI bzw. den abhängigen Infinitiv wie im ersten Text. Achte bei einem AcI auf das Zeitverhältnis. Übersetze dann.

1. Hannibalem Rōmānōs multīs proeliīs vīcisse cōnstat.
2. Hannibal Scīpiōnem imperātōrem magnum fuisse scit.
3. Hannibalī in patriā manēre nōn licuit.
4. Hannibal mīlitēs Rōmānōs adesse videt.
5. Rōmānī Hannibalem ad Prūsiam rēgem vīvere audīvērunt.
6. Remus Rōmulum frātrem urbem mūrō mūnīre videt.
7. Rōmulus frātrem necāre nōn dēbuit.

Relativsätze

Ordne die Relativsätze den Hauptsätzen richtig zu und übersetze.

1. Incitātus, ?, carōtās amat.
2. Āfra carōtās, ?, videt.
3. Servī, ?, Incitātum servāre volunt.
4. Crīmen, ?, hominēs terret.
5. Orpheus, ?, Tartarum petit.
6. Eurydica, ?, post Orpheum per Tartarum properat.
7. Orpheus, ?, Eurydicam iterum iterumque rogat.

quōs Āfra vocat | cui uxor respondēre nōn potest | cuius uxor mortua est | quae lūcem vidēre cupit | quem Dāvus cūrat | quās Dāvus parāre dēbet | quod servī cōgnōscunt

AUFGABEN

Gaius Iulius Caesar (100 – 44 v. Chr.) war ein ehrgeiziger römischer Adliger. Weil er große politische und militärische Macht erlangte und diese Macht auch alleine ausüben wollte, rankten sich schon in der Antike Anekdoten um seinen außergewöhnlichen Charakter. Der römische Historiker Sueton hat einige gesammelt; hier sind zwei davon:

Bergdorf oder Metropole?

Suētōnius narrat Caesarem cum amīcīs iter per Alpēs fēcisse et multā nocte in parvum vīcum[1] vēnisse. Hominēs, quōrum vīta misera fuit, adulēscentibus, quī nocte iter facere nōn iam poterant[2], adesse voluērunt. Itaque Caesarem et amīcōs casās[3] suās intrare iussērunt[4]. Tum frūmentum et aquam adulēscentibus Rōmānīs dedērunt.

Suētōnius narrat amīcōs Caesaris posteā rīsisse et dīxisse: „Quis hīc vītam miseram agere vult? Nōs certē hīc vīvere nōlumus. Num tū in parvō vīcō[1] prīmus vir esse cupis, Caesar?"

Caesar autem, cui sententia amīcōrum nōn placuit, respondit: „Sententiam vestram nōn probō. Egō hīc prīmus vir esse mālō quam[5] secundus[6] in urbe."

[1] parvus vīcus – ein kleines Dorf
[2] poterant – sie konnten
[3] casa – die Hütte
[4] iussī: – *Perf. zu* iubēre
[5] mālō … quam – ich will lieber … als
[6] secundus – der zweite

Perfektformen

Trenne die Endungen von den Perfektstämmen ab. Nenne jeweils die Infinitive im Präsens. Alle angeführten Perfektstämme treten in den beiden Texten auf.

rīsisse | dīximus | relīquimus | vīdī | properāvit | placuērunt | rogāvērunt | occupāvistī | voluimus | fēcisse | vēnistis | dedit | respondisse | superāvimus

Alexander – ein Vorbild

Alexander der Große hatte als ganz junger Mann ein riesiges Weltreich erobert. Über 200 Jahre später hatte Cäsar – ebenfalls noch als junger Mann – mit Freunden einen Tempel besucht, in dem Alexander wie ein Gott verehrt wurde.

Amīcī templum relīquērunt. Subitō ūnus ex amīcīs, cum quibus Caesar in templō fuit, Caesarem nōn iam adesse vīdit. Hominēs, quōs amīcus dē Caesare rogāvit, respondērunt Caesarem ad templum remānsisse[1]. Amīcus, quī ad templum properāvit, Caesarem ibi sedēre et flēre vīdit.

Caesarem rogāvit: „Tē flēre videō, Caesar. Nōnne nōbīscum templum relinquere vīs? Cūr flēs?"

Caesar respondit: „Alexandrum rēgem praeclārum[2] fuisse cōnstat. An[3] nēscīs Alexandrum adulēscentem[4] multōs hostēs proeliīs superāvisse et magna rēgna[5] occupāvisse? Egō quoque multōs hostēs superāre et magna rēgna[5] occupāre cupiō. Nōnne cōgnōscis mē imperātōrem praeclārum[2] nōn esse? Rēctē igitur fleō."

[1] remānsī: – *Perf. zu* remanēre
[2] praeclārus – berühmt
[3] an – oder
[4] adulēscentem – als junger Mann
[5] rēgnum – das Königreich

13 CÄSAR und KLEOPATRA

Der mächtige Römer Cäsar und die bezaubernde ägyptische Königin Kleopatra – diese Beziehung war schon für die Menschen der Antike ein aufregender Gesprächsstoff und ist es bis heute geblieben.

Gaius Iulius Caesar war ein besonders ehrgeiziger und skrupelloser römischer Politiker. 59 v. Chr. war er Konsul. In den folgenden Jahren eroberte er Gallien und dehnte damit den römischen Machtbereich weit nach Norden aus. Unter den anderen Senatoren hatte er sich durch seine Rücksichtslosigkeit viele Feinde gemacht. Nach dem Ende seines militärischen Kommandos in Gallien wollte Cäsar den Oberbefehl über seine Truppen nicht abgeben. So kam es zum Bürgerkrieg. Cäsars Männer kämpften gegen die Soldaten des Senats, die von dem erfahrenen Feldherrn Pompejus befehligt wurden. Pompejus verlor 48 v. Chr. die Entscheidungsschlacht, floh nach Ägypten – und wurde dort auf Befehl des Pharao Ptolemaios ermordet.

Cäsar hatte den flüchtigen Pompejus bis nach Ägypten verfolgt. In der ägyptischen Hauptstadt Alexandria lernte er nicht nur den Pharao Ptolemaios, sondern auch dessen Schwester Kleopatra kennen, die mit ihrem Bruder um die Herrschaft über Ägypten stritt. Cäsar engagierte sich für Kleopatra – und verliebte sich in sie. Im anschließenden Krieg zwischen Kleopatra und ihrem Bruder verlor dieser den Thron und sein Leben. Somit wurde Kleopatra alleinige Herrscherin über Ägypten. Sie folgte Cäsar sogar nach Rom, das sie jedoch nach seiner Ermordung 44 v. Chr. wieder verließ.

MK Informiere dich im Internet über Kleopatras weiteres Schicksal nach Cäsars Ermordung (44 v. Chr.): Stelle in einer kurzen digitalen Präsentation übersichtlich zusammen, wie sie auch weiterhin die Politik Roms beeinflusste.

Auf der Berliner Museumsinsel ist das Liebespaar vereint: Julius Cäsar und Kleopatra VII. Porträtbüsten aus dem 1. Jh. v. Chr.

13 Kleopatra – bezaubernd oder berechnend?

Anstatt sich weiter um seine Gegner zu kümmern, hatte Cäsar in Ägypten nur Augen für die schöne Königin Kleopatra. In Rom begann man sich ernste Sorgen zu machen …

1. **Stelle anhand der Überschrift und der ersten beiden Zeilen Vermutungen über den Inhalt des Textes an.**

Ingēns numerus hominum convenit et verbīs vehementibus Caesarem accūsat. Alius clāmat: „Cleopatra rēgīna[1] potēns ac nōbilis est. Sed ea rēgīna[1] plūs quam Calpurnia, uxor Caesaris, valēre nōn dēbet!“ Alius rogat: „Num is vir, quī omnibus imperātōribus virtūte praestitit, propter eam mulierem potius in Aegyptō vīvere vult?“

Mulier Rōmāna magnā cum īrā clāmat: „Num omnēs nūntiī, quōs audīvī, vērī sunt? Num victor tōtīus Galliae mulierī pāret? Facile est imperātōrem fortem vincere!“

Adulēscentēs nōbilēs Caesarem etiam servum Cleopatrae vocant: „Cum apud eam est, eī placēre studet eamque ingentibus dōnīs dēlectat. Caesar ex Aegyptō discēdere nōn vult, quamquam omnēs inimīcōs vīcit pācemque parāvit; nam rēgīna[1] eum magnā cōpiā aurī et monumentīs Aegyptī cēpit.“

„Hahahae! Nōn monumentīs Aegyptī, sed corpore pulchrō eum cēpit! Caesar iter voluptārium[2] nāve per Nīlum[3] fēcit, multīs cum servīs, ingentī cum lūxuriā[4] – et cum Cleopatrā. Eius illecebrae[5] Caesarem cēpērunt!“

Tum senātor, dum turbam videt auditque, dīcit: „Bellum novum et celere timeō; nam Cleopatram nōn Caesarem, sed eius potentiam amāre putō. Rēgnum imperiī Rōmānī tenēre studet. Certē cōpiās novās iam īnstituit.“

Königin Kleopatra und ihr Sohn Caesarion. Ägyptisches Relief am Hathor-Tempel von Dendera. 1. Jh. v. Chr.

[1] rēgīna die Königin

[2] iter voluptārium *n* die Vergnügungsreise

[3] Nīlus der Nil

[4] lūxuria der Luxus

[5] illecebra die Verlockung, der Reiz

2. **MK Sammelt arbeitsteilig Aussagen, die im Text über Cäsar und über Kleopatra gemacht werden, und stellt sie in je einem digitalen Dokument zusammen; ordnet dann diese Aussagen nach Oberbegriffen.**

3. **Die Vorwürfe gegenüber Cäsar betreffen sowohl ein persönliches Fehlverhalten Cäsars als auch mögliche Gefahren für den Staat. Weise die im Text genannten Vorwürfe diesen beiden Bereichen zu. Welche hältst du für schwerwiegender?**

4. **Untersuche, wie sich die Sichtweise des Senators (Z. 20–22) von der des Volkes unterscheidet.**

13

Titus verdreht allen den Kopf

Atia und Antonia warten auf dem Forum. Antonia will Atia ihren neuen Freund vorstellen:

Amīcae Titum exspectant, sed Titus nōn adest. Ubi Titus est? Subitō Antōnia eum videt. Antōnia gaudet: „Titus adest!“ Sed Atia eum nōn videt; itaque rogat: „Ubi est?“ „Nōnne vidēs eum puerum, quī apud mercātōrēs stat?“ Nunc Titus ad puellās accēdit. Antōnia rīdet. Titus magnus, fortis, nōbilis est. Vōx eius Atiae placet. Titus oculōs suōs in Atiam vertit. Tum etiam Atia rīdet.

Neue Vokabeln

fortis kräftig

nōbilis vornehm

1. **Beschreibe anhand der grün markierten Formen die unterschiedlichen Verwendungsweisen des Pronomens is (er, dieser).**
2. **Vergleiche die Bedeutung der Formen eius und suōs.**
3. **Beschreibe den grammatischen Unterschied zwischen den Adjektiven magnus und fortis/nōbilis (Z. 6).**

ÜBUNGEN

A Atia und Titus kommen sich näher Neues kompakt

Atia semper dē Titō cōgitat, postquam eum in forō vīdit. Sed Titus, quia Antōniam amat, dē Atiā nōn cōgitat. Itaque Atia dolet. Lūcius cum Atiā circum vīsitat[1]. Sed Atia, ubi in circum vēnērunt, Antōniam et Titum videt. Lūcius, dum multa dē equīs narrat, eōs accēdere nōn videt. Iī Atiam et Lūcium salūtant. Atia ērubēscit[2]. Tum Titus et Atia rīdent.

[1] vīsitāre besuchen

[2] ērubēscit sie wird rot

B Wettlauf Adjektive der 3. Deklination bilden

Bildet Dreiergruppen. Dekliniert die euch zugeteilte Wendung im Singular und im Plural um die Wette. Kontrolliert im Anschluss gegenseitig die Deklinationsreihen.

vir nōbilis | ōrātiō vehemēns
▷ ingēns perīculum

C Irrläufer! Formen unterscheiden

Benenne in jeder Reihe den Irrläufer und begründe.

1. dōnī | gentī | vehementī | altae | salūtī
2. potentium | tūtum | vōcum | equōrum
▷ 3. moenia alta | tōta gēns | magnā vōce | rēgēs bonī

D Römische Geschichte im Schnelldurchlauf Sinnrichtung im Gliedsatz erkennen

Verbinde die Aussagen sinnvoll. Ergänze eine der Subjunktionen. Übersetze die Sätze dann.

quia | cum | postquam | dum | quamquam | ubi

1. Rōmānī dē scelere fīliī rēgis audīvērunt,
2. lupa (Wölfin) puerōs servāvit,
3. Scīpiō Hannibalem in Āfricā vīcit,
4. inimīcī novās cōpiās parāvērunt,

a. Faustulus eōs Accae uxōrī dedit.
b. īram nōn iam tenuērunt.
c. tamen Caesar apud Cleopatram mānsit.
d. Rōmānī eum Āfricānum appellant.

E Zu viele Pronomina! Formen von is, ea, id zuordnen

Ergänze jeweils die richtige Form von is, ea, id und übersetze.

1. (is – ea) senātor 2. (is – id) cōnsilium 3. (iīs – eius) urbis 4. (eō – eī) vōcī ▷ 5. (eae – ea) vīllae 6. (eās – ea) dōna 7. (eam – eum) uxōrem 8. (id – eum) timōrem

F In Kleopatras Palast Formen von is, ea, id bilden

Ersetze die markierten Substantive durch eine passende Form von is, ea, id. Beispiel: Serva <u>Cleopatram</u> videt. → Serva **eam** videt.

1. Caesar Cleopatram <u>magnīs dōnīs</u> dēlectat.
2. Cleopatra <u>aurum</u> amat.
▷ 3. Caesar diū apud <u>Cleopatram</u> manēbat.
▶ 4. Multī sciunt <u>Caesarem et Cleopatram</u> potentēs fuisse.

G ⟲ Große Liebe? Zeitverhältnis im AcI erkennen

Füge die Infinitive passend ein und übersetze.

dēlectāvisse | amāre | praestāre

1. Hominēs Caesarem cūnctīs imperātōribus ? dīcunt.
2. Hominēs Caesarem Cleopatram dōnīs ? dīcunt.
3. Hominēs Cleopatram nōn Caesarem, sed eius potentiam ? dīcunt.

H ⟲ Teamarbeit Präpositionen unterscheiden

Suche dir einen Partner. Sortiert gegen ein anderes Zweierteam um die Wette: Welche Präpositionen stehen mit dem Ablativ, welche mit dem Akkusativ?

in | ante | ē/ex | in | sine | per | ad | ā/ab | dē | post | prō | propter | apud | cum

I Latein lebt Fremdwörter herleiten

Erkläre die Bedeutung der folgenden Wörter:

prowestlich | Exminister | postmortal | abnormal

Auf Deutsch

Die Ermordung Cäsars

Nicht nur Cäsars Beziehung zu Kleopatra erzürnte viele Römer. Die Erbitterung gegen ihn wuchs auch deshalb, weil er sich nach dem Bürgerkrieg immer mehr wie ein Alleinherrscher verhielt:

Ita multī senātōrēs convēnērunt et Caesarem verbīs vehementibus accūsāvērunt: „Caesar, **quia** rēx esse **cupit**, nōs et mōrēs[1] Rōmānōrum rīdet. Eum necāre dēbēmus!" Dēnique Caesarem in cūriā[2] necāre dēcrēvērunt. Coniūrātī[3], **postquam audīvērunt** Caesarem cūriam[2] petere, clam[4] arma cēpērunt. Ubi Caesar aedēs intrāvit, ūnus ex eīs ad Caesarem accessit eumque appellāvit. Subitō Caesarem, dum respondēre studuit, aliī coniūrātī[3] armīs circumvēnērunt. Caesar autem, **postquam** magnum numerum inimīcōrum **vīdit**, sē nōn iam dēfendit.

Verändere bei der Übersetzung der grün markierten Nebensätze den Satzbau: Beginne jeweils mit dem Nebensatz und ziehe das Subjekt in den Nebensatz hinein.

[1] mōrēs die Traditionen
[2] cūria die Kurie, das Senatsgebäude
[3] coniūrātus der Verschwörer
[4] clam heimlich

Römisches Relief. 1. Jh. v. Chr.

14 AUF HOHER SEE

Reisen auf See waren in der Antike immer ein Wagnis. Zwar ist das Mittelmeer ein vergleichsweise ruhiges Meer, aber bei Stürmen können auch dort hohe und gefährliche Wellen entstehen. Die antiken Seefahrer scheuten darum das offene Meer und fuhren meist in Sichtweite der Küste. Gefährlich war die Seefahrt aber auch wegen der Seeräuber, die oft wie aus dem Nichts auftauchten, die Handelsschiffe enterten, die Ladung raubten und die Passagiere auf Sklavenmärkten verkauften. Oft wurden die Gefangenen auch als Geiseln gehalten, um Lösegeld von den Angehörigen zu erpressen.

Die größte Gefahr für Schiffe im Mittelmeer lauerte in Kilikien, an der gebirgigen Südküste der heutigen Türkei. Dort hatten Piraten ihre Schlupfwinkel in schwer zugänglichen Festungen hoch über dem Meer. Angeblich gehörten mehr als 1.000 Schiffe und über 400 Städte zu ihnen.

Wegen der Piratenplage sah sich der römische Senat im Jahr 67 v. Chr. gezwungen, den erfolgreichen Feldherrn Pompejus mit dem Oberbefehl über das gesamte Mittelmeer zu betrauen. Dieser hatte einige Jahre zuvor den großen Sklavenaufstand niedergeschlagen, der von dem Gladiator Spartakus angeführt worden war. Nun sollte Pompejus mit einem außerordentlichen Kommando das Meer von der Piratenplage befreien.

1. **MK** **Recherchiere im Internet zum Aufbau eines römischen Kriegsschiffes: Suche eine möglichst anschauliche Darstellung, mit deren Hilfe du den Bau, die Ausrüstung und die Kampfweise erklären kannst.**
2. **Beschreibe die Abbildungen. Mit welchen Gefahren mussten Matrosen, Soldaten, Passagiere und Ruderer rechnen?**

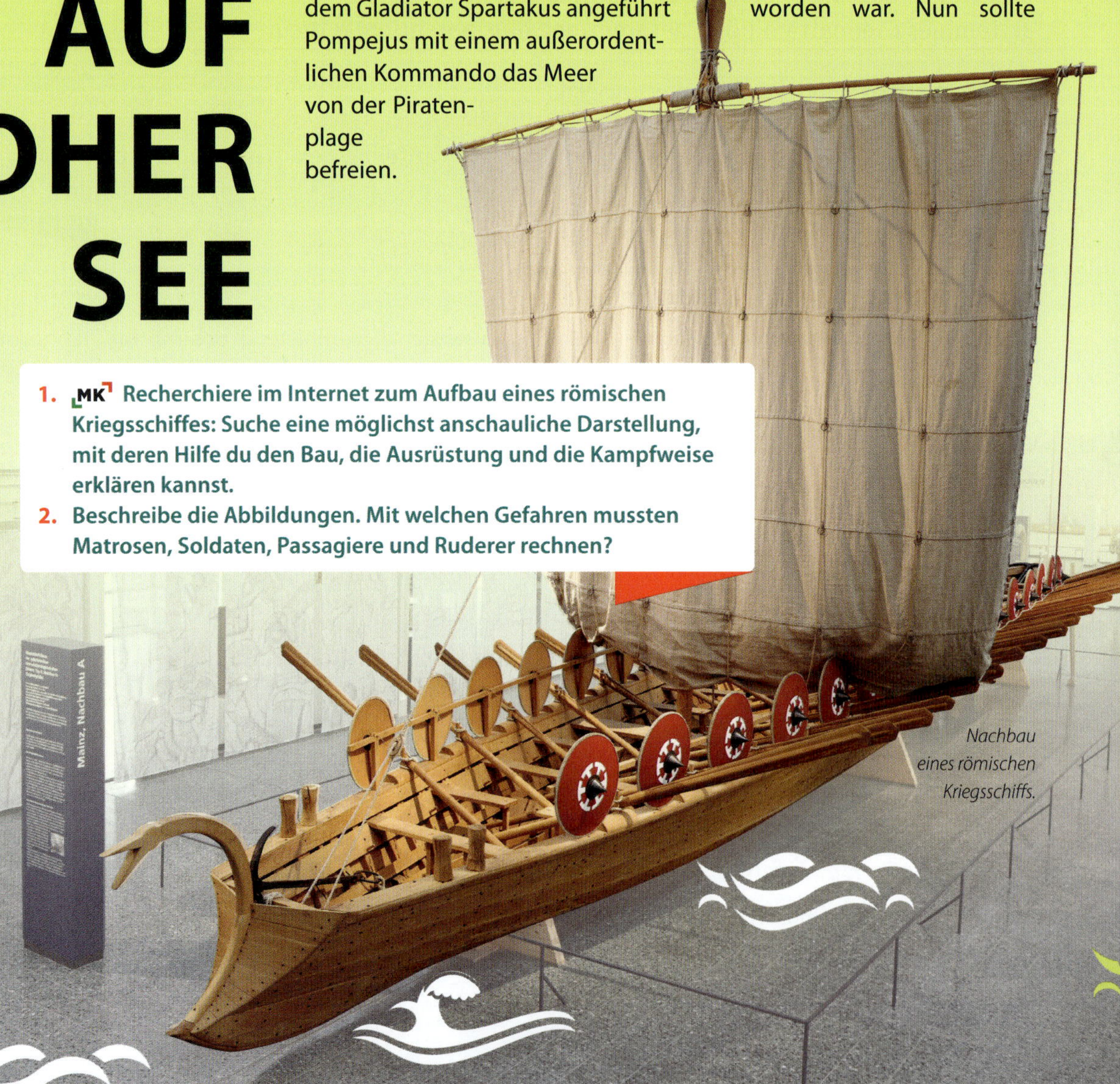

Nachbau eines römischen Kriegsschiffs.

14 In der Hand der **Piraten**

Die Piraten überfielen auch römische Schiffe und nahmen sogar Senatoren gefangen, um sie gegen Lösegeldzahlungen wieder freizulassen. Ein Senator erzählt, was er bei einer Schiffsreise auf dem Weg nach Zypern erlebte.

1. Untersuche die Verteilung der Tempora (Präsens, Perfekt, Imperfekt) in den Hauptsätzen (ohne die wörtlichen Reden). Erschließe, welchen Einfluss die Tempora auf die Spannungskurve des Textes haben. Zeichne die Spannungskurve mithilfe von Zeilenangaben nach.

Mare erat placidum[1]. Neque ventī adversī neque Neptūnus nōs magnīs undīs terrēbant. Egō ad puppim[2] ībam, nōs in tūtō esse exīstimābam, fīnem itineris cupiēbam. Repente ūnus ē servīs nōnnūllās nāvēs ostendit, quae nāvem nostram adībant. „Certē pīrātae sunt!“, clāmāvit. „Hominēs ferī nōs capere cupiunt!“

Profectō pīrātae armātī nāvem nostram cēpērunt nōsque superāvērunt. Mē sōlum sēcum dūxērunt. Certē cēterōs captīvōs servōs vēndere[3] cupīvērunt. Postrēmō eōs pecūniam nostram rapere vīdī.

Nunc captīvus pīrātārum eram; diū in nāvibus eōrum manēbam. Sed nunc audīte dē Pompēiō! Is enim ē perīculō mē ēripuit.

[1] placidus ruhig

[2] puppis, is das Heck (hinteres Ende eines Schiffes)

[3] servōs vēndere als Sklaven verkaufen

[4] opēs, um *Pl.* die Schätze

Pompejus hatte den Auftrag, das Meer von den Piraten zu befreien. Seine Schiffe griffen die Piraten an allen Mittelmeerküsten gleichzeitig an. Die meisten Piraten wurden sofort getötet oder gefangen. Die wenigen, die entkommen konnten, flüchteten in ihre Schlupfwinkel. Doch Pompejus holte sie vor der Stadt Korakesion (heute Alanya) ein. – Der Senator erzählt weiter:

Subitō ūnus ē pīrātīs clāmāvit: „Adīte! Videō nāvēs Rōmānās undique nōs circumvenīre.“ Statim omnēs pīrātae ad puppim[2] cucurrērunt. Profectō classis Rōmāna adit – iam mīlitēs fortēs Rōmānōrum in nāvēs pīrātārum trānseunt; pīrātās aut necant aut in undās mittunt. Plērīque periērunt, ut posteā audīvī.

Tum ūnus ē mīlitibus clāmāvit: „Inīte in nāvem! Sūmite praedam!“ Certē mīlitēs putāvērunt sē in nāve magnam cōpiam aurī aliāsque opēs[4] reperīre posse. In nāvem iniērunt: Ibi neque aurum neque pecūniam repperērunt – sed mē! Statim mē ad Pompēium dūxērunt. Mīlitēs gaudēbant sē senātōrem Rōmānum ā pīrātīs scelerātīs servāvisse.

Zwei antike Rammsporne aus Bronze.

2. Suche möglichst treffende Übersetzungen für adībant (Z. 4), cēpērunt (Z. 6), mē sēcum dūxērunt (Z. 6 f.), rapere (Z. 8), trānseunt (Z. 13), periērunt (Z. 14).

3. MK Die Piraten konnten so mächtig werden, weil Kilikien über viele Jahrzehnte ein Zankapfel und Spielball verschiedener Mächte war: Kleinasiatische, syrische, armenische, makedonische und ägyptische Könige wechselten sich immer wieder als Herrscher von Kilikien ab. Recherchiert nach ähnlichen Entwicklungen in der Geschichte und der Gegenwart und stellt sie euch vor.

14

Antonia oder Atia?

Gestern hat Titus lange auf Antonia gewartet. Heute schreibt er ihr einen Brief:

„Diū in tabernā tē **exspectābam**. Sed tū nōn **aderās**. Subitō Atia intrāvit et ad mē accessit. Diū in tabernā **erāmus**. Atia multa **narrābat**. Verba Atiae mihi **placēbant**. Tum Atia mē in theātrum (!) dūcere voluit. Statim tabernam relīquimus. Multā nocte domum vēnī."

Erst eine Woche später sieht Antonia zufällig Titus wieder:

„Quō (wohin?) **īs**, Tite?" Titus rīdet: „Ad Atiam **eō**. Tiberim **adīre** volumus. Etiam herī (gestern) ad Tiberim **iimus**." Antōnia: „Egō quoque tēcum Tiberim **adīre** volēbam. Mēcum nōn **ībās**." Tandem Titus Antōniae dīcit **sē** eam nōn iam amāre. Dīcit **sē** Atiam amāre.

1. Erschließe aus Z. 1–3, wie die Formen des Imperfekts gebildet werden.
2. Analysiere anhand der Formen in Z. 5–7, welche verschiedenen Stämme das Verb īre (gehen) hat.
3. Erschließe, wer in Z. 8 mit dem Pronomen sē jeweils gemeint ist.

ÜBUNGEN

A Machtstreben oder Liebe? Neues kompakt

Viele Römer misstrauen Kleopatra:

1. „Cleopatra Caesarī dīcit sē eum amāre.
2. Cleopatra putat sē cum eō vīvere posse.
3. Putat sē auxiliō eius Rōmānīs imperāre[1] posse.
4. Caesar eam sē amāre putat.
5. Nōnne videt eam potentiam suam amāre?"

[1] imperāre *m. Dat.* herrschen über

B Verbenmix Tempora unterscheiden

Lege eine Tabelle mit drei Spalten für Präsens, Imperfekt und Perfekt an. Ordne die Formen ein:

1. valēbam | necāvistis | surgis | cōgitābāmus | fuit
▷ 2. movēbat | vīdistis | cōnsulō | capiēbās | dāmus
▶ 3. mīsērunt | probāmus | dēfendī | erātis | vīvunt

C Ungewöhnlicher Dialog Formen von īre erkennen

„Īre dēbēs." | „Īre nōlō." | „Dēbēs. Ī!" | „Quīn īs tū?" | „Iam saepe (oft) ībam." | „Sed egō herī (gestern) iī." | „Tacē! Nunc egō eō." | „Exspectā mē! Ūnā (zusammen) īmus." Tum eunt.

D Irrläufer gesucht! Wortarten und Tempora unterscheiden

Finde den Irrläufer und begründe deine Entscheidung.

1. parābam | eram | victōriam | tacēbam
2. inītis | cōmitis | mittitis | narrātis | estis
▷ 3. exemplō | cōgnōscō | necō | trānseō | sum

Rekonstruktion eines kilikischen Piraten des 1. Jh.s v. Chr.

E Unterwegs in Rom Verbformen bestimmen

Bestimme die Verbformen und übersetze sie.

1. Domum īmus. 2. Tiberim trānseō. 3. Templum adībant. 4. Tabernam inīstis.

F Die tapferen Piraten Pronomina zuordnen

Übersetze und ordne die Pronomina den richtigen Bezugswörtern zu.

1. Pīrātae sē virōs fortēs esse exīstimant.
2. Etiam Rōmānī eōs fortēs esse exīstimant.
▷ 3. Tamen pīrātae sē perīre sciunt.

G Bemerkenswert Lateinische Sprichwörter kennenlernen

Übersetze die Sprichwörter und erkläre zusammen mit deinem Lernpartner in eigenen Worten, was damit gemeint ist.

[1] mementō! bedenke!
[2] sapiēns der Weise

H ⟲ Genau hinsehen! Wortarten ordnen

Bestimme die Formen: Welche kommen von einem Substantiv, welche von einem Verb? Welche Formen sind zweideutig?

1. ventī | venit 2. captīva | capita | capit | cupit
▷ 3. servō | serva ▶ 4. clāmāre | clāmōrem | clārum

I Wortanalyse Wortschatz vorentlasten

Bevor du den folgenden Text übersetzt, kläre zusammen mit deinem Lernpartner die Formen und Bedeutung(en) dieser Wörter:

nāve (Z. 1), accēdit (Z. 2), cēpērunt (Z. 4), cēterōs (Z. 5), scelerātīs (Z. 7), vīcistī (Z. 9)

Auf Deutsch

Cäsar und die Piraten

Cäsar unternimmt mit seiner Geliebten Kleopatra eine Kreuzfahrt auf dem Nil. Er erzählt ihr von einem Erlebnis, das er selbst einmal mit Piraten hatte: „Ich war unterwegs nach Rhodos. Auf dieser Insel lebte damals der berühmte Professor Apollonios Molon. Bei ihm wollte ich einige Zeit studieren und meine Redekunst verbessern. Es war eine sternenklare Nacht wie heute.

In nāve sedēbam, gubernātōrem[1] vidēbam. Nōs in tūtō esse exīstimābam. Subitō autem gubernātor[1] clāmāvit: ‚Nāvem videō, quae per undās accēdit. Certē pīrātae sunt, quī nōs capere et necāre volunt!‘
Profectō pīrātae ferī erant, quī nāvem nostram cēpērunt. Nōnnūllōs nautās[2] statim necāvērunt. Aliōs in mare mīsērunt, ubi periērunt; cēterōs in nāvem suam dūxērunt. Etiam egō captīvus eram.
Posteā familia mea scelerātīs magnam pecūniae cōpiam mīsit: Ita mē līberāvit[3]. Egō autem pīrātās multīs cum mīlitibus petīvī, repperī, necāvī.“ – „Ergō[4] vēnistī, vīdistī, vīcistī“, Cleopatra dīcit.

[1] gubernātor der Steuermann
[2] nauta *m* der Matrose
[3] līberāre befreien
[4] ergō also

„Ja, so war es“, antwortet Cäsar. „Aber diesen Spruch muss ich mir merken, der ist gut!“

Die Verbformen im Imperfekt und Perfekt kannst du mit dem Präteritum übersetzen. Ordne die deutschen Formen des Präteritums in zwei Spalten ein: Bildung mit -te (z. B. ich lebte) und durch Änderung des Stammvokals (z. B. ich rief).

Der heilige Bezirk von Delphi galt in der Antike als Mittelpunkt der Welt. Im Vordergrund das Theater, darunter die Fundamente des Apollo-Tempels, in dem die Priesterin Pythia die Orakelsprüche des Gottes verkündete.

Die Götter spielen immer mit

» **Dich, Proserpina, bitte, ersuche, beschwöre ich,** dass du den Diebstahl rächst, der bei mir begangen wurde. Bestrafe denjenigen, wer auch immer er ist, der mir die Sachen geklaut hat, die ich hier aufzähle: sechs wollene Tuniken, eine Übertunika … «

So rief ein unbekannter antiker Bittsteller die Göttin Proserpina an. Unzählige solcher Bitten an Götter sind uns überliefert – es geht darin um Bestrafung, Heilung oder Liebe, um existentielle Probleme oder ganz alltägliche Wünsche.

Diese Bitten zeigen, wie eng für Menschen der Antike die Verbindung zu den Göttern war: Man glaubte, dass die Götter in das Leben der Menschen eingreifen und ihr Schicksal bestimmen. Daher versuchte man, durch Verehrung, Opfer und Geschenke die Götter zu beeinflussen und ihren Schutz und ihre Hilfe zu erhalten – freilich war immer klar, dass die Menschen letztlich dem Willen der Götter unterworfen waren und auch zum Spielball ihrer Launen werden konnten.

Zweikampf in Anwesenheit von Athene und Hermes. Attische Amphora. Um 530 v. Chr.

Ilias, Odyssee und Äneis

All dies zeigt sich schon in den frühesten literarischen Werken der Antike: in der „Ilias" und der „Odyssee". Diese Epen (Verserzählungen) entstanden um 700 v. Chr., der Dichter **Homer** soll sie verfasst haben. In Versform werden die Taten großer Helden geschildert, doch auch die Götter mischen sich ein und spielen eine wichtige Rolle. Diese Homerischen Epen beeinflussten maßgeblich die Vorstellungen über die antiken Götter.

Die **„Ilias"** schildert einen Ausschnitt des Kampfes der Griechen gegen Troja, die **„Odyssee"** die zehnjährigen Irrfahrten des Odysseus, der nach der Zerstörung Trojas in seine griechische Heimat zurückkehren will (→ S. 120 f.). In beiden Epen sind die Götter unmittelbar am Geschehen und am Handeln der Menschen beteiligt: In der „Ilias" nehmen sie Partei für die beiden Seiten und greifen direkt in die Kämpfe ein; in der „Odyssee" wird der Held durch den Zorn des Poseidon von der Heimat ferngehalten und in vielerlei Abenteuer verstrickt, bei denen die Götter hilfreich oder feindlich in Erscheinung treten. Odysseus sucht während seiner Irrfahrten auch die Unterwelt auf, um sich dort göttliche Informationen über seine Zukunft geben zu lassen.

Auch die Römer, die zu Bewunderern der griechischen Kultur und Literatur wurden (→ S. 118 f.) und vieles übernahmen, verfassten Dichtungen in der Form des Epos. Der Dichter **Vergil** verfasste das neben „Ilias" und „Odyssee" berühmteste Epos der Antike: die **„Äneis"**. Darin beschreibt er, wie sein Held Äneas zunächst Irrfahrten und dann Kämpfe zu bestehen hat, um in Italien eine Stadt zu gründen, die zur Keimzelle des späteren Rom werden sollte. Auch in diesem Epos spielen die Götter eine entscheidende Rolle; wie Odysseus lässt sich auch Äneas in der Unterwelt die Zukunft weissagen.

Der trojanische Priester Laokoon hätte beinahe die List, die sich im hölzernen Pferd verbarg, aufgedeckt. Athene, die Trojas Untergang wollte, sandte deshalb zwei Seeschlangen zu Laokoon und seinen Söhnen.

Vögel, Opfer und Orakel

Um den Willen der Götter zu erfahren, entwickelten sich in der antiken Welt ganz unterschiedliche Formen: Man beobachtete beispielsweise den **Flug von Vögeln**, man analysierte die **Eingeweide von Opfertieren** – und wollte so herausfinden, was die Götter vorhätten. Am weitesten verbreitet war die Praxis, **Orakel** zu befragen: Man begab sich in ein Heiligtum, das einer bestimmten Gottheit geweiht war, um – meist durch die Vermittlung von Priesterinnen und Priestern – mit dieser in Verbindung zu treten. Solche Heiligtümer waren über die gesamte antike Welt verteilt. Bekannt waren z. B. die Zeus-Orakel in Dodona und Olympia. Bei weitem am berühmtesten war allerdings das Orakel von **Delphi** (→ S. 96 f.).

„Du bist unbesiegbar!"

40502-34

1. **Stelle wichtige Gesichtspunkte zusammen, die nach antiker Vorstellung für das Verhältnis zwischen Göttern und Menschen Bedeutung hatten.**
2. **MK Aus der Antike sind viele Begebenheiten überliefert, bei denen Orakel und Weissagungen eine wichtige Rolle spielten: Informiert euch in kleinen Teams über Alexander den Großen und den Gordischen Knoten, über Pyrrhos und das Orakel von Delphi und über die Sibyllinischen Bücher. Stellt eine Kurzfassung eurer Ergebnisse in eine digitale Plattform ein, auf der sich Mitschüler informieren können.**
3. **Diskutiert, ob es wünschenswert ist, die Zukunft zu kennen.**

15 Im Auftrag der Götter

Giovanni Battista Tiepolo: Merkur erinnert Äneas an seine Bestimmung. 1757.

verlässt Äneas, der Stammvater der Römer, seine Heimat, das zerstörte Troja (→ Lektion 7). Er macht sich auf den beschwerlichen Weg in eine von den Göttern bestimmte neue Heimat – Italien.

Nach Jahren der Irrfahrt gelangt er mit seinen Schiffen zunächst nach Afrika. **Dido**, die Königin Karthagos, nimmt ihn und seine Gefährten freundlich auf und verliebt sich in Äneas. Auf Befehl Jupiters muss er Karthago jedoch verlassen – er folgt dem göttlichen Willen. Nachdem er sogar in die Unterwelt hinabgestiegen ist, wo sein toter Vater Anchises ihm seine Zukunft und die spätere Größe Roms offenbart, erreicht er schließlich Italien. Nach einigen Kämpfen schließt er Frieden mit den einheimischen Latinern.
All das – der ganze Mythos – steht in dem Epos „Äneis" des römischen Dichters **Vergil**.
Der Dichter verherrlicht darin nicht nur den Ursprung, sondern auch die Geschichte des römischen Volkes; sein Epos wurde zur Nationaldichtung der Römer und beeinflusste die europäische Literatur und Kunstgeschichte über Jahrhunderte hinweg. Die „Äneis" entstand unter **Augustus**, der nach langen und grausamen Bürgerkriegen, nach Verfolgungen, Mord und Krieg zwischen den Bürgern als Sieger hervorging und Roms erster Kaiser war. Dieser Augustus wollte die alten Wertvorstellungen der Römer – Frömmigkeit, Zuverlässigkeit, Pflichterfüllung und Bereitschaft zu harter Arbeit – wieder beleben. Daher förderte er Schriftsteller, die in ihren Werken von Menschen erzählten, die diese Werte verkörperten, die wie Äneas dem göttlichen Willen folgten …

1. MK Recherchiert im Internet, welche Abenteuer Äneas auf seiner Flucht zu bestehen hatte. Tragt eure Ergebnisse in ein digitales Dokument ein, das ihr fortlaufend ergänzt. Stellt dann anhand einer digitalen Karte die wichtigsten Stationen der Irrfahrten vor.
2. Kurz vor seinem Tod wollte Vergil sein noch nicht ganz vollendetes Epos vernichten. Doch Augustus verhinderte dies. Begründe, warum es dem Kaiser wichtig war, dass die „Äneis" veröffentlicht werden konnte.

15

Dem **Willen der Götter** folgen?

Jupiter schickte Merkur nach Karthago, um Äneas zum Aufbruch zu mahnen.

1. Stelle aus dem ersten Absatz (Z. 1–5) zusammen, was Merkur an Äneas kritisiert.

Mercurius dē caelō ad Aenēam pervēnit; eum pulchram vestem Pūnicam gerere vīdit, quam Dīdō eī dōnāverat. Statim nūntius Iovis Aenēam monuit: „Quid hīc facis, Aenēa? Cūr eō locō tam improbē tē geris? Cūr tam male agis? Cōgitā dē fātō tuō! Tē hīc bene vīvere aequum nōn est. Relinque Carthāginem; nam Italiam petere dēbēs! Posterīs tuīs illīc novam patriam parā!“

Verba Mercuriī Aenēam vehementer terruērunt. Itaque vir pius, quī imperiō Iovis semper pāruerat, cōnsilium cēpit celeriter ē regiōnibus Pūnicīs discēdere. Statim comitēs ad lītus vocāvit, eōs classem et arma parāre iussit.

At Dīdō, quae cōnsilia Aenēae iam animadverterat, vehementer eum accūsāvit: „Cūr mē tam turpiter fallis? Cūr fugere properās, cūr tam crūdēlis es? Nunc dolum tuum perspexī! Nunc tē nōvī!“ Tum Dīdō diū tacēbat – dēnique trīstī vōce dīxit: „Tibi nimis crēdidī; nam tē amāvī.“

Aenēās autem, quem Mercurius dē fātō monuerat, graviter gemuit[1]: „Numquam tibi cōnūbium[2] prōmīsī. Cōgitā deōs vītam meam regere! Iuppiter, pater deōrum hominumque, mē novam patriam quaerere iussit. In somnō Anchīsam patrem vīdī, quī in Italiam mē mīsit. Dēsine mē tēque querēlīs[3] tuīs vexāre[4]; neque enim scelus commīsī. Italiam nōn meā sponte petō.“

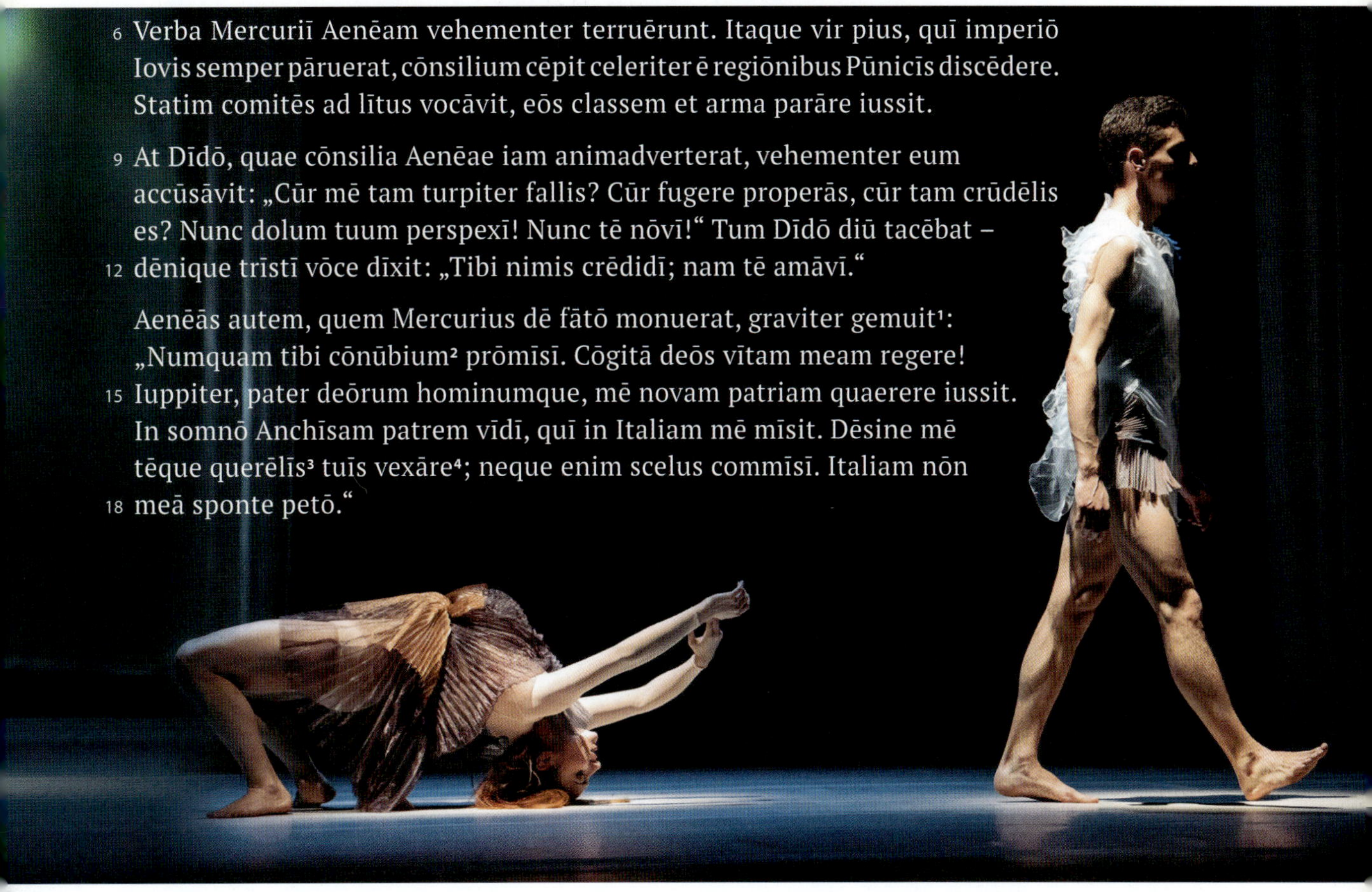

2. Vergleiche, wie Äneas und Dido mit dem Willen der Götter umgehen, und beurteile ihre Reaktionen (Z. 6–18).

3. Äneas muss das Schicksal, das die Götter ihm auferlegt haben, auf sich nehmen. Erkläre anhand des Lektionstextes, was es für einen Menschen bedeuten kann, den Willen der Götter zu erfüllen.

4. MK Auch das Schicksal des griechischen Helden Odysseus wurde von den Göttern beeinflusst. Recherchiert im Internet, wie die Götter immer wieder in sein Leben eingriffen. Erstellt dazu arbeitsteilig kurze Präsentationen; legt diese auf einer digitalen Plattform so ab, dass ein Überblick über die „Irrfahrten“ des Odysseus entsteht.

[1] gemuit er seufzte

[2] cōnūbium die Ehe

[3] querēla die Klage

[4] vexāre quälen

15 Entführung auf hoher See

Mercātor nāvem celerem pīrātārum aspexit. Nāvis celeriter accessit. Pīrātae scelerātī nāvem mercātōris cēpērunt. Mercātor vehementer pūgnābat, sed pīrātae mercātōrem scelerātē necāvērunt.

Fīlia mercātōris, quae nāvem pīrātārum aspexerat, timēbat. Pīrātae, quī mercātōrem necāverant, fīliam rapuērunt.

1. **Vergleiche die blau gedruckten Adjektivformen mit den neuen (blau unterlegten) Formen. Erschließe die Funktion der neuen Formen aus dem Kontext.**
2. **Vergleiche die gelb markierten Verbformen. Finde die neuen Verbformen und erschließe ihre Funktion aus dem Kontext.**

ÜBUNGEN

A Die Piratenbraut Neues kompakt

Unterscheide bei der Übersetzung Adjektive und Adverbien.

Paula cum patre iter in Aegyptum faciēbat. Pīrātae nāvem patris celeriter cēpērunt. Pater puellae fortis nōn erat; neque fortiter pūgnābat. Pater scelerātus fīliam pīrātīs dedit et statim in patriam properāvit.

Viele Jahre später: Pīrātae iterum nāvem patris, quī fīliam relīquerat, cēpērunt. Subitō fīlia, quam pater pīrātīs dederat, adfuit et dīxit: „Quamquam scelerātē mē relīquistī, grātiās tibi agō. Nam ūnus ē pīrātīs nunc marītus (Ehemann) meus est."

B Was geschieht wann? Zeitverhältnisse untersuchen

Bestimme das Zeitverhältnis zwischen den lateinischen Haupt- und Nebensätzen in Z. 6–13 des Lektionstextes.

C Adverbien-Schatzsuche Adverbbildung unterscheiden

Weise den Wörtern die passende Endung zu und übersetze dann.

1. vehement- | celer- | clār- | crūdēl- | ben-

▷ 2. fort- | cert- | improb- | turp- | potent-

D Wer gehört hier nicht dazu? Wortarten unterscheiden

Finde die Irrläufer und begründe deine Entscheidung.

1. pulchrē | vērē | mare | scelerātē ▷ 2. clārē | bene | improbē | studē

E Überfall auf hoher See Adverbien sinngerecht zuordnen

Fülle die Lücken mit den angegebenen Adverbien und übersetze.

celeriter | vehementer | procul | fortiter

1. Pīrātae nāvem Rōmānam ? aspexērunt.

2. ? Rōmānōs circumvenīre et praedam rapere voluērunt.

▷ 3. Sed mīlitēs Rōmānī ? cum pīrātīs, quī in nāvem trānsierant, pūgnāvērunt.

▶ 4. Quia Rōmānī ? sē dēfenderant, pīrātae fūgērunt.

F Eine überstürzte Flucht Verbformen zuordnen

Wähle die richtige Verbform aus und übersetze. Achte auf das Zeitverhältnis.

1. Aenēās Dīdōnem relīquit, quia Mercurius et Anchīsēs pater eum (**monuerant / monēbant**).
2. Quamquam Dīdō Aenēam diū sēcum tenēre (**temptat / temptāverat**), Trōiānī Carthāginem celeriter relīquērunt.
▶ 3. Dīdō, ubi dolum Aenēae (**perspexit / perspicit**), trīstī vōce clāmāvit: „Cūr Aenēās, cui semper (**adfueram / adsum**), id cōnsilium turpe cēpit?“

G ↺ Wörterlernen leicht gemacht Wortbildung anwenden

Übersetze, indem du die Bedeutung der Komposita aus der Bedeutung des Präfixes und des Verbs erschließt. Beachte ggf. die lautlichen Veränderungen.

1. Comitēs **con**-vocāveram. 2. Equōs **dī**-mittite! 3. In patriam **red**-ītis. ▷ 4. Praedam **ē**-ripuit. 5. Colossēum **ad**-eunt.

ad-	hinzu-
ex-	heraus-
dis-	auseinander-
con-	zusammen-
re-	zurück-

H Akzeptabel – oder? Sprachenvergleich nutzen

Das lateinische Suffix **-bilis** bezeichnet eine Möglichkeit oder Eigenschaft, z. B. **amā-bilis** „liebenswert“. Dieses Suffix hat weitergelebt; vergleiche und erkläre die Bedeutungen der angeführten Begriffe.
Finde weitere Fremdwörter oder fremdsprachliche Vokabeln, die mit diesem Suffix gebildet sind. Überprüfe mithilfe des Registers oder eines Lexikons, auf welche lateinischen Vokabeln du sie zurückführen kannst.

dt. sta-**bil**, misera-**bel**
it. porta-**bile**, terri-**bile**
e. terri-**ble**, impossi-**ble**

Auf Deutsch

Das gefährliche Pferd

Die Griechen **hatten** scheinbar die Küste Trojas **verlassen** und das hölzerne Pferd **zurückgelassen** – zunächst ein Rätsel für die Trojaner.

Iam diū Trōiānī dē equō cōnsuluerant, cum subitō Lāocoōn[1], sacerdōs[2] Neptūnī, cum fīliīs ex urbe ad lītus cucurrit et magnā vōce clāmāvit: „Magnum perīculum cōgnōscō. Equum dolum Graecōrum esse putō. Certē Graecī Trōiam eō equō perdere[3] volunt.“

Laokoon schleuderte einen Speer in die Seite des Pferdes. Es klang seltsam hohl …

Subitō autem duo anguēs[4] ē marī ad lītus celeriter pervēnērunt. Ibi sacerdōtem[2] eiusque fīliōs crūdēliter necāvērunt. Quia Trōiānī mortem sacerdōtis[2] fīliōrumque sīgnum deōrum esse cēnsuērunt, equum in urbem dūxērunt.

[1] Lāocoōn *m* Laokoon
[2] sacerdōs, ōtis der Priester
[3] perdere vernichten
[4] duo anguēs *Pl.* zwei Seeschlangen

Vergleiche die Bildungsweise des Perfekts und des Plusquamperfekts in den drei Sprachen Deutsch, Englisch und Latein. Arbeite heraus, worin sich die Bildung der Tempora unterscheidet:

Perfekt / Present perfect	Plusquamperfekt / Past perfect
ich habe gesehen ich bin gelaufen	ich hatte gesehen ich war gelaufen
I have seen	I had seen
vocā-v-ī	vocā-v-era-m

16 Sprachrohr der Götter

Apollo, Gott der Weisheit und Weissagung. Innenbild einer griechischen Trinkschale. 5. Jh. v. Chr.

John Collier: Die Priesterin von Delphi. 1891.

– das waren nach Auffassung der antiken Menschen die Orakel. Man glaubte, dass die Götter durch Orakel, Träume und vielfältige andere Zeichen den Menschen ihren Willen kundtun. Und daraus konnte man auch Informationen über die Zukunft ableiten.

Das bekannteste Orakel befand sich im griechischen Delphi, einem wichtigen Heiligtum des Gottes Apollo. Der große Tempelbezirk von Delphi war ein Zentrum der griechischen Welt. Von überallher kamen Menschen, um sich die Zukunft weissagen zu lassen. Die Priester des Tempels waren gut informiert; durch ein dichtes Netz von Informanten wussten sie genau, was selbst in den entferntesten griechischen Städten geschah. Ihre Ratschläge hatten somit auch großen Einfluss auf die Politik. Man glaubte, dass in Delphi der Gott Apollon durch die Priesterin Pythia zu den Menschen spreche. Die Fragesteller übergaben den Apollopriestern ihre Bitte, die diese dann der Pythia vortrugen. Sie saß der Überlieferung nach in einem Raum, der von Dämpfen erfüllt war, die aus einem Erdspalt austraten. In einer Art Rauschzustand gab Pythia dann unverständliche Laute von sich, aus denen die Priester die Antworten formulierten, die oft zweideutig waren. Natürlich zeigten sich die Besucher des Orakels durch großzügige Geschenke erkenntlich.

1. MK Der Überlieferung nach sollen am Eingang des Tempels von Delphi folgende griechische Inschriften angebracht gewesen sein: „gnóthi seautón“ und „medén ágan“. Recherchiere im Internet die Bedeutung dieser Sprüche und überlege, welche Wirkung sie auf einen antiken Besucher haben sollten.
2. Begründe, warum die Priester in Delphi sehr darauf achteten, den Fragestellern keine allzu genauen Antworten zu geben.

16 Den Willen der GÖTTER erkennen

Die Perser beherrschten vom Orient aus ein riesiges Reich. Weil sich griechische Städte in Kleinasien, der heutigen Türkei, dem Perserkönig nicht unterordneten, wollte er ganz Griechenland unterwerfen. Er mobilisierte ein gewaltiges Heer und eine riesige Flotte. Athen beschloss, das Orakel von Delphi zu befragen:

1. Erschließe aus den Äußerungen der Gesandten im ersten Absatz (Z. 1–6) die Stimmung in Athen angesichts der anrückenden Perser.

Athēniēnsēs[1] lēgātōs Delphōs mīsērunt. Quī templum Apollinis intrāvērunt, sacerdōtēs dē fātō patriae cōnsuluērunt: „Satis cōnstat Persās[2] cīvitātem nostram capere studēre. Itaque opem Apollinis petimus: Cīvitātemne ab hostibus servābimus – an omnēs perībimus? Quō modō hostēs superābimus? Quis nōbīs aderit? Quōs deōs adīre dēbēmus? Quandō deī tandem superbiae barbarōrum fīnem facient?“

Prīmō Pӯthia ōrāculum brevius dedit: „Fugite ex urbe quam celerrimē! Nam hostēs potentiōrēs sunt mīlitibus vestrīs; vehementius pūgnābunt. Urbem et templa crūdēlissimē capient.“ Tum lēgātī, quī animō dēfēcērunt, Pӯthiam iterum ōrāvērunt: „Audī supplicia nostra! Quid facere dēbēmus? Dā nōbīs cōnsilium! Aliter ē templō nōn exībimus.“ Pӯthia respondit: „Iterum ostendam fātum vestrum: Urbem ipsam ab hostibus nōn dēfendētis. Sed mūrum ligneum[3] hostēs nōn superābunt.“ Dēnique lēgātī domum rediērunt.

Die Athener stritten nun darüber, wie dieser Orakelspruch aufzufassen sei. Schließlich setzte sich die Deutung des Themistokles durch:

Themistoclēs, vir nōbilis, iam anteā Athēniēnsēs[1] magnam classem parāre iusserat. Quī nunc ōrātiōnem clāriōrem habuit: „Nōnne ōrāculum intellegitis? Num omnēs miserrimē perīre vultis? Apollō ipse nōs patriam relinquere et nāvēs cōnscendere[4] iubet. Nisī nāvibus pūgnābimus, hostēs nōn vincēmus. Auxiliō deōrum ac virtūte vestrā nōn modo hostēs superābitis, sed etiam patriam līberābitis. Persae[2] Graeciam relinquent – glōria Athēnārum ingentior erit quam anteā; glōria urbe nostrā dīgna erit.“ Ita Themistoclēs animōs Athēniēnsium[1] cōnfirmāvit. Quī statim nāvēs virīs fortissimīs complēre statuērunt. Profectō accidit, quod Athēniēnsēs[1] ob cōnsilium Themistoclis classem Persārum[2] vīcērunt.

[1] Athēniēnsis, is – der Athener
[2] Persae *m Pl.* – die Perser
[3] ligneus, a, um – hölzern, aus Holz
[4] cōnscendere – besteigen

2. Analysiere die Rede des Themistokles in der Volksversammlung (Z. 15–20). Erkläre, wie es ihm gelingt, den Kampfgeist der Athener zu wecken.

3. Begründe aus dem Text, warum die richtige Deutung des Orakels nicht nur mit Frömmigkeit, sondern auch mit Politik zu tun hat.

4. MK Das Perserreich war lange Zeit die führende Supermacht der Antike. Recherchiere in einem Geschichtsatlas oder im Internet, welche heutigen Länder zur Zeit des Themistokles von den Persern beherrscht wurden.

16 Dido denkt anders als Äneas

Dīdō ad Aenēam: „Quis tē Carthāginem relinquere iubet? Vīsne deīs pārēre? Num Carthāginem relinquis? Nōnne mē amās? Cūr tam crūdēlis es?

At certē sciō: Tū mē numquam **relinquēs**. Tū mē semper **amābis**. Tū tam crūdēlis nōn **eris**. Egō tē amō et semper **amābō**. Egō tibi cōnsulō et semper **cōnsulam**. Nōs semper amōre **gaudēbimus**.

Tū es vir potēns. Auxiliō meō potentior eris quam aliī virī. Potentissimus omnium virōrum eris."

1. Lies im Begleitband S 4 (→ S. 112) und wende die Erklärungen in Z. 1 f. an.
2. Erschließe das Tempus der neuen Verbformen aus dem Kontext.
3. Beschreibe die Bildung des neuen Tempus; ziehe die Präsensformen des Textes zum Vergleich heran.

ÜBUNGEN

Den neuen Grammatikstoff kannst du auch selbstständig üben. Die Übungen **A** und **C** sind Pflicht für alle. Wenn du beim Erkennen der verschiedenen Tempora noch unsicher bist, bearbeite zusätzlich Übung **B** und **D**. Wenn du schnell fertig bist, bereitest du **E** so vor, dass du die Übung der Klasse vorstellen kannst.

A Äneas gehorcht immer Neues kompakt

Mercurius Aenēam monuit: „Relinque Carthāginem!
Nōn hīc, sed in Italiā bene vīvēs. Ibi posterīs tuīs patriam novam parābis.
Posterī ibi magnum imperium parābunt. Gēns tua potēns erit."
Aenēās respondit: „Deīs semper pāruī. Etiam nunc pāreō semperque pārēbō.
Carthāginem relinquam et Italiam petam."

B Zurück in die Zukunft Tempora unterscheiden

Im Lektionstext begegnen dir viele Verben im Futur. Suche aus Z. 1–13 alle Futurformen heraus und bestimme die Person und den Numerus.

C Ein fabelhafter Triumph Steigerungsformen wiedergeben

Vulpēcula, lupus, leō pūgnant. Vulpēcula fortis est, lupus fortior est, sed leō est fortissimus.
Tum currunt: Vulpēcula celeriter currit, leō celerius, sed lupus celerrimē. Nunc cōgitant:
Quid est facilius: pūgnāre an currere?
Et leō et lupus sē vīcisse clāmant et certant[1]:
„Egō tē fortior sum."
„Sed egō celerius currō quam tū."
„Cēterae bēstiae tē rēgem crūdēlissimum appellant, improbissime!"
„Tē autem, scelerātissime, fūrem[2] turpissimum appellant!"
Dēnique vulpēcula: „Miserrimī estis! Nam virtūs corporis vōbīs plūs valet quam animī."

[1] certant sie streiten
[2] fūr, fūris *m* der Räuber

D Das sind Zeiten! Verbformen analysieren

Ordne – im Wettbewerb mit deinem Lernpartner – die folgenden Verbformen den passenden Tempora zu.

1. veniunt | terruistī | trānsībat | estis | probābimus
2. capient | respondent | surgēbātis | attingēmus | āmīsērunt
3. habuit | exībimus | iubēbātis | statuistī | ostendunt
4. intelleget | movēbō | parat | iussit | erātis

E Panik in Athen Fragewörter zuordnen

Als die persische Streitmacht Athen immer näher kommt, werden die Bürger unruhig. Besorgte Fragen machen die Runde. Füge die passenden Fragewörter ein und übersetze.

1. ? cīvitātem līberābit?
2. ? Themistoclēs hostēs superāre vult?
3. Urbem ? relinquēmus ? omnēs hīc perībimus?
4. ? mūrō patriam servābimus?
5. ? deī nōbīs adfuērunt?

quīn | -ne | quō | quis | an | quō modō

F ↺ Zeitsprünge! Tempusformen erfassen

Bestimme das Tempus der Verben und übersetze. Begründe anschließend mit Blick auf den Inhalt das Zeitverhältnis in den Sätzen.

1. Legiōnēs, quās Pompēius in prōvinciam (!) dūxerat, multa bella gerēbant.
2. Mūnus, quod mihi dederās, mihi nōn placuit.
3. Amīcae, quae Rōmam iam vīderant, Claudiae forum ostendērunt.

Krösus ließ seine Wappentiere als Qualitätszeichen auf Goldstückchen prägen – und wurde so zum Erfinder des gemünzten Geldes.

Auf Deutsch

König Krösus und das Orakel

Krösus (**Croesus**), der steinreiche König der Lyder, hatte im 6. Jh. v. Chr. sein Reich durch erfolgreiche Kriege enorm ausgedehnt. Nun wollte er auch die Perser (**Persae, ārum**) angreifen, die von König Kyros (**Cȳrus**) regiert wurden.

Croesus, quamquam cōpiās Persārum nōn timēbat, tamen lēgātōs Delphōs mīsit. Lēgātī Pȳthiam dē ēventū[1] bellī rogāvērunt. Pȳthia respondit: „Sī Croesus rēx Halyn[2] flūmen **trānsībit**, magnum rēgnum **dēlēbit**[3].“
Croesus iīs verbīs gaudēbat, nam cōgitābat: „Sī flūmen **trānsībō**, Persās facillimē **vincam**.“ Itaque cum mīlitibus flūmen trānsiit et cōpiās Persārum petīvit.
Sed Persae fortius pūgnābant quam mīlitēs Croesī. Croesum superāvērunt et captīvum ad Cȳrum, rēgem Persārum, dūxērunt. Tum Croesus verba Pȳthiae intellēxit: Halyn[2] flūmen trānsierat – et rēgnum suum dēlēverat[3].

[1] dē ēventū nach dem Ausgang

[2] Halys (Akk. Halyn) *m* der Halys (Grenzfluss zwischen Lydien und Persien)

[3] dēlēre, dēleō, dēlēvī zerstören

Im Lateinischen werden zukünftige Handlungen meist im Futur ausgedrückt; im Deutschen wird das Futur nicht selten auch durch ein Präsens mit einem Zeitadverb („bald“, „morgen“) umschrieben. Überlege, ob die Prophezeiung des Orakels (Z. 2 f.) und die Überlegung des Krösus (Z. 4 f.) im Deutschen mit Futur übersetzt oder umschrieben werden sollten. Begründe deine Entscheidung.

Augustus – Licht und Schatten

Wandmalerei aus der Villa der Livia.

Blutige Bürgerkriege
wüteten ein Jahrhundert lang (133 –31 v. Chr.) in Italien und hatten verheerende Folgen: Ganze Landstriche, die die Lebensgrundlage für Bauernfamilien bildeten, waren zerstört worden und Tausende von römischen Soldaten hatten ihr Leben verloren. Erst **Octavians Sieg** über seinen Konkurrenten Marcus Antonius in der Schlacht bei Actium (31 v. Chr.) setzte der schrecklichen Zeit der Bürgerkriege ein Ende.

Der Sieger kehrt zurück

In Rom fürchtete man zunächst, dass der siegreiche Octavian nach dem Vorbild seines Adoptivvaters Cäsar Alleinherrscher über Rom werden wolle. Daher kamen die ersten politischen Maßnahmen Octavians überraschend. Denn dieser gab dem Senat seine volle Macht zurück und wollte lediglich als **prīnceps senātūs** („der Erste des Senats") an den Senatssitzungen teilnehmen. So wurde ihm 27 v. Chr. vom Senat der Ehrentitel **Augustus** verliehen. Doch in diesem Vorgehen zeigten sich Augustus' Klugheit und politisches Geschick – denn die Republik bestand nur dem Anschein nach weiter.

Der Prinzipat

Formal hatten die Senatoren die Macht über den Staat zurückerlangt, tatsächlich übernahm Augustus jedoch zahlreiche politische Ämter und Amtsbefugnisse, um seine Macht zu festigen: So hatte er die Amtsbefugnis des Volkstribuns inne, die ihm erlaubte, gegen jede Entscheidung des Senats sein Veto einzulegen, und die ihn vor Anklagen schützte. Politische Gegner wurden entweder durch die Übertragung von Ämtern „besänftigt" oder beseitigt. Auf diese Weise wurde er letztlich sogar mächtiger als Cäsar. So hatte Augustus eine neue **Herrschaftsform** in Rom eingeführt, die dann – abgeleitet von seiner Stellung als **prīnceps senātūs** – später als **Prinzipat** bezeichnet wurde.

Der Anbruch einer neuen Zeit

Dennoch brachte seine Herrschaft den Bürgern viel Positives. Es herrschte zum ersten Mal seit dem Ausbruch der Bürgerkriege eine lange Zeit des Friedens in Italien, die **pāx Augusta**

Die „Gemma Augustea", ein geschnitzter, zweischichtiger Edelstein, der die Herrschaft des Augustus darstellt. Das kostbare Edelsteinrelief stammt wahrscheinlich aus dem persönlichen Besitz des Augustus. Um 10 n. Chr.

Der mächtigste Mann der Welt

40502-35

Links: Livia Drusilla, die Ehefrau des Augustus. Als tugendhafte Frau und vorbildliche Mutter war sie die Verkörperung der von Augustus propagierten gesellschaftlichen und moralischen Erneuerung.
*Rechts: Idealisiertes Porträt des Augustus mit der Bürgerkrone aus Eichenlaub (**corōna cīvica**).*

(„augusteischer Friede"). Ihre Dankbarkeit dafür brachten die Senatoren durch die Errichtung der **Āra pācis** (des Friedensaltars → S. 108) zu Ehren des Herrschers zum Ausdruck. Unter der Herrschaft des Princeps erblühten auch die **Künste** von neuem. So entstanden durch seine Förderung zahlreiche literarische Werke, die noch heute bedeutend sind – so etwa **Vergils Äneis** (→ S. 91).

Außerdem ließ Augustus die Tempel der Götter auf dem Forum restaurieren, neue Tempel erbauen und ein neues prachtvolles Forum errichten, das er mit den Statuen berühmter Helden wie Romulus und Äneas zierte: das Forum Augustum. Viele Werke in Kunst, Architektur und Literatur dienten dem Zweck, den Princeps als **gottgleichen vorbildlichen Herrscher und Friedenskaiser** darzustellen.

Die „gute alte Zeit"

Mit der Errichtung neuer Tempel erfolgte auch eine Wiederbelebung der Religion und zugleich eine Rückbesinnung auf die römischen Werte und den **mōs māiōrum**, die den römischen Staat „in der guten alten Zeit" stark gemacht hatten: Fleiß, Bescheidenheit, Opferbereitschaft, Pflichtbewusstsein und eheliche Treue. Die Einhaltung dieser Werte wurde nun durch strenge Gesetze, wie z. B. das Gesetz zur Bestrafung von Ehebruch, gesichert. Der Princeps schreckte bei der Durchsetzung dieser Gesetze nicht einmal davor zurück, seine eigene Tochter Julia wegen Ehebruchs zu verbannen. In den zahlreichen blutigen Kriegen, die Augustus mit anderen Völkern führte, sollten sich die römischen Soldaten ein Beispiel an ihren heldenhaften Vorfahren nehmen.

1. **Erläutere die Bedeutung der Überschrift „Licht und Schatten". Belege deine Aussagen am Text.**
2. **MK Recherchiere im Internet zu Bauwerken aus der augusteischen Zeit, die die Wertvorstellungen und Erfolge des Augustus zeigen sollten. Fasse die Ergebnisse knapp und übersichtlich auf digitalen Folien zusammen.**
3. **MK Informiere dich über die Werke der Dichter Vergil und Horaz und des Historikers Livius. Erläutere dann deren Verhältnis zu Mäcenas, dem engen Freund des Augustus.**
4. **MK Informiere dich über einen Kaiser der julisch-claudischen Dynastie und präsentiere deine Ergebnisse in der Klasse. Erstelle dazu eine kurze digitale Präsentation (max. drei Folien).**

Alexander Litovchenko: Charon bringt die Seelen der Verstorbenen in die Unterwelt. 19. Jh.

Differenziert üben

Äneas in der Unterwelt

Nachdem Äneas Dido verlassen hatte, segelte er mit den Trojanern von Karthago aus in Richtung Italien. Auf der Reise erschien ihm erneut sein verstorbener Vater Anchises im Traum. Dieser forderte seinen Sohn auf, ihn in der Unterwelt aufzusuchen. Äneas bat die Sibylle von Cumae, ihn zu seinem Vater zu führen. Diese willigte ein, und so stiegen die beiden in die düstere Unterwelt hinab …

MK Informiere dich in einem Lexikon über die antike Vorstellung von der Unterwelt. Beziehe die folgenden Namen in deine Recherche ein:

Sibylle Sibylla, ae *f*
Styx Styx, Stygis *m*
Charon Charōn, Charontis *m*
Zerberus Cerberus, ī *m*
Furien Furiae, ārum *f Pl.*
Elysium Elysium, ī *n*

Vergleiche anschließend die antike Sicht der Unterwelt mit der christlichen Vorstellung von der Hölle.

▶ Episode 1: Beim Fährmann Charon

Prīmum umbrās multōrum mortuōrum[1], quī ad **Stygem** flūmen remanēbant, vidēbant. Iī flēbant et **Charontem** trīstēs ōrābant: „Servā nōs! Portā nōs trāns[2] flūmen! Nam redīre nōn possumus."

Sibylla et Aenēās rīpam adībant. Subitō **Charōn** Aenēam et **Sibyllam** accēdere vīdit. Is statim magnā vōce clāmāvit: „Mortuōs[1] tantum trāns[2] flūmen dūcam! Is autem homō adhūc vīvit! Discēdite!"

Die Sibylle erklärte dem zornigen Fährmann, dass hier der tapfere Trojaner Äneas vor ihm stehe. Er sei der Sohn der Venus und habe daher die Erlaubnis der Götter, die Unterwelt zu betreten. Zähneknirschend beugte sich Charon der Sibylle und fuhr die beiden über den Fluss.

Entscheide, ob du im Bereich der Texterschließung noch mehr Übung brauchst oder im Bereich der Grammatik.

Texterschließung

A Ein Blick aufs Ganze

1. Bringe die Bilder in die richtige Reihenfolge.
2. Gib die Konnektoren an, die den Text in Episoden gliedern.

AUFGABEN

▷ Episode 2: Beim Höllenhund Zerberus

Die Sibylle und Äneas gingen tiefer in die Unterwelt ...

Deinde clāmōrem ingentis bēstiae ferae audīvērunt: Vīdērunt **Cerberum** ante magnam portam stāre. Bēstia iterum iterumque vehementer fremēbat[3], quia eōs ab ultimā portā prohibēre voluit.

Schnell greift die Sibylle zu einer List: Sie wirft dem Zerberus einen Kuchen mit einem Schlafmittel hin. Der Höllenhund verschlingt ihn gierig – und rollt sich friedlich schlafend zusammen.

▶ Episode 3: Auf den Feldern der Trauer

Äneas und die Sibylle durchqueren das Tor und schreiten immer tiefer in die Unterwelt ...

Prīmum magnam regiōnem vidēbant, in quā turba hominum trīstium erat: lūgentēs campōs[4]. Multī hominum, quī ibi erant, in bellō Trōiānō perierant. Cum umbrae mortuōrum Graecōrum Aenēam clārum animadvertērunt, clāmāvērunt et propter timōrem fūgērunt. Tum Aenēās et **Sibylla** aliās regiōnēs petīvērunt.

▷ Episode 4: Im Tartarus

Paulō post Aenēās et **Sibylla** clāmōrēs miserōs audīvērunt. Aspexērunt **Tartarum**, locum turpem. Eō locō scelerātī et hominēs improbī erant; crūdēlēs **Furiae** eōs torquēbant[5].

▷ Episode 5: Im Elysium

Dēnique Aenēās et **Sibylla** ad regiōnem pulchram veniēbant. Ibi lūcem clāram, flūmen pulchrum, flōrēs fōrmōsōs[6] vīdērunt. Is locus **Elysium** erat; ibi hominēs bonī atque piī erant – ibi etiam Anchīsam aspexērunt.

[1] mortuus der Tote
[2] trāns *m. Akk.* über
[3] fremere knurren
[4] lūgentēs campī *m Pl.* die Felder der Trauer
[5] torquēre quälen
[6] flōrēs fōrmōsī *m Pl.* wunderbare Blumen

MK Der Gang des Äneas durch die Unterwelt lässt sich in fünf Episoden gliedern. Verteilt deren Übersetzung nach Interesse und Schwierigkeitsgrad in der Klasse. Tragt eure Ergebnisse in einem digitalen Dokument zusammen und präsentiert sie in der Reihenfolge des Textes.

Grammatik

B Der Text im Detail

1. Erkläre die Bitte der Toten in Z. 3. (Episode 1)
2. Erläutere das Verhalten der Griechen in Z. 14 f. (Episode 3)
3. Erkläre das Verhalten der Furien in Z. 19. (Episode 4)

C Pronomina im AcI

Markiere jeweils das Subjekt des Satzes, den AcI und die Pronomina im AcI. Übersetze anschließend.

1. Aenēās dīcit sē Graecōs nōn timēre.
3. Dīdō putat Aenēam sē nōn amāre.
2. Omnēs sciunt eum Graecōs nōn timēre.
4. Aenēās scit sē eam amāre.

D Formensicher

Gib für jede der folgenden Formen ein Beispiel aus dem Text an.

Infinitiv | Imperativ | Präsens | Imperfekt | Perfekt | Plusquamperfekt | Futur

17 Der NEUE Cäsar

Bronzeporträt des Octavian. Um 27 v. Chr.

Julius Cäsar war im Jahr 48 v. Chr. endlich am Ziel: Er hatte als Feldherr überragende Siege errungen und befehligte tausende Soldaten, die nur ihm die Treue geschworen hatten. Auch Pompejus – seinen größten Konkurrenten – sowie die Senatoren, die auf dessen Seite standen, hatte er ausgeschaltet. So war Cäsar faktisch der Alleinherrscher über Rom.
Nur einen Sohn, dem er seine Macht vererben konnte, hatte er nicht. Allerdings hatte Cäsars Nichte Atia einen Sohn – und dieser war aufgeweckter und klüger als so mancher seiner Altersgenossen: Gaius Octavius. Cäsar fand Gefallen an dem intelligenten jungen Mann und beschloss deswegen, diesen in seinem Testament als Sohn zu adoptieren. Außerdem kümmerte er sich um die Ausbildung des Jungen und nahm ihn oft auf seine Feldzüge mit. Dort lernte Octavius, wie man Legionen führt und politisch geschickt taktiert. Cäsar war begeistert von dem schnellen Auffassungsvermögen und dem Geschick des ehrgeizigen Octavius. Dies betont auch ein moderner Roman über Augustus; darin schreibt Cäsar 45 v. Chr. einen Brief an Atia, in dem er Folgendes äußert:

NOCH IN DIESEM MONAT WERDE ICH NACH ROM ZURÜCKREISEN … UND ALS DIKTATOR AUF LEBENSZEIT HEIMKEHREN. ES STEHT IN MEINEM ERMESSEN, EINEN OBERBEFEHLSHABER DER KAVALLERIE ZU ERNENNEN, DER ZUM MÄCHTIGSTEN MANN IM LAND WERDEN WIRD UND ALLEIN MIR UNTERSTELLT IST. DIES HABE ICH BEREITS GETAN, UND, DU WIRST ES BEREITS AHNEN, ES IST DEIN SOHN, DEN ICH ERNANNT HABE.

Doch kurz nach Cäsars Ankunft in Rom ändert sich alles für den erst 19-jährigen Octavius, während er in Apollonia (im heutigen Albanien) auf seinen Onkel wartet …

1. Fasse zusammen, wie Octavius hier charakterisiert wird. Erschließe daraus, wie er wohl auf die Nachricht vom Tod des Onkels reagiert. Diskutiere dann mit deinem Lernpartner, welche eurer Vermutungen zutreffender sein könnte.
2. MK Recherchiere in einem Geschichtsbuch zu Cäsars Ermordung. Beantworte dabei auch folgende Fragen: Wo wurde Cäsar ermordet? Wer war beteiligt? Was war der Auslöser der Verschwörung? Stelle deine Ergebnisse in einer digitalen Präsentation vor (max. drei Folien).

17 Eine folgenreiche **Botschaft**

Octavius wartet 44 v. Chr. mit seinen Freunden Marcus Vipsanius Agrippa und Quintus Salvidienus Rufus in Apollonia auf Cäsar, um ihn bei einem Feldzug zu begleiten. Doch eines Tages, als sie gerade über die politische Situation in Rom diskutieren …

Die Cäsarmörder ließen diese Münze 43 v. Chr. prägen. Sie zeigt auf der Vorderseite Brutus, einen der Hauptverschwörer; auf der Rückseite zwei Dolche, die römische Freiheitskappe und das Datum, das in die Geschichte einging: „An den Iden des März".

1. Übersetze zunächst den jeweils ersten Satz der drei Abschnitte und formuliere eine begründete Vermutung über den Ablauf der gesamten Geschehnisse des Lektionstextes.

Subitō nūntius celer per campōs accessit et ad Octāvium amīcōsque contendit. Octāviō dīxit: „Salūtem tibi dīcō. Ā mātre litterae tibi mittuntur – statim lege!" Octāvius legit et terrētur: „Caesar mortuus est. Senātōrēs eum interfēcērunt." Nūntius omnēs vehementer commōvit, ūnus ex amīcīs clāmāvit: „Numquam dē tālī scelere audiēbātur! Īrā ācrī capior – certē vōs quoque īrā capiminī!" Octāvius autem tacuit et abiit. Omnia, quae acciderant, sōlus cōgitāvit.

Posteā cum amīcīs cōnsilium habuit. Salvidiēnus dīxit: „Vidēs nōs morte Caesaris vehementissimē movērī; nam salūs Rōmānōrum iterum iterumque ab eō augēbātur! Et tū ā Caesare omnī tempore verbīs amplīs laudābāris, vel amābāris ut fīlius. Tuum est officium mortem eius ferrō vindicāre[1]." Idem[2] cēnsuit Vīpsānius: „Mīlitēs nōmine Caesaris mīrō modō movēbantur et movēbuntur. Cum mīlitibus Rōmam prōcēde! Quī scelerātōs supplicium fugere numquam sinent."

Tandem Octāvius: „Minimē ab iīs, quī Caesarem interfēcērunt, perterrērī possum. Immō mox ab iīs metuar. Sed cautē[3] agere dēbēmus; multa enim nēscīmus: Quis Rōmae amīcus est noster, quis inimīcus? Suntne in vinculīs scelerātī – an adhūc līberī? Sed ūnum certum est: Scelerātī invenientur, mortem nōn fugient. Quod supplicium pār eōrum crīminī erit."

[1] vindicāre rächen
[2] idem dasselbe
[3] cautē *Adv.* vorsichtig

2. Finde eine treffende Übersetzung für die Formulierung nōs morte Caesaris vehementissimē movērī (Z. 8 f.).
3. Benenne die Charaktereigenschaften des Octavius und bewerte sein Verhalten im Vergleich zu dem seiner Freunde. Berücksichtige hierbei auch, dass es sich um einen jungen Mann von 19 Jahren handelt.

Octavius – ein Spross der Götter?

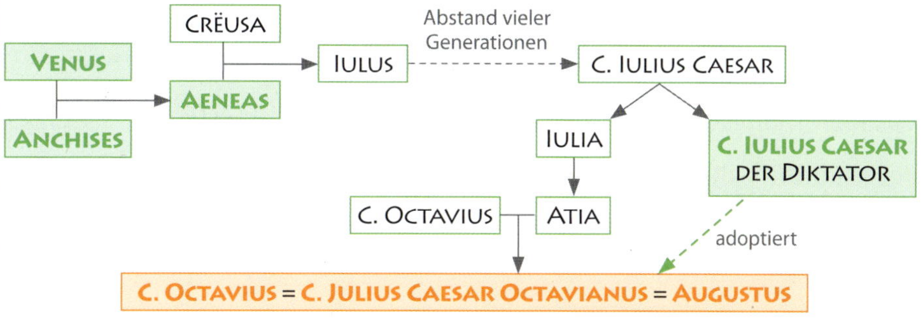

17

Dido kann Äneas nicht halten

Dīdō: „Tē amō. Tū ā mē amāris. Sed tū mē fallis. Egō crūdēliter ā tē fallor. Numquam vir tam turpiter uxōrem fallēbat. Numquam uxor ā virō tam turpiter fallēbātur, numquam fallitur, numquam fallētur. Nōnne amōre gaudēbāmus? Nōnne amōre dēlectābāmur? Vōs, Trōiānī, in Italiā ab hostibus certē superābiminī. In Italiā amīcī tuī, Aenēa, vincentur et necābuntur."

Aenēās: „Nōnne intellegis vītam meam ā deīs regī? Ā tē tenērī nōn possum."

1. Untersuche die Verbformen: Finde in Z. 1–6 sechs neue Personalendungen und erschließe aus dem Zusammenhang ihre Funktion.
2. Erschließe die Tempora der neuen Verbformen in Z. 4–6; nutze dazu die aus dem Aktiv bekannten Tempuszeichen.
3. Erschließe aus dem Kontext die Formen des Infinitiv Präsens Passiv in Z. 8.

ÜBUNGEN

A Ein anständiger Piratenkapitän Neues kompakt

Pīrātae nāvem mercātōris capere cupiēbant. Paulō post nāvis ā pīrātīs capiēbātur. Sed mercātor et fīlia ā pīrātīs nōn necābantur. Pīrātīs enim magna pecūnia ā mercātōre dabātur. Pīrātae tamen puellam rapuērunt.

Puella: „Ā pīrātīs rapior! Quis mē servābit?" At pīrātae rīdēbant: „Tū nōn servāris. Tū numquam servāberis." Sed posteā dux (Kapitän) pīrātārum puellam līberārī et Rōmam mittī iussit.

B Schnelle Entscheidung Präsens Passiv und Futur Aktiv unterscheiden

Spielt gegeneinander. Bestimmt, ob bei den folgenden Formen Präsens Passiv oder Futur Aktiv vorliegt. Wer schneller ist und alles richtig hat, gewinnt.

sie werden gelobt | er wird mahnen | du wirst geführt | es wird befestigt | wir werden bedroht | wir werden vertreiben | ich werde erschreckt | ihr werdet unterdrückt | ihr werdet erwarten

▶ Benenne, was die Formen des Präsens Passiv und des Futur Aktiv gemeinsam haben.

C Alles im Blick Passivformen erkennen

Ordne die Verbformen ihrem Tempus richtig zu und übersetze. Wenn du Probleme bei der Lösung der Aufgabe hast, bestimme zunächst die Personalendung und ggf. das Tempuszeichen.

aperiuntur | accūsābor | capiēbātur | aspiciēmur | dēlectāris

Futur | Präsens | Imperfekt

▷ rīdētur | exspectābiminī | dūcēbantur

▶ Setze die Formen ins Passiv und übersetze die Passivform.

mittunt | terrēbat | capiō | movēre

D Cäsars Erbe Passivformen übersetzen

Übersetze die lateinischen Ausdrücke.

Als Cäsar von den Senatoren **necābātur**, trauerten vor allem die einfachen Leute in Rom. Cäsar **amābātur** von diesen ganz besonders, denn er hatte sein Vermögen großzügig unter das Volk gebracht: Von ihm **dabantur** zahlreiche Gladiatorenspiele. Öl und Getreide aus den Feldzügen in Afrika **dōnābantur** den bedürftigen Leuten. Octavian wusste dies für sich zu nutzen. Er dachte: „In Cäsars Testament **vocor** sein Sohn. Cäsar **ā mē vindicābitur**[1]! Seine treuen Anhänger und ich **morte eius commovēbāmur**. Die verräterischen Senatoren **ā nōbīs interficientur**!"

[1] vindicāre jdn. rächen

E Bildprogramm Münzen beschreiben

Mithilfe von Münzen konnte man in der Antike politische Botschaften zehntausendfach in allen Bevölkerungsschichten verbreiten. Der abgebildete Denar, eine römische Silbermünze, ist um 47 v. Chr. entstanden. Erschließe, in wessen Auftrag die Münze wohl geprägt wurde und was der Auftraggeber der Öffentlichkeit mit den Münzbildern mitteilen wollte. Beziehe in deine Überlegungen auch den Stammbaum auf S. 105 ein. Tipp: Das Diadem (der Kranz, den die weibliche Figur auf der Stirn trägt) deutet auf eine Göttin hin.

F ⟲ Götterglaube Pronomina im AcI übersetzen

1. Octāviānus putābat sē ā deīs amārī.
2. Crēdidit Apollinem deum sibi in proeliīs adfuisse.
3. Populus Rōmānus Caesarem colēbat;
   post eius mortem Rōmānī eum deum esse dīcēbant.
4. Rōmānī eum cum deīs in caelō vīvere exīstimābant.

Auf Deutsch

Ein Opfer für die Götter

Im Jahr 340 v. Chr. kam es zu einem Krieg zwischen den Römern und den benachbarten Latinern (Latīnī). In der Nacht vor der entscheidenden Schlacht träumte der römische Befehlshaber Decius, dass am nächsten Tag das Volk siegen werde, dessen Befehlshaber sein Leben den Göttern opfern werde.

Prīmā lūce et Latīnī et Rōmānī proelium ineunt. Diū ācriter **pūgnātur**, diū Latīnī ā Rōmānīs **prohibentur**. Tum autem Decius Rōmānōs ā Latīnīs **vincī** intellegit. Nunc dē somniō[1] cōgitat – et subitō magna vōx Deciī **audītur**: „Dī[2] magnī, ā quibus urbs Rōma iterum atque iterum **servābātur**: Dāte populō Rōmānō victōriam et exstinguite[3] hostēs! Egō nunc prō patriā mē dēvoveō[4]!" Tum Decius in proelium it – et **necātur**. Latīnī autem ā legiōnibus Rōmānīs **vincuntur**.

[1] somnium der Traum

[2] dī ~ deī

[3] extinguere vernichten

[4] dēvovēre opfern, weihen

Vergleiche die unterschiedliche Wiedergabe des Satzes (rechts):
Untersuche die Passivformen des Textes und entscheide, welche Übersetzungsmöglichkeit jeweils am besten passt. Begründe deine Entscheidung aus dem Kontext.

Portae aperiuntur.
Die Tore werden geöffnet.
Man öffnet die Tore.
Die Tore öffnen sich.
Die Tore lassen sich öffnen.

18 Der Weg zur Macht

Die Ara Pacis Augustae in Rom. Eingeweiht 9 v. Chr. Der Ausschnitt zeigt den opfernden Äneas auf einem Relief der Westseite.

Entsetzen breitete sich unter den Bürgern Roms aus, als sie die unfassbare Nachricht hörten: Cäsar ist tot! Er wurde von einer Gruppe von Senatoren während einer Senatssitzung erstochen. Mit vierzig Messerstichen sollen sie ihn ermordet haben. Als Octavius diese Botschaft hörte, kehrte er sofort von Apollonia nach Rom zurück. Dort trat er unverzüglich Cäsars Erbe an; er erhielt dessen gesamtes Vermögen sowie die bewaffneten Legionen. Nun hatte der erst 19-jährige Octavius alles, was er brauchte, um seinen Plan durchzusetzen: Er will die Cäsarmörder töten. Aus Angst vor seiner Rache flohen die Verschwörer mit ihren Truppen aus Rom. Doch Octavius und Marcus Antonius, der General Cäsars, verfolgten die Cäsarmörder mit ihren Soldaten. Nach einem jahrelangen Bürgerkrieg (bellum cīvīle) mit zahlreichen Toten siegten schließlich Octavius und Marcus Antonius.
Die beiden Sieger teilten daraufhin das Römische Reich unter sich auf. Octavius blieb in Rom – Marcus Antonius regierte gemeinsam mit Kleopatra von Ägypten aus. Doch Octavius genügte das nicht; er wollte die Alleinherrschaft. So kam es zu einem weiteren Bürgerkrieg zwischen Octavius und Antonius: Octavius ging geschickt, aber auch sehr grausam gegen seine Feinde vor – in seinem Zorn ließ er einmal 300 Gegner zu Ehren Cäsars hinrichten! Nachdem er sein Ziel erreicht hatte und Alleinherrscher über das Römische Reich geworden war, endeten die blutigen Bürgerkriege endlich und es begann eine lange Zeit des Friedens und Wohlstandes in Rom.

1. **MK Erkläre, was ein Bürgerkrieg ist. Recherchiere dann im Internet, in welchen Ländern derzeit Bürgerkrieg herrscht.**
2. **MK Recherchiert arbeitsteilig im Internet über die wichtigsten geschichtlichen Ereignisse von der Ermordung Cäsars bis zu Augustus' Tod. Erstellt dann einen Zeitstrahl mit den wichtigsten Daten.**

Augustus – ein **Friedensherrscher?**

Im Jahr 17 v. Chr. wird der fünfzehnjährige Aulus Zeuge der prachtvollen Schauspiele, die Kaiser Augustus in Rom veranstalten lässt. Zufällig ist gerade sein Onkel Gaius zu Besuch. Aulus spricht gerne mit ihm über Politik und nutzt daher die Gelegenheit, ihn auf das Gesehene anzusprechen:

1. Erschließe, ausgehend von Sachfeldern und Schlüsselwörtern, den Inhalt der ersten drei Abschnitte (Z. 1–13).

AULUS: Complūra sacra vīdī et vehementer mōtus sum; tālia enim sacra neque ā māiōribus neque ā nōbīs vīsa esse putō. Templa Rōmae pulchrē ōrnāta erant. Iuppiter et Iūnō et aliī deī ab Augustō ipsō multīs cum precibus antīquō modō cultī sunt. Bēstiae dēlēctae ad ārās interfectae sunt.

Dē religiōne nostrā ā patre bene iam īnstrūctus sum. Causās autem eōrum sacrōrum nōn satis intellegō.

GĀIUS: Deīs grātiās agimus prō pāce tandem hominibus datā. Pācem plūrimum cupīvimus; nam post mortem Caesaris pāx diū āfuit: Rōmānī cum Rōmānīs pūgnābant, dōnec[1] Octāvius imperiō Rōmānō imperāvit. Quī mortālibus aetātem pācis dōnāvit. Itaque ante decem annōs senātōribus grātiā commōtīs placuit Octāviō nōmen Augustī dare cūramque imperiī eī in perpetuum[2] mandāre.

AULUS: Sed audīvī Octāvium īrā ācrī captum in bellō cīvīlī[3] saepe crūdēlem fuisse. Nōnne scelera eius cīvibus nūntiāta sunt?

GĀIUS: Negārī nōn potest quondam multōs hominēs omnis ōrdinis ab Augustō interfectōs esse. Eō tempore cīvēs factīs eius territī erant. Sed post bella Augustus omnem cūram in pāce tam diū āmissā posuit; ita salūs hominum aucta est. Multī etiam cēnsent Augustum ā deīs missum esse.

AULUS: Concēdō multōs grātōs esse in Augustum. Tamen Augustum ita laudātum nōn probō.

[1] dōnec *Subj.* bis
[2] in perpetuum dauerhaft, für immer
[3] bellum cīvīle der Bürgerkrieg

Tellus, die altitalische Göttin der Fruchtbarkeit und der nährenden Erde. Relief an der Ostseite der Ara Pacis.

2. Stelle die zwei Seiten, die Augustus im Verlauf seines politischen Lebens zeigte, anhand der von Gaius und Aulus genannten Gesichtspunkte gegenüber.
3. Nimm begründet Stellung zu den unterschiedlichen Meinungen, die Aulus und Gaius über Augustus vertreten. Welche hältst du für richtiger?
4. MK Erstellt mit einem geeigneten digitalen Hilfsmittel (z. B. App) ein Quiz über Augustus. Nutzt hierbei die Informationen, die auf den S. 100–111 über Augustus zu finden sind. Überlegt vorab, wie ihr das Quiz sinnvoll strukturieren könnt. Gestaltet die Einzelteile des Quiz in kleinen Teams.

18

Die Perser wüten in Kleinasien – bald auch in Athen?

Persae (die Perser) multās urbēs cēperant. Virōs necāverant. Multae urbēs ā Persīs captae erant. Virī necātī erant. Itaque Athēniēnsēs (die Athener) lēgātōs ad ōrāculum mīsērunt. Lēgātī ab Athēniēnsibus ad ōrāculum missī sunt. Lēgātī templum Apollinis intrāvērunt. Lēgātī ab Athēniēnsibus ad ōrāculum missī templum Apollinis intrāvērunt. Pȳthia lēgātīs ab Athēniēnsibus ad ōrāculum missīs fātum ostendit.

1. **Erschließe aus dem Kontext die Bedeutungen der in Z. 1–6 markierten neuen Verbformen. Beachte die unterschiedlichen Tempora.**
2. **captae, necātī und missī sind Formen des Partizip Perfekt Passiv. Analysiere, wie die Formen gebildet werden; nimm ggf. den Begleitband (S. 123) zuhilfe.**
3. **Vergleiche die Sätze in Z. 5–8: Erkläre anhand der Wendung ab Athēniēnsibus ad ōrāculum missī (Z. 7) den Begriff satzwertige Konstruktion. Erprobe für die Wendung verschiedene Übersetzungsmöglichkeiten.**

ÜBUNGEN

Du kannst die Übersetzung des Perfekt und Plusquamperfekt Passiv sowie des Pc selbstständig üben. Bearbeite zunächst die Übungen **A** und **C** sowie die ersten vier Sätze von **D**. Schnellere bereiten Übung **D** ganz vor; außerdem bereiten sie zwei Sätze so auf, dass sie daran ihren Mitschülern das „systematische Vorgehen" genau erklären können.

A **Zehn Jahre Krieg wegen der schönen Helena** Neues kompakt

Die schöne Griechin Helena war dem trojanischen Prinzen Paris nach Troja gefolgt. Doch Helena war verheiratet …

Mox Graecī multōs mīlitēs Trōiam[1] mīsērunt. Mīlitēs ā Graecīs Trōiam[1] missī sunt. Mīlitēs urbem capere diū nōn poterant. Mīlitēs ā Graecīs Trōiam[1] missī urbem capere diū nōn poterant. Nam Trōiānī mīlitēs ā Graecīs Trōiam[1] missōs diū ab urbe prohibēbant. Dēnique Trōiānī ā Graecīs superātī Helenam reddere[2] dēbēbant.

[1] Trōiam nach Troja

[2] reddere zurückgeben

B **Das Passiv im Griff** Formen des Plusquamperfekt Passiv bestimmen

Notiere aus dem Lektionstext die Verbformen, die im Plusquamperfekt Passiv stehen (mit Zeilenangabe). Übersetze sie und gib jeweils den Infinitiv Präsens Aktiv dazu an.

C **Gegenstück gesucht** Formen des Perfekt Passiv zuordnen

Arbeitet zu zweit. Partner A nennt eine Aktivform und Partner B das dazu gehörige Gegenstück. Übersetzt dann beide Formen. Nach einer Runde wird gewechselt.

cēpērunt | laudāvisse | mōvī | superāvit | perterruistis | vocāvistī | mōtus sum | perterritae estis | vocātus es | laudātum esse | capta sunt | superātus est

D MK **Systematisch vorgehen** Sätze mit Pc übersetzen

Übertrage die folgenden Sätze in dein Heft oder auf dein Tablet. Markiere in jedem Satz das Partizip und das Bezugswort (KNG-Regel), klammere das Pc und seine Ergänzungen ein. Übersetze den Satz ohne die eingeklammerten Wörter. Gib dann die eingeklammerten Wörter mit einem treffenden Adverbialsatz wieder.

Beispiel: Mīlitēs (timōre mōtī) fugiēbant.
Die Soldaten flohen, weil sie von Furcht bewegt waren.

Vincenzo Camuccini: Die Ermordung Cäsars. 1798.

1. Populus morte Caesaris commōtus trīstis erat.
2. Itaque Rōmānī corpus Caesaris ab amīcīs in forō positum flēbant.
3. At senātōrēs timōre captī in Capitōlium fugiēbant.
4. Tum Octāviānus pecūniam ā Caesare prōmissam[1] turbae dedit.
5. Populus magnō dōnō mōtus dīxit Octāviānum esse vērum fīlium Caesaris.

[1] prōmissum: *PPP zu* prōmittere

▶ Erkläre, warum das Vorgehen Octavians geschickt ist.

Auf Deutsch

Feuer für die Menschen?

Der Titan Prometheus galt im antiken Mythos als Freund der Menschen; er soll sie sogar erschaffen haben – gegen den Willen Jupiters. Jupiter will nun, dass sich die Menschen seiner Herrschaft unterordnen, und er verhindert, dass sie das Feuer (īgnis, is) bekommen.

Iuppiter: „Hominēs deīs sacra facere deōsque colere dēbent. Īgnem autem nōn habēbunt; ab īgne eōs prohibēbō. Hominēs ab īgne **prohibitī**[1] miserē vīvent."
Sed Promētheus hominibus aderat: Ā sōle īgnem cēpit et hominibus dedit. Tum hominēs īgne **dōnātī** bene vīvēbant.

So konnten die Menschen Speisen kochen, sich wärmen und wilde Tiere abwehren.

Sed pater deōrum īrā **commōtus** Promētheum in montem Caucasum[2] dūxit eumque ibi vinculīs gravibus fīxit[3].

[1] prohibitum: *PPP zu* prohibēre

[2] mōns Caucasus das Kaukasusgebirge

[3] fīxit er hat befestigt

Dorthin flog täglich ein Adler, um die Leber des Prometheus zu fressen, die dann über Nacht wieder nachwuchs. So ging das Tag und Nacht, bis schließlich Herkules Prometheus befreite.

Für den Satz Hominēs … vīvent (Z. 4 f.) lautet die wörtliche Übersetzung: „Die vom Feuer abgehaltenen Menschen werden erbärmlich leben." Eine freiere Übersetzung wäre: „Weil den Menschen das Feuer verwehrt ist, werden sie elend dahinvegetieren." Diskutiert Vor- und Nachteile dieser Übersetzungen. Versucht für die anderen Sätze mit einem Pc freiere Übersetzungen zu finden.

Aus den Provinzen

Das römische Theater von Hierapolis (Türkei).

Latein kann wehtun

40502-36

Im 2. Jahrhundert n. Chr. lebten im Römischen Reich fast 80 Millionen Menschen auf drei Kontinenten: Europa, Asien und Afrika.
Weil das Reich so groß war, dass man es von Rom aus nicht mehr regieren konnte, kam den über vierzig Verwaltungsbezirken, den **Provinzen**, große Bedeutung zu. So wollte man mit möglichst geringem Aufwand die Vorherrschaft in den unterworfenen Gebieten sichern. Ein **Statthalter** (ein Abgesandter Roms) befehligte die in einer Provinz stationierten Truppen, trieb die Steuern ein und kümmerte sich um die Rechtsprechung. Relativ wenige römische Beamte halfen ihm dabei. Darüber hinaus ließen die Römer den Menschen in den Provinzen ihre eigene Sprache, Religion und Bräuche – solange dies nicht Roms Interessen widersprach.

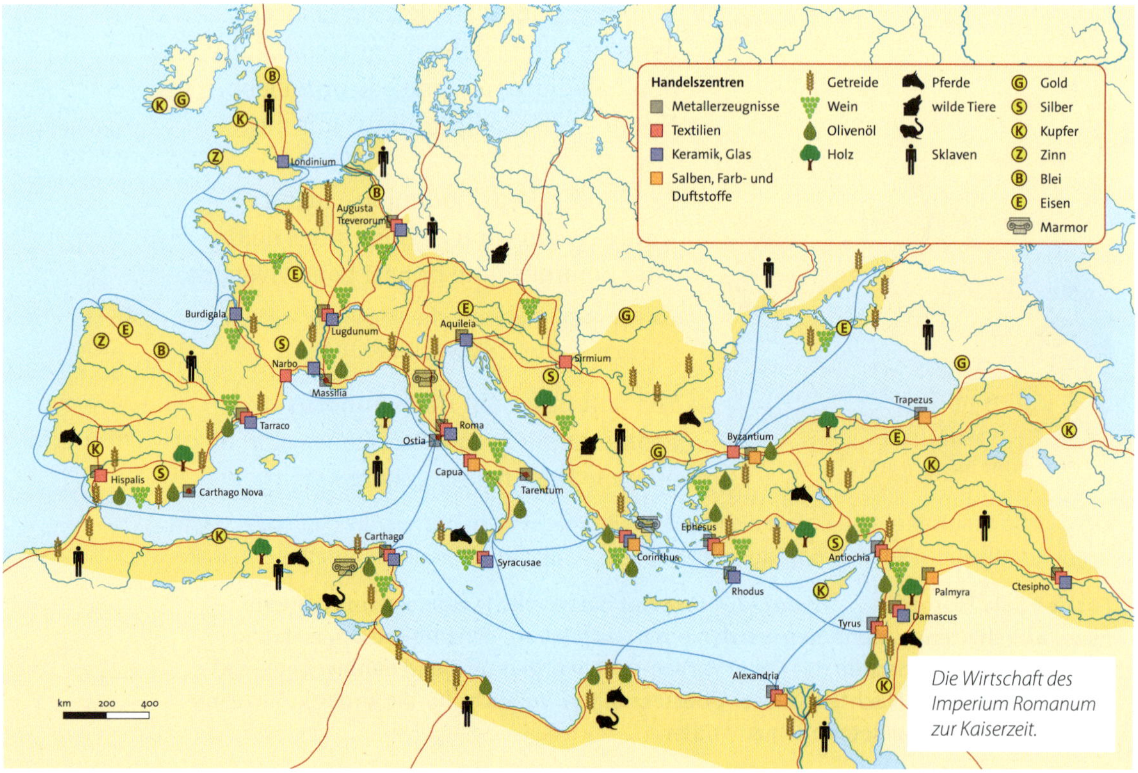

Die Wirtschaft des Imperium Romanum zur Kaiserzeit.

GUT ZU WISSEN

Jede Provinz war anders: Ägypten hatte eine uralte Hochkultur mit Pyramiden und Tempeln, die älter waren als alles, was man aus Italien kannte, Britannien war dagegen geprägt von rauen, nahezu menschenleeren Gegenden, in denen wilde Bergvölker lebten. Andere Provinzen besaßen riesige **Landgüter** (Sizilien, Nordafrika, Südfrankreich) oder waren geprägt von **Weltstädten** wie Alexandria, Karthago, Trier oder Ephesos. In den östlichen Provinzen sprach man Griechisch, im Westen Latein; darüber hinaus wurden überall lokale Dialekte gesprochen.

In allen Provinzen war eine zunehmende **Romanisierung** feststellbar. Durch die **Straßen**, die die Römer in allen Regionen ihres Reiches bauten, gelangten römische Produkte, römische Kultur und Lebensweise bis in die entferntesten Winkel des Reiches. In kalten Gegenden (Germanien, Britannien) waren z. B. die Thermen besonders beliebt. Je mehr sich lokale Würdenträger den römischen Sitten anpassten (ihre Kinder lernten z. B. Latein und gingen in römische Schulen), desto größer waren ihre Chancen, im römischen Reich **Karriere** zu machen; denn die meisten Ämter in der Provinzverwaltung wurden von „Einheimischen" besetzt. Und besonders Begabte konnten nach Rom gehen, dort Senatoren oder Generäle werden – später sogar Kaiser!

Wenn möglich, nutzten die Römer natürliche Grenzen als Provinzgrenzen: Meere, Gebirge und Flüsse. So bildeten die großen Flüsse Rhein, Donau und Euphrat über mehrere Jahrhunderte die Außengrenzen des Römischen Reiches. Wo die Gefahr von Barbareneinfällen

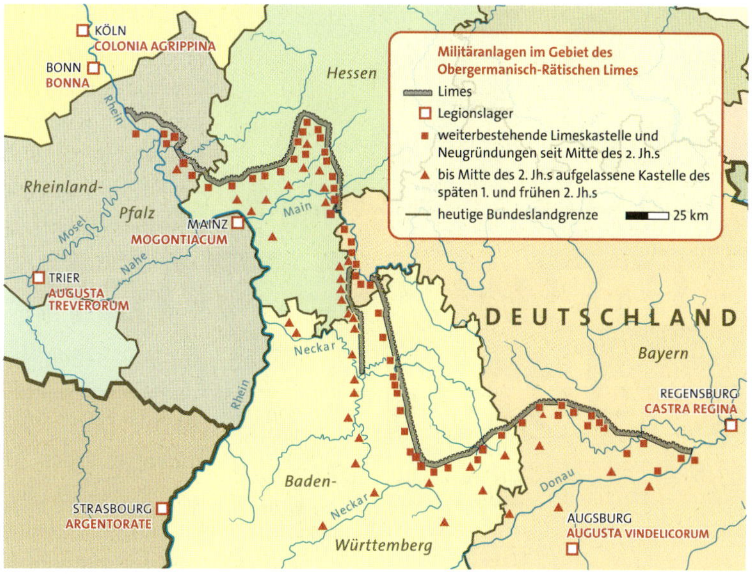

besonders groß war, schufen die Römer weithin sichtbare künstliche Grenzen, so z. B. den **Limes** in Deutschland oder den **Hadrianswall** in Britannien.

Römer und Germanen

In der Zeit von ca. 50 v. Chr. bis ca. 100 n. Chr. führten die Römer immer wieder Krieg gegen verschiedene Germanenstämme und unterwarfen das Gebiet westlich des Rheins und südlich der Donau. Vier Provinzen wurden in dem unterworfenen Gebiet eingerichtet: **Germānia īnferior** mit der Hauptstadt **Köln (Colōnia Claudia Āra Agrippīnēnsium)**, **Germānia superior** mit der Hauptstadt **Mainz (Mōgontiacum)**, die Provinz **Raetia** im heutigen Süddeutschland mit der Hauptstadt **Augsburg (Aelia Augusta)** und die Provinz **Gallia Belgica** (an der Grenze zwischen dem heutigen Nordfrankreich, Luxemburg, Belgien, Rheinland-Pfalz und dem Saarland) mit der Hauptstadt **Trier (Colōnia Augusta Trēverōrum)**, die gegen Ende des 3. Jh.s n. Chr. sogar zur Kaiserstadt und damit zeitweise zur Hauptstadt des Römischen Reiches wurde. Die Gebiete östlich des Rheins konnten aber nicht dauerhaft dem Römischen Reich eingegliedert werden; hier gab es auch empfindliche Niederlagen für die Römer – berühmt ist die Niederlage des Varus 9 n. Chr. in der Gegend von Osnabrück.

1. **MK Recherchiert über eine römische Provinz, die euch besonders interessiert, und stellt die Ergebnisse in einer digitalen Pinnwand zur Verfügung.**
2. **Diskutiert darüber, ob es für die Bewohner mehr Vorteile oder Nachteile hatte, in einer römischen Provinz zu leben.**
3. **MK Recherchiert, ob es in eurer Umgebung Spuren der römischen Herrschaft gibt. Sammelt Material dazu und stellt es in einer „Exkursionsmappe" zusammen.**

Der Hadrianswall in Nordengland. 2. Jh. n. Chr.

19 Was haben uns die RÖMER gebracht?

In einer Szene der britischen Filmkomödie „Das Leben des Brian" versucht Reg, der Anführer der „Volksfront von Judäa", seine Mitverschwörer zum Aufstand gegen die Römer anzustacheln.
Die Römer seien ungerecht zu denen, die sie unterworfen haben, behauptet er: „Sie haben uns ausbluten lassen, diese Schweine! Sie haben alles genommen, was wir hatten. Was haben sie dafür als Gegenleistung erbracht?" Offensichtlich erwartet er die Antwort: „Nichts!" Doch es kommt anders: „Den Aquädukt", antwortet einer. „Die sanitären Einrichtungen", ruft ein zweiter, „die schönen Straßen", ein dritter. Und so geht es weiter. Schließlich fasst Reg zusammen: „Also gut! Mal abgesehen von der Medizin, den sanitären Einrichtungen, dem Schulwesen, Wein, der öffentlichen Ordnung, der Bewässerung, Straßen, der Wasseraufbereitung und den allgemeinen Krankenkassen – was, frage ich euch, haben die Römer je für uns getan?" – „Den Frieden gebracht!" – „Ach, Frieden! Halt die Klappe!"
Diese Szene zeigt gut die zwei Seiten des römischen Weltreichs: Wer um 150 n. Chr. zu den 75–80 Millionen Bewohnern des Imperium Romanum gehörte, lebte in Frieden und in materiellem Wohlstand, wie er in Europa erst 1.500 Jahre später wieder erreicht wurde. Aber: Man unterwarf sich der römischen Herrschaft und gab seine Freiheit auf.
Calgacus, der Anführer der Kaledonier, die sich im 1. Jh. n. Chr. im heutigen Schottland den Römern erbittert widersetzten, charakterisiert die römische Herrschaft so: „Sie plündern, morden, rauben – und sie nennen es Herrschaft; sie schaffen öde, menschenleere Räume – und nennen es Frieden!"

Der Pont du Gard in Südfrankreich. Der im 1. Jh. n. Chr. erbaute Aquädukt war Teil einer 50 km langen Wasserleitung, die die Stadt Nîmes mit Trinkwasser versorgte.

1. **MK Recherchiert im Internet zu den zwei Seiten der römischen Weltherrschaft. Teilt euch die Arbeit auf, z. B. nach Stichworten: Zivilisation, Technik, Kultur, Recht … – Niederlagen, Steuern, Raub, Versklavung … Sammelt eure Ergebnisse zu diesen Stichworten in einzelnen Dateien. Erstellt dann daraus zwei digitale Präsentationen, eine mit dem Titel „Die Römer als Wegbereiter der Zivilisation", und eine mit dem Titel „Die Römer als gnadenlose Unterdrücker".**
2. **Nehmt persönlich Stellung zu der Frage: Was haben uns die Römer gebracht?**

19 Die Römer – eine Plage der Völker

Im 1. Jh. n. Chr. unterwarfen die Römer in jahrzehntelangen Kämpfen auch große Teile Britanniens. Schließlich stellten sich 83 n. Chr. in Kaledonien, dem heutigen Schottland, die dortigen Stämme dem römischen Feldherrn Gnaeus Iulius Agricola entgegen. Ihren Anführer Calgacus lässt der römische Historiker Tacitus vor der entscheidenden Schlacht mit heftigen Anklagen gegen die Römer zu Wort kommen:

1. Stelle aus der Rede des Calgacus Sachfelder und Schlüsselbegriffe zusammen, die der Motivation seiner Krieger dienen. Gliedere deine Beobachtungen: Welche charakterisieren den Gegner, welche verdeutlichen die eigenen Ziele?

Rōmānī prōvinciīs crūdēliter praesunt. Vīdistis, quot[1] obsidēs prīncipēs gentium Rōmānīs darent et quantā iniūriā ubīque[2] plēbs vexārētur[3]. Rōmānī ipsī magna verba dē auctōritāte suā faciēbant. Sē populīs pācem dare contendēbant.

Sī id vērum esset, Rōmānī tot populōs nōn perterruissent, tot īnsidiās nōn fēcissent. Eōrum enim imperium nihil est nisī pōscere, necāre, rapere: Ubīque[2] sōlitūdinem[4] fēcērunt. Cum in terrīs cūncta rapuissent, maria quoque adībant, ut opēs quaererent.

Cum ā Rōmānīs multa bella gesta essent, nōs quidem ab īnsidiīs eōrum tūtī erāmus; adhūc ultimī virī līberī sumus. Sed nunc Rōmānī sceleribus nōs quoque terrent. Tamen hodiē vincēmus. Rōmānī enim mīlitēs ē multīs regiōnibus cōnscrīptōs habent. Neque amor patriae neque amīcitia ea auxilia iungit. Etiam ducēs eōrum saepe timebant, nē in perīculō facile ā mīlitibus dēsererentur.

Nōs autem frequentēs convēnimus, nē Rōmānī uxōrēs līberōsque nostrōs raperent, nē opibus ē vīcīs nostrīs raptīs gaudērent. Nisī scīrem virtūtem vestram ēgregiam esse, dux vester nōn essem. Vōs semper tam fortēs fuistis, ut nūllum[5] hostem timērētis.

Nunc vōs rogō: Vultisne in servitūte vīvere an tōtam Britanniam in lībertātem vocāre? Nam victōriā nostrā lībertātem efficiēmus. Aliae quoque gentēs – cupiditāte lībertātis adductae – ā Rōmānīs dēficient et castra eōrum temptābunt.

[1] quot wie viel(e)

[2] ubīque überall

[3] vexāre quälen

[4] sōlitūdō, inis *f* die Wüste

[5] nūllus, a, um kein(er)

2. Erkläre die Aussage des Calgacus, dass die römischen Soldaten aus unterschiedlichen Ländern kommen und nicht durch die Liebe zu einer gemeinsamen Heimat verbunden sind (Z. 11–13).

3. Untersuche die Rede des Calgacus auf die sprachlichen Mittel, mit denen er seiner Rede größere Überzeugungskraft zu verleihen versucht; nutze dazu die Übersicht im Begleitband auf S. 187 f.

4. Verfasse eine Entgegnung auf die Vorwürfe des Calgacus aus römischer Sicht.

19

Zweimal Mythos

Dädalus sieht sorgenvoll, dass Ikarus seine Anweisungen nicht befolgt und sich der Sonne nähert …

„Sī Īcarus **pārēret**, egō neque cūrīs movērer neque trīstis **essem**."

Nachdem die Sonne die Flügel zerstört hat und Ikarus ins Meer gestürzt ist, denkt Dädalus verzweifelt:

„Sī Īcarus **pāruisset**, vītam nōn **āmīsisset**!"

Nachdem Orpheus Eurydike verloren hat, denkt er an seinen Besuch bei Pluto und Proserpina, den Herrschern der Unterwelt, zurück:

„Plūtōnem et Proserpinam ōrābam, ut uxōrem līberārent. Ōrābam, nē uxor in Tartarō tenērētur. Plūtō et Proserpina nōn tam crūdēlēs erant, ut Eurydicam continērent.
Sed egō oculōs vertēbam, ut uxōrem aspicerem.
Nēsciēbam enim, cūr Eurydica nōn respondisset."

1. Beschreibe, was die markierten Verbformen im ersten Abschnitt (Z. 1–2) jeweils ausdrücken. Unterscheide dabei Z. 1 und Z. 2.
2. Analysiere die Bildungsweise der neuen Formen in Z. 1 und 2.
3. Die farbig markierten Nebensätze im zweiten Abschnitt (Z. 3–8) beinhalten eine Aufforderung, eine Absicht, eine Folge und eine Frage. Weise diesen Möglichkeiten je ein Beispiel zu.

ÜBUNGEN

Du kannst den Konjunktiv Imperfekt und Plusquamperfekt selbstständig einüben: Wenn du nach der Erledigung der Übungen **A** und **B** noch unsicher mit den Endungen bist, löse **C**. Schnelle bearbeiten Übung **D**; die Ergebnisse stellen sie dann der Klasse vor.

A Happy End für Dido und Äneas? Neues kompakt

Wenn die Liebesgöttin ins Geschehen eingegriffen hätte, wäre die Geschichte von Dido und Äneas vielleicht anders ausgegangen. Zum Beispiel so:

Venus, dea amōris, Aenēam fīlium monuit, ut in Āfricā apud Dīdōnem manēret. Virum fortem rogābat, nē imperiō Iovis pārēret. Fīliō dīxit: „Iuppiter fātum et officium tantum respicit[1]. Is numquam sciēbat, quid tū vellēs. Itaque tam crūdēlis erat, ut tē iubēret Dīdōnem relinquere. Egō deum ōrābam, ut amōrem vestrum respiceret[1]." Profectō Aenēās in Āfricā manēbat, ut cum Dīdōne vīveret.

[1] respicere, respiciō *m. Akk.* denken an etw.

Gib an, was die Nebensätze jeweils ausdrücken (z. B. eine Aufforderung oder Frage).

B Wenn das Wörtchen „wenn" nicht wär … Irrealis erfassen

1. Zur Oberwelt zurückgekehrt, klagt Orpheus:
„Wenn ich meinen Blick nicht zu Eurydike gewendet hätte, uxōrem nōn āmīsissem et cum Eurydicā vīverem."

2. Nach der Flucht aus Troja klagt Äneas:
„Wenn ich auf Krëusa geachtet hätte, Iūlus sine mātre nōn esset."

3. Als Hannibal vor Rom steht, klagen die Römerinnen:
„Unsere Männer würden die Stadt verteidigen, nisī ā mīlitibus Hannibalis necātī essent."

Auguste Rodin: Orphée et Eurydice. 19. Jh.

C Wollen und Können Konjunktivformen unterscheiden

Weise den Indikativformen die entsprechenden Konjunktivformen zu.

volēbam | poterat | nōlēbātis | voluerās | voluerāmus | potuerant

voluissēs | potuissent | vellem | voluissēmus | posset | nōllētis

D Eine gesprächige Schlafmütze Verbformen richtig zuordnen

Der Sklave Seleucus döst im Schatten vor den Thermen und führt Selbstgespräche. Die Verbformen sind allerdings schwer verständlich. Vervollständige seine Sätze sinnvoll mit den Verbformen. Übersetze anschließend.

1. Sī māter mea dea ?, egō quoque deus ?.
2. Sī pater meus opēs ?, egō servus nōn ?.
3. Sī domina mihi salūtem ?, statim ?.
4. Sī bene ?, dominus mē ?.

essem | dīceret | esset | labōrāvissem | responderem | tenuisset | essem | laudāret

E Reden ist Silber, Schweigen ist Gold Bezüge zur eigenen Lebenswelt herstellen

Übersetze das bekannte lateinische Zitat und erkläre anhand eines Alltagsbeispiels, warum der Satz auch heute noch gilt.

SĪ TACUISSĒS, PHILOSOPHUS MĀNSISSĒS.

Auf Deutsch

Traumziel Ägypten

Ein beliebtes Reiseziel reicher Römer war Ägypten, wo man eine uralte Kultur kennenlernen und eine Kreuzfahrt auf dem Nil (Nīlus) unternehmen konnte. Exotische Tiere an den Flussufern gaben dem Ganzen den Hauch von Abenteuer. Eine Römerin schildert ihre Reiseträume: „Wenn ich **könnte**, **würde** ich nach Ägypten **reisen**. Ich **säße** nicht nur am Strand, sondern …

… per viās Alexandrīae[1] īrem, aedificia urbis vidēre vellem. Neque in tabernīs sedērem neque in lītore tantum essem. Immō quam celerrimē pȳramidas (!) adīrem et spectārem; certē ea aedificia ingentia multīs verbīs laudārem. Etiam Nīlus flūmen mihi placēret. Libenter[2] ibi nāve iter facerem. Sed sciō: Sī crocodīlōs (!) et hippopotamōs (!) vidērem, fugerem."

[1] Alexandrīa Alexandria (ägyptische Hafenstadt)

[2] libenter *Adv.* gerne

Beachte bei der Übersetzung: Die Formen für den Irrealis der Gegenwart werden im Deutschen zum Präteritum gebildet, allerdings oft mit Umlaut, z. B.: ich sah → ich sähe, wir waren → wir wären, du hattest → du hättest.
Wenn Verwechslungen mit dem Indikativ möglich sind (z. B. „er kaufte"), wird eine Ersatzform mit „würde" gebildet: er würde kaufen. Das ist auch möglich, wenn die deutsche Konjunktivform veraltet klingen würde.

Statuetten aus glasiertem Ton.
12. Dynastie (Ägypten 1900 – 1700 v. Chr.)

Die Propyläen – das monumentale Eingangstor zum heiligen Bezirk der Athener Akropolis. 437–432 v. Chr.

Großartige Griechen

DAS EROBERTE GRIECHENLAND EROBERTE DEN WILDEN SIEGER UND BRACHTE DIE KÜNSTE IN DAS BÄUERLICHE LATIUM.

Die Eroberer werden erobert

So hat der römische Dichter Horaz das Verhältnis zwischen Römern und Griechen beschrieben. Die Griechen waren eines der vielen Völker, die die Römer im Laufe ihrer Machtausweitung in ihr Imperium eingliederten. Doch wie konnten die eroberten Griechen die Eroberer, also die Römer, erobern?

„Ich hab's gefunden!"

40502-37

Kulturlose Krieger begeistern sich

Die Römer waren in den ersten Jahrhunderten ihrer Geschichte ein recht kulturloses Volk: Literatur und Philosophie, Bildhauerei und Mathematik, Theater und Malerei – von all dem hatten sie allenfalls gehört. Sie lebten in früher Zeit vor allem als Bauern, die immer wieder andere Völker angriffen und unterwarfen. Doch dann lernten sie die Griechen kennen – und staunten nicht schlecht darüber, was dieses großartige Volk schon alles wusste und konnte.

Doch zunächst wollten viele Römer mit all den Künsten, die aus Griechenland nach Italien kamen, nichts zu tun haben. Sie dachten, das würde die guten alten römischen Sitten verderben und die Jugend verweichlichen. Doch ab dem 2. Jh. v. Chr. gab man diesen Widerstand auf. Für gebildete Römer wurde es interessant, Griechisch zu lernen und die großen Werke der griechischen Literatur und Philosophie zu kennen. Sie schmückten ihre Villen mit Gemälden, Mosaiken und Statuen nach griechischer Art und schickten ihre Söhne zum Studium nach Griechenland. Römische Dichter wie Horaz versuchten dann sogar, ihre griechischen Vorbilder zu übertreffen.

Griechische Erfindungen

Was die alten Griechen auf den Gebieten der **Politik** und der **Kultur** geschaffen haben, war so großartig, dass es nicht nur die Römer begeisterte, sondern bis heute fortlebt. So haben die Griechen die **Demokratie** erfunden: Dass der einzelne Mensch frei ist, wählen darf und ganz aktiv die Geschicke seines Landes mitbestimmen kann, ist eine Idee der Griechen. Sie waren auch begeisterte Sportler und Sportfans: Ihnen haben wir die **Olympischen Spiele** und Sportarten wie Laufen, Springen, Boxen, Ringen, Speer- oder Diskuswurf zu verdanken.

Raffael: Die Schule von Athen. 1508–11.

Und schließlich haben die Griechen das **Theater** erfunden: die Komödie mit ihren heiteren Stücken und die Tragödie, die ernste Themen behandelt. Viele ihrer Stücke werden heute noch gespielt. Und unsere Filme sind nichts anderes als eine Weiterentwicklung des Theaters.

Vom Mythos zum Logos

Eine besondere Erfindung der Griechen sind ihre unzähligen **Mythen**. Du hast in Lektion 5 und 6 ja schon die Geschichten von Orpheus und Ikarus kennengelernt. In den folgenden Lektionen wirst du weiteren griechischen Mythen begegnen. Viele römische Dichter haben diese Mythen bearbeitet und in lateinischer Sprache wiedergegeben. Mit Hilfe der Mythen haben Griechen wie Römer versucht, Erscheinungen in der Natur oder typisch menschliche Eigenschaften zu erklären. Wohin führte z. B. die Selbstüberschätzung des Ikarus? Zum Absturz!

Doch die Griechen lösten sich von diesen mythischen Erklärungsversuchen und gingen dazu über, die Welt mithilfe des **Logos** (des Verstandes) zu erklären – wir würden sagen: wissenschaftlich zu erforschen. So haben sie in verschiedenen Bereichen Grundlagen gelegt, auf denen die Denker der folgenden Jahrtausende aufbauen konnten: Der berühmte Pythagoras soll gesagt haben: „Alles ist Zahl." Wollte er damit ausdrücken, dass sich die gesamte Natur durch Zahlen und Zahlenverhältnisse beschreiben lässt? In der **Philosophie** versuchten die Griechen die Grundfragen unseres Lebens zu beantworten: Was ist der Mensch? Was macht sein Leben sinnvoll und glücklich? Gibt es ein Leben nach dem Tod? Die Römer haben die Erkenntnisse und Erfindungen der Griechen weiterentwickelt, sodass sie bis in unsere Zeit fortwirken konnten.

1. **MK Informiere dich in einem mythologischen Lexikon oder im Internet über die „Odyssee" und stelle ihren Aufbau und ihre wichtigsten Personen in einem Referat der Klasse vor.**
2. **MK Erstelle eine kurze digitale Präsentation zum griechischen Gelehrten Archimedes. Nutze dazu die Audiogeschichte (→ S. 118).**
3. **MK Erstellt ein Wandplakat zum Thema „Großartige Griechen", auf dem ihr die hier geschilderten (und weitere) „Erfindungen" der Griechen anschaulich vorstellt.**

Differenziert üben

Du kannst mit den Geschichten zwei wichtige Grammatikkapitel üben:
Text 1 enthält viele Participia coniuncta (Pc).
Text 2 enthält viele konjunktivische Nebensätze.
Entscheide, welches Thema du intensiver trainieren willst, bevor du dich **Text 3** zuwendest, in dem beide Grammatikthemen vermischt erscheinen.

1 Ein Monster und eine schöne Göttin

Auf der Rückkehr aus dem Trojanischen Krieg irrte Odysseus (lat. Ulixēs, is) jahrelang über das Meer und musste viele Gefahren und Abenteuer bestehen. Unter anderem blendete und besiegte er den Zyklopen Polyphem, ein einäugiges Monster, Sohn des Meeresgottes Neptun. Odysseus hatte – listig, wie er war – dem riesigen, aber ziemlich einfältigen Ungeheuer vorher mitgeteilt, er heiße „Nemo“, also „Niemand“.

Polyphemus ab Ulixe superatus est. Polyphemus superatus Neptunum patrem vocavit: „Nonne mihi adesse vis, pater? Nemo me vicit.“ Sed Neptunus a Polyphemo vocatus tamen filio non aderat. Nam verba eius intellegere non potuit.

Odysseus war an der entlegenen Insel der schönen, aber einsamen Göttin Calypso gestrandet.

Primo Calypso Ulixi adesse voluit; sed tum amore capta est. Ulixes autem amorem Penelopae uxoris servabat. Deam amore captam relinquere cupiebat. Sed dea virum in insula captum ad uxorem redire noluit. Itaque Ulixes a dea coactus[1] diu in insula manebat. Tandem a dea liberatus ad uxorem redire potuit.

[1] cōgere (PPP coāctus) zwingen

Markiere die Pc und klammere jeweils das Pc und die davon abhängigen Ergänzungen ein (→ Begleitband, S. 126).

Diese Doppelseite handelt vom großen Helden und Seefahrer Odysseus, dessen Abenteuer und Irrfahrten Thema des homerischen Epos „Odyssee“ sind (→ S. 91). Einige Erlebnisse des Odysseus findest du hier in den Bildern und Texten.

Recherchiere nach den wichtigsten Abenteuern (→ S. 119, Aufg. 1) und ordne diesen die Texte und Bilder der Doppelseite zu.

2 Calypso wirbt um Odysseus

Auf seinen Irrfahrten war Odysseus an der entlegenen Insel der schönen, aber einsamen Göttin Calypso gestrandet. Sie half ihm – und verliebte sich in ihn.

Calypso timuit, ne Ulixes insulam relinqueret. Itaque dea virum orabat, ut apud se maneret. Vitam mollem[1] viro forti promisit, ne in patriam ad uxorem rediret. Eum rogavit, utrum[2] cum uxore mortali an[2] cum dea pulchra vivere vellet. Neque vero effecit, ut vir pius uxorem desereret. Denique Ulixi navem dedit, ut tutus in patriam rediret. Ipsa tristis in insula remanebat.

[1] mollis, e angenehm

[2] utrum ... an ob ... oder

Finde unter den konjunktivischen Nebensätzen je ein Beispiel für einen Begehrsatz, einen Finalsatz und einen indirekten Fragesatz (→ Begleitband, S. 132 f.).

3 Die Ehefrau des Odysseus

Während Odysseus vor Troja kämpfte und nach dem Krieg über das Meer irrte, war seine Ehefrau Penelope jahrelang allein.

Cum omnes putarent Ulixem in bello Troiano interfectum esse, multi viri nobiles Penelopam in matrimonium ducere[3] cupiebant. Cupiditate pecuniae adducti opes et agros Ulixis rapere volebant. Frequentes in villam Ulixis conveniebant, ut opibus eius bene viverent. Saepe Penelopam rogabant, cur a viro deserta amorem eius servaret. Saepe eam orabant, ut alio viro nuberet[4].

Penelopa quidem timebat, ne dei ipsi Ulixem diu a patria prohiberent. Sola in patria relicta[5] tamen amorem Ulixis semper servabat.

[3] in mātrimōnium dūcere (eine Frau) heiraten

[4] nūbere *m. Dat.* (einen Mann) heiraten

[5] relictus: PPP zu relinquere

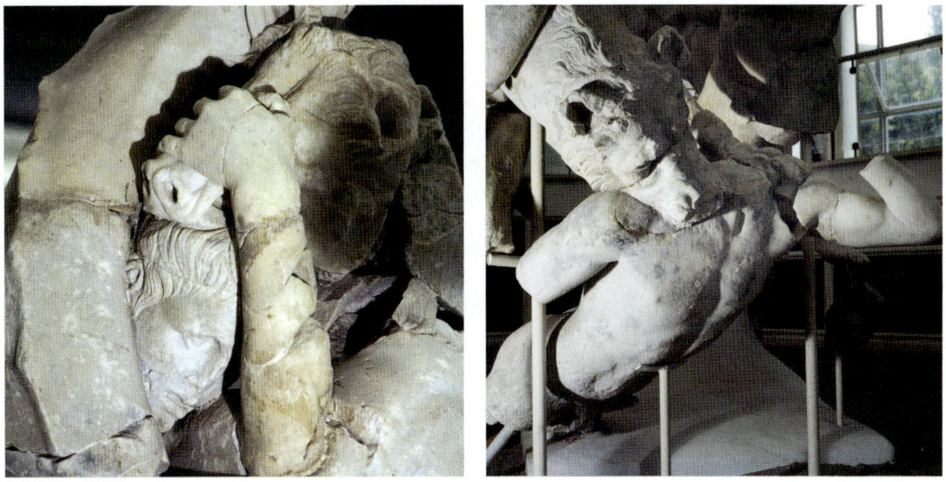

Das Meeresungeheuer Scylla attackiert die Gefährten des Odysseus.

20 Mythen erklären

Wohl kaum ein Volk in der Geschichte der Menschheit hat so viele Mythen erdacht wie die alten Griechen. All diese wunderbaren Geschichten von mächtigen Göttern und mutigen Helden, von starken Frauen, gruseligen Monstern und verschlagenen Schurken faszinieren uns bis heute. Spätestens als die Römer Griechenland mit ihren Legionen eroberten, lernten auch sie die Mythen der Griechen kennen – und lieben.

Mit vielen Geschichten aus dem Mythos versuchten die Griechen, Erscheinungen in der Welt zu erklären: Wie kommt es zu einem Erdbeben? Ganz einfach, der Gott Poseidon rammt seinen Dreizack in die Erde und lässt sie damit erzittern. Warum erblüht im Frühjahr die Natur? Die Göttin der Fruchtbarkeit, Demeter, geht gut gelaunt wieder an ihre Arbeit. Und woher kommen die Blitze? Wenn Zeus wütend ist, wirft er damit um sich. Und woher hat er diese Blitze? Die haben die Kyklopen angefertigt, die unter dem Vulkan Ätna ihre Werkstatt haben. Darum speit dieser auch Feuer. Wir wissen heute, dass hinter all diesen Phänomenen keine Götter stecken, sondern physikalische oder biologische Vorgänge. Doch Naturwissenschaften in unserem Sinne kannten weder die Römer noch die Griechen. Darum griffen sie immer wieder zum Mythos, um sich die Welt zu erklären. Der römische Dichter **Ovid** (43 v. Chr. – 17 n. Chr.) hat in seinem größten Werk, den „Metamorphosen" (Verwandlungssagen), über zweihundert griechische Mythen ausgestaltet. Eine dieser Geschichten lernst du auf der folgenden Seite kennen: Sie handelt von dem jungen Mann Narcissus und der Nymphe Echo …

1. **MK Informiere dich über den Mythos von Ceres und Proserpina (griech. Demeter und Persephone) und trage ihn deiner Klasse vor. Nutze dafür auch die Audiogeschichte „Am Tisch der Götter" (→ S. 49).**
2. **MK Erstellt in Kleinteams ein digitales Plakat über den römischen Dichter Ovid, auf dem ihr sein Leben und seine Werke vorstellt; sammelt dazu Informationen aus einer lateinischen Literaturgeschichte und bringt diese dann in eine übersichtliche Gliederung.**

20 Narziss & **Echo**

Eine andere berühmte Nymphe, von der Ovid erzählt, ist Daphne. Sie verwandelte sich von einer Flussnymphe in eine Baumnymphe.

Die Nymphe Echo durfte immer nur die letzten Worte von dem wiederholen, was vorher jemand gesagt hatte. Das war die Strafe der Göttin Juno für Echos Geschwätzigkeit. In Echos Umgebung lebte Narziss, ein junger Mann, der so stolz und unnahbar war, dass er sich keinem anderen Menschen zuwenden wollte.

1. Finde im ersten Absatz des lateinischen Textes Schlüsselwörter, die erkennen lassen, was mit Echo passiert. Stelle aufgrund dieser Informationen Vermutungen über den Fortgang der Geschichte an.

Quondam Echo, quae in silva vivebat, forte aspexit Narcissum bestias feras capientem. Ubi inter arbores vidit illum iuvenem pulchrum, nympha[1] amore accensa illi occurrere voluit. Dum per silvam et agros iuveni instat[2], magis magisque ab illo amari cupiebat. Sed cum haec illum appellare volebat, natura hoc non sinebat.

Tum Narcissus nympham[1] audit adeuntem, neque vero eam videt. Nescit, utrum adsit bestia an homo. Vehementer commotus rogat: „Quis adest?“ – „Adest“, respondet Echo.

Narcissus autem, cum verbum auribus acceperit, puellam verbum repetentem quaerit. Sed nihil videns ille: „Cur“, inquit, „me fugis?“ – „Me fugis“, nympha[1] verba illius repetens respondet.

Sed iuvenis nescit, quis responderit. Verbis autem ita motus est, ut puellam vocet: „Huc veni!“ – Et haec, cum amore ardeat, rursus vocat vocantem. Ita Echo iuveni semper respondens tamen ab illo videri non potest.

Narcissus autem auribus non iam confidit; non iam scit, rectene audiverit haec omnia. Tum demum postulat: „Te videre volo!“ – Et Echo: „Volo!“ Hinc nympha[1] e silva exit, ut iuvenem tangat atque teneat. At ille puellam prope accedentem territus fugit – fugiensque clamat: „Tangi nolo!“

Echo autem magno dolore capta in silvam se recepit, ut sola ibi viveret in antro[3]. Amor manebat – crescebat dolor. Membra amantis solvebantur; tandem corpus puellae abest.

Cum nihil corporis reliquum sit, manet vox.

[1] nympha die Nymphe

[2] īnstāre *m. Dat.* jdn. verfolgen

[3] antrum die Höhle

nympha, ae *f* Eine Nymphe ist in der antiken Mythologie ein weiblicher Naturgeist. Nymphen sind Gottheiten niederen Ranges, die bestimmte Orte mit ihrer Naturkraft beleben: Sie wirken im Meer, in Quellen und Flüssen, in Bäumen, Bergen, Höhlen und Tälern. An diesen Orten sind sie als hilfreiche Geister tätig. Oft sind sie auch die Begleiterinnen höherer Gottheiten wie z. B. Bacchus, Venus oder Diana.

2. Verteilt nach der Übersetzung die Rollen des Erzählers, des Narziss und der Echo. Lest dann den Lektionstext abschnittsweise vor. Die anderen fassen in drei Sätzen zusammen, wie die Begegnung von Echo und Narziss verlaufen ist.

3. MK Bildet Gruppen und erstellt eine digitale Fotostrecke zu der Geschichte. Legt eure Fotos zunächst in einem digitalen Dokument ab und bringt dann die besten in die richtige Reihenfolge. Vergleicht, bei welcher Gruppe die charakteristische Bewegung der beiden Hauptfiguren (Flucht – Verfolgung) am besten umgesetzt ist.

20

Narziss – schön und selbstverliebt

Narcissus puer omnes puellas fugiebat.
Hae illum amabant. **Ille** autem **harum** amorem timebat.
Narcissus cum amicis semper bestias capiebat.
Narcissus cum amicis bestias capiens per campos properabat.
Narcissus et amici per campos properantes gaudebant.

Narcissus et amici per campos properant, ut bestias capiant.
Cum bestias non videant, amici domum redeunt; Narcissus autem ad stagnum (Teich) venit.
In aqua videt puerum tam pulchrum, ut statim amore moveatur.
Nunc se ipsum tantum amat, cum se ipsum in aqua viderit.

1. Kläre, worauf sich die markierten Formen der neuen Pronomina **hic** (dieser) und **ille** (jener) in Z. 2 jeweils beziehen.
2. Erschließe durch den Vergleich mit is, ea, id die fehlenden Formen der neuen Pronomina (→ Begleitband, S. 194 f.).
3. Die farbig gedruckten Formen in Z. 4 f. sind Formen des Partizip Präsens Aktiv. Erschließe aus dem Kontext Wiedergabemöglichkeiten.
4. Erschließe treffende Übersetzungen für die Formen des Konjunktiv Präsens (Z. 6 – 9) und des Konjunktiv Perfekt (Z. 12).

ÜBUNGEN

A Echo rettet Jupiter Neues kompakt

Jupiter sucht ein Liebesabenteuer mit hübschen Nymphen. Deshalb erzählt er seiner Frau Juno, dass er auf die Jagd gehen will. Sie glaubt ihm nicht.

Iuppiter ridet. Iuppiter ridens iterum dicit se bestias capere velle. Sed Iuno Iovi non credit. Iuno Iovi non credens eum quaerere vult. Mox Iuno virum aspicit cum nymphis[1] pulchris se delectantem. Statim Echo, una e nymphis, ad Iunonem currit. Nympha multa verba faciens Iunonem diu tenet. Statim aliae nymphae et Iuppiter iram Iunonis timentes fugiunt. Itaque Iuno nympham garrulam[2] punit[3].

[1] nympha die Nymphe
[2] garrulus geschwätzig
[3] pūnīre bestrafen

B Welche Zeit? Konjunktivformen bestimmen

Bestimme das Tempus der Konjunktivformen im Lektionstext, Z. 12 – 18, und gib jeweils den Infinitiv Präsens Aktiv dazu an.

C Wer ist es? hic und ille unterscheiden

Übersetze und gib an, wer hier gesucht wird.

Dei, quos quaerimus, fratres sunt.
1. Huic deo omnes dei et homines parent, illum multi timent.
2. Illius regnum sub[1] terra est, hunc in caelo invenis.
3. Multas fabulas[2] et de hoc et de illo scimus.
4. Huic Iuno uxor est, illi Proserpina.

▶ Setze die Formen von hic und ille in den Plural.

[1] sub *m. Abl.* unter
[2] fabula die Geschichte

D Pluto und Proserpina PPP und PPA unterscheiden

Vergleiche die beiden lateinischen Sätze mit ihrer Übersetzung und beschreibe die Unterschiede.

▶ Gestalte ein Lernplakat zu deinen Ergebnissen und präsentiere es.

Deus Proserpinam **amans** puellam rapuit.
Weil der Gott Proserpina **liebte**, raubte er das Mädchen.

Deus amore **motus** Proserpinam rapuit.
Weil der Gott von Liebe **bewegt (worden) war**, raubte er Proserpina.

E Bitten, Mahnen, Fordern Nebensätze übersetzen

Ergänze sinnvoll eine Verbform und übersetze.

1. Pater filium monet, ut tandem ?.
2. Mercator a domino poscit, ut pecuniam ?.
3. Senator servis imperat, ut frumentum ?.
4. Dux a piratis petit, ut praedam ?.

▷ 5. Creusa Aeneam orat, ut patriam ?.

parent | accedat | relinquat | rapiant | det

F Teamarbeit Arbeitsteilig recherchieren

Jupiter hat Europa entführt und Pluto Proserpina. Recherchiert im Team die Geschichten, die sich dahinter verbergen. Überlegt selbst, wie die Zusammenarbeit am besten gelingen kann. Präsentiert eure Ergebnisse in der Klasse.

Auf Deutsch

Phaethons großer Wunsch

Phaethon war sehr stolz auf seinen berühmten Vater, den Sonnengott Sol. Daher ärgerte er sich sehr, als seine Freunde ihn auslachten, weil sie nicht glauben wollten, dass sein Vater ein Gott sei. Da fasste Phaethon einen verhängnisvollen Entschluss:

Phaethon ad aedes Solis contendit. Patri veste aurea[1] **ornato** dixit: „Amici verba turpissima faciunt **dicentes** te patrem meum non esse. Ostende et mihi et amicis te patrem meum esse!“ Sol respondit: „Dabo tibi omnia, quae petis.“ Phaethon **non dubitans** currum[2] patris cupivit. Currum[2] **regens** per caelum volare[3] voluit. Sol autem consilio filii **territus** clamavit: „Ille currus[2] ingens a me tantum regi potest. Desine id petere!“ Denique Sol puero vehementer **roganti** currum[2] dedit. Tum Phaethon currum[2] patris **regens** per caelum volavit[3] – et nimis **gaudens** misere periit.

[1] aureus: Adj. zu aurum

[2] currus der Wagen

[3] voláre fliegen

Erkläre, wodurch die Übersetzung des folgenden Satzes umständlich klingt:
Phaethon verbis turpibus amicorum motus ad patrem contendit.
„Der durch die schändlichen Worte seiner Freunde bewegte Phaethon eilte zu seinem Vater.“
Besser ist beispielsweise: „Weil Phaethon durch die üblen Worte seiner Freunde bewegt war, eilte er zu seinem Vater.“ Oder ganz frei: „Wegen der beleidigenden Aussagen seiner Freunde eilte Phaethon zu seinem Vater.“

Übersetze die Pc des Textes mit passenden Nebensätzen. Wo ist die Wiedergabe mit einem Präpositionalausdruck eleganter?

Latein original

I

Jetzt hast du 20 Lektionen geschafft, 20 Lektionen mit neuen Vokabeln und neuen Grammatikstoffen! Auf dieser Doppelseite begegnet dir nun erstmals originales Latein – Latein, wie es die Autoren der Antike geschrieben haben: Mit der bisher gelernten Grammatik kannst du die originalen Texte erschließen und übersetzen; einige neue Vokabeln brauchst du dazu allerdings noch. Ab hier findest du in deinem Lateinbuch immer wieder solche Textproben aus der lateinischen Literatur …

Was liegt näher, als mit kurzen Texten in originalem Latein zu beginnen – und es gibt tatsächlich interessante Gedichte, die aus nur zwei Zeilen bestehen:

Die Epigramme

Bei den Griechen war ein Epigramm ursprünglich nichts anderes als eine kurze „Aufschrift" (griech. **epígramma**) auf Bauwerken, Statuen oder Grabmälern. Bald wurde der Begriff aber auch für andere Themen benutzt, und das Distichon (griech. der Zweizeiler) wurde zur beliebten Ausdrucksform dieser kleinen Literaturgattung.

Martial (40 – 104 n. Chr.)
ist der bekannteste antike Dichter, der lateinische Epigramme verfasste. Für seine Epigramme ist der folgende Aufbau typisch: Im ersten Teil wird ein Sachverhalt neutral beschrieben oder ein Ereignis berichtet, im zweiten Teil bezieht dann der Dichter Stellung dazu: durchaus witzig und spöttisch, aber auch lästernd und aggressiv. Das gelingt ihm mithilfe der Pointen und Wortspiele, die am Ende der Epigramme den Leser überraschen. Martial lebte in der Kaiserzeit, im 1. Jahrhundert n. Chr. Bekannt wurde er durch den **Liber spectāculōrum**, eine Gedichtsammlung zur Einweihung des Kolosseums (80 n. Chr.). Seine Epigramme

Spotten und Lästern – Epigramme von Martial

Berufswechsel? (Mart. 1, 47)

1. **Subjekt des Gedichts ist Diaulus. Finde in Z. 2 eine treffende Übersetzung für die Prädikativa vispillo und medicus.**

Nuper erat medicus, nunc est vispillo[1] Diaulus[2].
Quod vispillo facit, fecerat et[3] medicus.

2. **Beschreibe, was Diaulus vorgeworfen wird.**
3. **Erkläre, wie die zentrale Aussage des Gedichts durch die Wortstellung „zugespitzt" wird.**

[1] vispillō der Leichenbestatter
[2] Diaulus: männl. Eigenname
[3] et ~ etiam

Kollegialität? (Mart. 7, 3)

Cur non mitto meos tibi, Pontiliane[1], libellos?
Ne mihi tu mittas, Pontiliane, tuos.

[1] Pontiliānus: männl. Eigenname

1. **Der Nebensatz Ne … mittas (Z. 2) hat keinen Hauptsatz: Ergänze im Deutschen einen passenden Hauptsatz.**
2. **Erkläre an dem Gedicht die Stilmittel Alliteration und Chiasmus. Nutze dazu S. 187 f. im Begleitband.**

Max Beckmann: Pariser Gesellschaft. 1931.

haben ganz unterschiedliche Themen: Er kritisierte Dichterkollegen, gerne knöpfte er sich bestimmte Typen (z. B. unfähige Ärzte) vor, er lästerte über die sozialen Verhältnisse oder moralischen Auswüchse seiner Zeit. Manche Gedichte hat er auch im Auftrag anderer verfasst.

Wenn er mit seinem Spott Zeitgenossen meinte, schützte er sie durch Pseudonyme: Er gab ihnen Decknamen, die vermutlich gleich viele Silben hatten oder ähnlich klangen. So war auch sein Motto: **parcere persōnīs, dīcere dē vitiīs** (die Personen schonen, über Fehler reden).

I. Weise den beschriebenen Aufbau der Epigramme an den Beispielen nach. Erkläre jeweils, wie die Pointe gestaltet ist.

II. Diskutiert darüber, weshalb es sinnvoll sein konnte, Pseudonyme zu verwenden. Bezieht auch die Lebenszeit Martials in eure Überlegungen ein.

Immer so? (Mart. 5, 81)

Semper pauper eris, si pauper es, Aemiliane[1].
Dantur opes nullis nunc nisi[2] divitibus.

[1] Aemiliānus: männl. Eigenname
[2] nisī *hier:* außer

1. **Martial selbst war nicht immer so erfolgreich, dass er zu den Reichen zählte. Deute das Epigramm vor diesem Hintergrund.**
2. **Vergleiche das Epigramm mit der biblischen Aussage: „Wer hat, dem wird gegeben, wer aber nicht hat, dem wird noch genommen." (Mt. 25, 29)**

Küssen? (Mart. 2, 21)

Basia das aliis, aliis das, Postume[1], dextram[2].
Dicis: „Utrum[3] mavis? Elige!" Malo manum[4].

[1] Postumus: männl. Eigenname
[2] dextra ~ dextera
[3] utrum was von beiden?
[4] manum *Akk.* die Hand

1. **Erkläre die sprachlich-stilistische Gestaltung von Z. 1; benenne das zentrale Stilmittel (→ Begleitband, S. 187 f.).**
2. **Sucht gemeinsam nach möglichen Erklärungen für die Antwort: Malo manum.**

Auxilia
40502-41

Heiraten? (Mart. 10, 8)

Nubere Paula cupit nobis[1]. Ego ducere[2] Paulam
Nolo: Anus[3] est. Vellem, si magis esset anus.

[1] nōbīs ~ mihi
[2] dūcere *hier:* heiraten
[3] anus *f* die alte Frau

In dem Gedicht wird mehrfach Neugierde geweckt; suche solche Stellen heraus. Welche Antworten wären nach Vellem, si ... vielleicht eher zu erwarten als magis ... anus?

21 Fragen der Vernunft

Nachdem die Römer im 2. Jh. v. Chr. Griechenland erobert hatten, lernten sie die griechische Literatur, Kunst und Philosophie kennen – diese Kulturleistungen faszinierten bald auch die Römer.
Schon im 6. Jh. v. Chr. hatten griechische Naturforscher – die sog. Vorsokratiker – begonnen, rationale Antworten zu suchen auf Fragen, die die Menschen bewegen: Was ist der Ursprung der Welt? Bestimmen die Götter mein Leben oder bin ich frei in meinen Entscheidungen? Was ist das Grundprinzip, die Ursache von allem, was wir sehen?
Die Römer interessierten sich vor allem für die Fragen der praktischen Philosophie (Ethik): Wie soll der einzelne Mensch sein Leben gestalten, um gut und glücklich zu leben? Und nach welchen Regeln funktioniert das Zusammenleben der Menschen im Staat am besten?
Zwei Philosophenschulen des 3. Jh.s v. Chr. beeinflussten die Römer bei diesen Fragestellungen ganz besonders:

Die **Stoiker** lehrten, dass das Universum von einer höheren Vernunft geleitet ist und dass der Mensch durch seinen Verstand an dieser göttlichen Ordnung teil hat. Die Stoiker strebten nach einem Leben, das auf Vernunft und Tugend gegründet ist, frei von Begierden und Affekten. Schicksalsschlägen wie Krankheit und Tod solle man mit „stoischer Ruhe" begegnen.
Die **Epikureer** hingegen, die Anhänger des Philosophen Epikur (341–270 v. Chr.), waren davon überzeugt, dass unsere Welt von keinem göttlichen Willen regiert wird. Sie lehrten, dass die ganze Welt durch das zufällige Zusammentreffen von kleinsten Teilchen (Atomen) entstehe, auch der Mensch und seine Seele. Nach dem Tod würden diese Teilchen wieder zerfallen. Das Glück könne man durch ein zurückgezogenes Leben erreichen, das frei ist von Ängsten, Leiden und Pflichten. In Rom galt im 1. Jh. v. Chr. der Dichter **Lukrez** als Vertreter der Epikureer. Sein Werk „Vom Wesen der Dinge" (**Dē rērum nātūrā**) hat die epikureische Lehre zum Thema.

1. **MK Informiert euch arbeitsteilig über die drei Vorsokratiker Thales, Pythagoras und Demokrit und vermittelt euren Mitschülern ihre wichtigsten Thesen in je einer kurzen digitalen Präsentation.**
2. **Die Stadt Athen schickte 155 v. Chr. eine „Philosophengesandtschaft" nach Rom. Informiere dich über diese Gesandtschaft, ihre Ziele und ihr Schicksal in Rom. Ziehe daraus Rückschlüsse, wie die Haltung der Römer dieser Zeit zur Philosophie war.**

21 Machen Götter **Angst?**

Der angesehene Senator Cornelius hat nicht an der Senatssitzung teilgenommen – unentschuldigt! Das ist absolut neu. Daher sucht ihn Lukrez, ein guter Freund, in seinem Landhaus auf. Cornelius erzählt, was geschehen ist: „Vor ein paar Tagen ist ein gewaltiger Blitz in eine uralte Eiche direkt vor meinem Haus eingeschlagen. War das eine Warnung Jupiters, gar eine Drohung? Ich habe große Angst, traue mich nicht mehr aus dem Haus und überlege ständig, was ich den Göttern getan habe." Dann fährt der Senator fort:

Der Göttervater Zeus. Griechische Bronzeplastik. Um 460 v. Chr.

1. Erläutere den inneren Konflikt, der Senator Cornelius quält. Belege deinen Befund mit lateinischen Stichwörtern aus dem ersten Absatz (Z. 1–5).

„Bene cognovi, amice, patres conscriptos me exspectare; eos consilia mea magni aestimare scio. Crede mihi: Rei publicae consulere volo; neque enim officia senatoris neglegere oportet. At nunc diebus ac noctibus magna cura me premit: timor deorum. Timore me premente officia aequo animo praestare non possum; nullam spem habeo."

Lucretius: „Timore te premente tamen necessarium est te civitati consulere. Quare timori deorum resiste! Hoc timore exstincto etiam vires redibunt."

His verbis dictis Cornelius tacuit; tum respondere coepit: „Tu adulescens es, timorem nescis. Ego autem senex sum. Quemadmodum ...?"

Statim Lucretius haec ostendit: „Ut scis, meus est mos litteris philosophorum[1] Graecorum studere. Philosophi[1] multas res me docuerunt. Libris eorum cognitis tu quoque animum mutare poteris. Nam philosophia[2] animos exercet, vis philosophiae[2] etiam timorem deorum tollere potest. Timore sublato spem novam habebis. At vi philosophiae[2] neglecta timorem, in quem cecidisti, male sustinebis." Hac oratione habita Lucretius has sententias Epicuri rettulit[3]: „Dei immortales homines non curant: In regionibus longinquis[4] vitam et aeternam et beatam agunt, quae ad duram vitam hominum non pertinet. Iuppiter igitur fulgura[5] non iactat."

Verbis philosophi[1] auditis Cornelius comprehendit: Immortales vitae hominum non intersunt. – Et mox nova spe motus est.

[1] philosophus der Philosoph

[2] philosophia die Philosophie

[3] rettulit er zitierte

[4] longinquus weit entfernt

[5] fulgur, uris *n* der Blitz

2. Stelle aus Z. 10–18 die Argumente zusammen, mit denen es Lukrez gelingt, dem Senator seine Ängste zu nehmen. Fasse die einzelnen Gesichtspunkte zu zwei Thesen zusammen.

3. Immortales vitae hominum non intersunt. (Z. 20 f.) Davon waren die Epikureer fest überzeugt. Wenn das so wäre – welche Vor- und Nachteile hätte dies für das Denken und Handeln der Menschen? Führt dazu eine Diskussion in Gruppen durch.

4. MK Zu den Göttern und deren Einfluss auf die Menschen haben die Stoiker eine andere Position als die Epikureer. Recherchiert dazu in kleinen Teams auf verschiedenen Internetseiten. Tragt die Ergebnisse in ein gemeinsames digitales Dokument ein; dann bringt ihr sie in eine übersichtliche Struktur. Zuletzt könnt ihr Doppelungen und Unwichtiges streichen.

21 Bürgerkrieg und Friedenszeit

Caesar ab inimicis interfectus est.
Caesare ab inimicis **interfecto** Octavius cum militibus Romam processit.
Romani cum Romanis pugnabant.
Romanis cum Romanis **pugnantibus** multi cives interfecti sunt.
Inimicis superatis Octavius Romae imperabat.
Postquam inimici superati sunt, Octavius Romae imperabat.

Res publica ab Augusto bene regebatur.
Augustus saluti **rei** publicae consulebat.
Cives pace et nova **spe** gaudebant.

rēs pūblica *f* der Staat, die „öffentliche Sache“

spēs *f* die Hoffnung

1. **Erschließe aus dem Kontext von Z. 1–4 Wiedergabemöglichkeiten für die markierten Partizipialkonstruktionen im Ablativ.**
2. **Vergleiche die Übersetzung von Z. 5 und Z. 6.**
3. **spes und res gehören zu einer neuen Deklinationsklasse: der e-Deklination. Erschließe mit Hilfe des Kontextes die markierten Kasusformen in Z. 7–9.**

ÜBUNGEN

A Frieden für die Völker? Neues kompakt

Pace civibus ab Augusto **data** multi homines in provinciis imperii Romani tuti vivebant. Sed multae gentes a Romanis superatae imperio Romanorum non gaudebant. **Opibus raptis** populi scelera Romanorum timebant. **Imperatoribus** multos milites **conscribentibus** hostes cum Romanis pugnare non audebant. Romani autem **pace** diu **servata** omnibus populis divitias et luxuriam[1] parabant.

[1] dīvitiae et lūxuria Wohlstand und Luxus

B Partizipiensuche Partizipien bestimmen

Im Lektionstext begegnen dir zahlreiche Partizipien. Bestimme in Z. 6–15 die Partizipien (PPP oder PPA) und finde die dazugehörigen Bezugswörter.

C Wer ist hier fehl am Platz? Wörter unterscheiden

Finde die zwei Irrläufer und begründe deine Entscheidung.

rem | res | rego | rerum | rebus | re | rex

D Lob und Tadel Aktiv und Passiv im Abl. abs. unterscheiden

Der Unterschied zwischen Aktiv und Passiv ist bei Partizipien besonders wichtig. Erkläre den Unterschied zwischen den Sätzen und übersetze.

1. Magistro monente liberi non gaudent.
   Magistro monito liberi gaudent.
2. Magistro non monente liberi magna voce clamant.
   Liberis non monitis omnes clamorem audiunt.

magister, magistrī *m* der Lehrer

E Eine unheimliche Begegnung Pc und Abl. abs. treffend übersetzen

Für lateinische Partizipien gibt es im Deutschen verschiedene Wiedergabemöglichkeiten. Suche in den folgenden Sätzen die Partizipien und finde eine treffende deutsche Übersetzung.

1. Echo nympha in silvis Narcissum **aspiciens** iuvenem pulchrum appellare volebat.
2. Verbis nymphae **auditis** Narcissus territus est, quia eam videre non potuit.
▷ 3. Puella verba semper **repetente** et propius **accedente** Narcissus tamen celeriter fugit.
▶ 4. Nympha autem amore **accensa** et a Narcisso **neglecta** tristis erat et dolore **crescente** abiit.

F Rund um den Sieg Zeitverhältnisse erfassen

Füge die Partizipien sinnvoll ein; beachte dabei das Zeitverhältnis. Übersetze dann.

1. Caesare militibus [?] cives magnam spem habebant.
2. Hostibus [?] Caesar virtutem militum laudavit.
3. Victoria hostium [?] cives nullam spem habebant.
▷ 4. His nuntiis [?] imperator milites iussit hostes petere.
▶ 5. Nullo hoste [?] milites Romani urbem ceperunt.

nuntiata | prohibente | superatis | imperante | cognitis

Auf Deutsch

Tanz der Teilchen

Senator Cornelius ist irritiert: Wenn die Götter nicht die Welt regieren, wer oder was tut es dann? Lukrez gibt eine überraschende Antwort:

Lucretius: „Ab Epicuro doctus haec cognovi: Omnes res e corpusculis[1] constant[2], quae omnia complent, casu[3] conveniunt, inter se iunguntur." „Hahahae!", Cornelius ridet, „Corpuscula[1], quae omnia complent? Res miras dicis – numquam vidi illa corpuscula[1]." Lucretius: „Illa corpuscula[1] nec videri nec tangi possunt." Cornelio adhuc ridente Lucretius exemplum dare decernit: Portam fenestrasque[4] claudit[5], ut nihil lucis aspici iam possit. Undique nox est. Deinde portā paulum[6] apertā[7] radius[8] solis in aedificium pervenit – et statim in luce solis ingentem numerum corpusculorum[1] moveri vident. „Ecce, corpuscula[1]!", Lucretius inquit, „Nunc aspiciuntur!"

[1] corpuscula, ōrum *n Pl.* die kleinen Teilchen, die Atome
[2] cōnstāre (ex) bestehen (aus)
[3] cāsū zufällig
[4] fenestra das Fenster
[5] claudere schließen
[6] paulum ein wenig
[7] apertus: PPP zu aperīre
[8] radius der Strahl

Lukrez fährt fort: „Schau, wie die Teilchen wirbeln! Kein Gott kann bestimmen, wie sie sich bewegen. Alles Zufall! Und so ungeordnet, wie sich diese Staubteilchen bewegen, verhält es sich auch mit den Atomen; die kannst du aber auch im Sonnenlicht nicht sehen." Cornelius schaut den tanzenden Teilchen zu und denkt nach.

Das lateinische Passiv kann im Deutschen oft auch freier übersetzt werden. Finde möglichst passende Übersetzungen für die folgenden Passivformen: iunguntur (Z. 2), nec videri nec tangi (Z. 5), aspici (Z. 7) und moveri (Z. 9), aspiciuntur (Z. 10).

Latein II
original

In einer Fabel

sprechen und handeln Tiere wie Menschen. Wie kommt ein Dichter dazu, gerade solche Erzählungen zu erfinden? Was will er damit bewirken?

Die Dichter von Fabeln wollten mit ihren kurzen Geschichten nicht nur Unterhaltung bieten. Sie wollten den Menschen einen Spiegel vorhalten und sie belehren – also auch zu einer Erkenntnis führen. Ihr Thema sind nicht die Tiere, sondern die Menschen: ihr Verhalten ganz allgemein, das Verhalten der Reichen, der Starken, der Mächtigen …

Zwei antike Dichter sind durch ihre Fabeln bekannt geworden: der griechische Sklave **Äsop**, der im 6. Jh. v. Chr. mithilfe von Fabeln wohl auch die politischen und sozialen Verhältnisse seiner Zeit kritisiert hat, und der Freigelassene **Phädrus**, der im 1. Jh. n. Chr. am Kaiserhof in Rom als Hauslehrer tätig war. Phädrus orientierte sich an seinem griechischen Vorbild Äsop. Seine Fabeln enthalten oft auch eine „Lehre“: Darin drücken sie – zu Beginn oder am Ende der Fabel – zusammenfassend aus, welche Erkenntnis der Leser aus der Fabel ziehen soll.

Die lateinischen Originaltexte (unten) sind Fabeln des Phädrus. Zu vielen seiner Fabeln gibt es auch spätere Nach- und Neubearbeitungen, etwa von Martin Luther (1483 –1546) oder von Gotthold Ephraim Lessing (1729 –1781), aber auch von Autoren der Moderne.

Tierisches Benehmen – Fabeln des Phädrus

Die Trauben hängen hoch (Phaedr. 4, 3)

Auxilia
40502-42

1. **Erschließe mithilfe der Wortangaben und der Überschrift die Ausgangssituation der Fabel in Z. 1 f.**

Fame coacta vulpes alta in vinea[1]
uvam[2] appetebat summis saliens viribus.
Quam tangere ut non potuit, discedens ait:
„Nondum matura est. Nolo acerbam sumere.“

[1] vīnea der Weinstock
[2] ūva die Traube

2. **Gib zu quam (Z. 3), zu matura und acerbam (Z. 4) das Bezugswort an, das du ergänzen musst.**
3. **Diskutiert, ob die Fabel dazu rät, Ausreden zu suchen, wenn man etwas nicht kann.**
4. **Die Fabel ist ohne die „Lehre“ abgedruckt. Formuliert aus eurer Sicht eine Lehre, die zu dieser Fabel passt.**

Wilhelm von Kaulbach: Illustration zu Goethes Epos „Reineke Fuchs". 1846.

I. MK **Führe eine Internetrecherche zu den Begriffen Promythion und Epimythion durch. Erkläre dann deinen Mitschülern die Begriffe sprachlich und inhaltlich. Erläutere anhand einer selbstgewählten Phädrus-Fabel den Zusammenhang zwischen Promythion bzw. Epimythion und der Handlung der Fabel.**

II. Sucht arbeitsteilig spätere Bearbeitungen zu den lateinischen Fabeln (unten) und stellt sie euch vor.

III. Stellt in Partnerarbeit zu den Verhaltensweisen, die in den beiden Fabeln kritisiert werden, Beispiele aus der heutigen Lebenswelt zusammen.

Was will der Schmeichler? (Phaedr. 1, 13)

Auxilia 40502-43

In der folgenden Fabel treffen ein Rabe und ein Fuchs aufeinander; es geht um ein Stück Käse (**cāseus**).

1. **Du kennst das Substantiv dolus: Die Bedeutung der davon abgeleiteten Adjektive sub-dolus (Z. 1) und dol-ōsus (Z. 11) kannst du erschließen.**

Qui se laudari gaudet verbis subdolis,
fere dat poenas turpi paenitentia[1].
Cum de fenestra corvus raptum caseum
comesse[2] vellet celsa residens[3] arbore,
vulpes hunc vidit. Deinde sic coepit loqui[4]:
„O qui[5] tuarum, corve, pennarum[6] est nitor[5]!
Quantum decoris corpore et vultu[7] geris!
Si vocem haberes, nulla prior ales[8] foret[9]."
At ille stultus, dum vult vocem ostendere,
emisit ore caseum, quem celeriter
dolosa vulpes avidis rapuit dentibus.
Tum demum ingemuit[10] corvi deceptus stupor[11].

corvus

[1] paenitentia die Reue
[2] comēsse fressen
[3] resīdere *(m. Abl.)* sitzen (auf)
[4] loquī *Inf. Präs.* sprechen
[5] quī ... nitor was für ein Glanz
[6] penna die Feder
[7] vultū durch dein Aussehen
[8] āles *f* der Vogel
[9] foret ~ esset
[10] ingemīscere *(Perf.* -gemuī*)* seufzen
[11] stupor *m* die Dummheit

2. **Beschreibe die Strategie des Fuchses, die er in seiner Rede anwendet (Z. 6–8).**
3. **Gib die zwei Begriffe an, die den Raben charakterisieren.**
4. **Beschreibe den Menschentyp, vor dem diese Fabel warnt. Stelle Bezüge zur Lebenssituation des Phädrus her, der ja am Kaiserhof tätig war.**

Staatlich bezuschusste Aufführungen

Am Fest der **Großen Dionysien**, die in Athen Ende März für den Wein- und Fruchtbarkeitsgott Dionysos gefeiert wurden, strömten schon kurz nach Sonnenaufgang unzählige Athener in das Theater am Abhang der Akropolis. Karten für die 15.000 Plätze gab es nicht; der Eintritt war frei, er wurde sogar öffentlich bezuschusst. Die Zuschauer bekamen ein *theorikón* (griech. „Schaugeld"), damit auch Ärmere die Aufführungen sehen konnten.

Theater und Tragödie

Elfenbein-Statuette eines tragischen Schauspielers. 1. Jh. n. Chr.

Wettbewerb auf der Bühne

Wenn man alles sehen wollte, brauchte man viel Ausdauer und Geduld: Zuerst wurden an einem Tag fünf Komödien hintereinander gespielt (jede dauerte etwa zwei Stunden); an den drei Tagen danach folgte der Wettstreit der Tragödien: Jeden Tag gab es drei Tragödien und ein heiteres Satyrspiel zu sehen. Es war für die Dichter eine Ehre, ein Stück aufführen zu dürfen. Am Ende wurden die besten Dichter und Schauspieler geehrt.

In einem Stück traten zwei, später drei Schauspieler (nur Männer) auf. Sie trugen Masken, lange Gewänder und hohe Schuhe (Kothurne) und spielten mehrere Rollen (auch Frauenrollen); dazu kam ein Chor von 12 bis 15 Personen. Die Handlung bestand aus einem Wechsel von gesprochenen Szenen und Chorliedern.

Freaks und Psychopathen – die Helden und Heldinnen

- Eine Frau bringt ihren Mann um, weil sie einen neuen Liebhaber hat. Der gemeinsame Sohn tötet aus Rache seine Mutter und wird zur Strafe für diesen Muttermord von Furien über die ganze Welt gehetzt.
- Ein junger Mann tötet unwissend seinen Vater, heiratet unwissend seine Mutter und bekommt mit ihr Kinder, die gleichzeitig seine Geschwister sind. Als den beiden klar wird, was sie getan haben, erhängt sich die Frau und der Mann sticht sich die Augen aus.
- Eine junge Frau bricht absichtlich ein Gesetz, das sie für unmenschlich hält, nimmt lieber die Todesstrafe auf sich, als etwas Falsches zu tun, und wird deshalb von ihrem Onkel lebendig eingemauert.
- Eine Mutter tötet zur Rache an ihrem untreuen Ehemann die gemeinsamen Kinder und setzt sie ihm zum Essen vor.

Die Zuschauer saßen im halbkreisförmigen **1 Théatron**. Der Chor zog über die **2 Párodos**, den Seiteneingang der Bühne, ein und hielt sich dann in der runden **3 Orchéstra** auf. Die Schauspieler agierten im **4 Proskénion**. Wenn Götter mitspielten, erschienen sie auf dem Dach der **5 Skené**, des Kulissengebäudes, bzw. schwebten an einem Kran von oben ein.

Was wie die Inhaltsangabe von Horrorfilmen klingt, ist nur eine Auswahl der Stoffe, die die Tragödiendichter ihrem Publikum zumuteten. Die drei bekanntesten waren **Aischylos** (525 – 456 v. Chr.), **Sophokles** (496 – 406 v. Chr.) und **Euripides** (ca. 484 – 406 v. Chr.). Sie zeigten in ihren Stücken Menschen, die durch Ereignisse, die sie nicht zu verantworten hatten, in Extremsituationen gerieten, aus denen sie nicht unversehrt herauskamen. Warum wollten so viele Zuschauer freiwillig so grauenvolle Stoffe und leidgeprüfte Menschen sehen?

Der Chor in der Euripides-Tragödie „Die Bakchen". Aufführung in London 2002.

„Ungeheuer ist viel …"

Die Antwort darauf ist wohl in den Zeitumständen zu sehen: Athen war in den Jahren zwischen 500 und 470 v. Chr. schnell und überraschend zur beherrschenden Großmacht des Mittelmeerraums aufgestiegen. Es hatte sich um 500 v. Chr. auf einen Krieg mit den Persern, der damaligen Supermacht, eingelassen, den die Griechen auch überraschend gewannen. In der Folge wurde Athen zur beherrschenden Macht in Griechenland; in Athen brach ein goldenes Zeitalter an, in dem der Politiker Perikles die Stadt zu einer Demokratie umformte und mit dem Bau der Akropolis begann. Viele Athener standen staunend und auch etwas ängstlich vor dem, was sich in den letzten Jahren verändert hatte.

Die Tragödiendichter halfen ihnen, diese neue Welt zu deuten: Sie zeigten, wie Menschen in Extremsituationen kommen können und was ihnen alles zustoßen kann. Sie boten Beispiele, wie sich Menschen in solch unvorstellbaren Situationen verhalten können. Der Chor in der „Antigone" des Sophokles singt: „Ungeheuer ist viel, aber nichts ist ungeheurer als der Mensch".

Ein verhängnisvolles Rätsel

40502-38

1. MK **Recherchiert arbeitsteilig, in welchen Tragödien die auf S. 134 genannten Stoffe vorkommen, und fasst die Inhalte in je drei Sätzen zusammen.**
2. **Diskutiert darüber, ob es heute Literatur- oder Unterhaltungsformen gibt, die mit dem griechischen Theater vergleichbar sind.**

22

Gnadenloses Schicksal

Auf der Familie des Ödipus lastete ein Fluch: Die Mitglieder der Herrscherfamilie von Theben konnten dem von den Göttern vorbestimmten Lauf des Schicksals nicht entkommen:
Ödipus war bei Pflegeeltern aufgewachsen, nachdem seine wahren Eltern, Laios und Iokaste, ihn als Baby ausgesetzt hatten. Ihnen war nämlich vom Orakel in Delphi vorausgesagt worden, dass ihr Sohn seinen Vater töten, seine Mutter heiraten und mit ihr Kinder haben werde. Ödipus selbst wurde vom Orakel das Gleiche verkündet. Und so kam es dann auch: Ödipus traf auf seinem Rückweg vom Orakel auf seinen wahren Vater, den er ja nicht kannte. Er geriet in Streit mit ihm und tötete ihn. Schließlich kam er nach Theben, heiratete dort seine Mutter Iokaste und hatte mit ihr vier Kinder: die Töchter Antigone und Ismene und die Söhne Eteokles und Polyneikes. Als Ödipus von einem Seher die Wahrheit über sich und seine Taten erfahren hatte, stach er sich die Augen aus und ging ins Exil.
In der nächsten Generation setzte sich der Geschlechterfluch jedoch fort: Eteokles und Polyneikes, die Söhne des Ödipus, kämpften um die Herrschaft in Theben und töteten sich gegenseitig. **Kreon**, der Bruder von Iokaste, der Eteokles unterstützt hatte, verbot die Bestattung des Polyneikes. Sein Leichnam blieb unbestattet auf dem Schlachtfeld liegen, wo sich Hunde und Vögel über ihn hermachten. Seine Schwester **Antigone** konnte das nicht akzeptieren und lehnte sich dagegen auf ...
Dieses Geschehen hat der griechische Dichter Sophokles in einer berühmten Tragödie thematisiert.

1. MK Recherchiert arbeitsteilig zu den folgenden Aspekten der Ödipussage und präsentiert eure Ergebnisse in kurzen Statements (mit Illustrationen). Nutzt dazu das Internet oder ein mythologisches Lexikon.
   - Ödipus in Korinth
   - Ödipus und die Sphinx
   - Ödipus erkennt sein Schicksal
2. MK Das Schicksal der Hauptpersonen in der „Antigone" des Sophokles. Untersucht zu diesem Thema arbeitsteilig die Tragödie des Sophokles und formuliert anschauliche Erzählungen zu den Personen.
3. Was können Mythen wie die um die Familie des Ödipus den Menschen sagen? Diskutiert Erklärungsversuche.

22 Das **richtige** Handeln

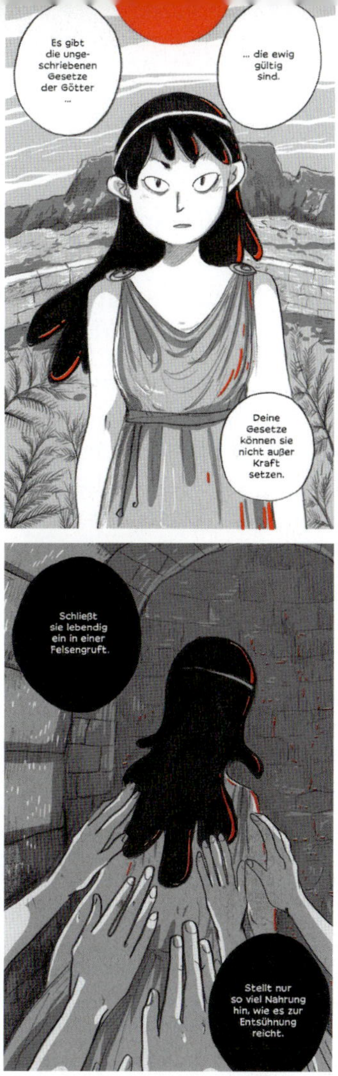

Aus der Graphic Novel „Antigone" von Oliva Vieweg. 2019.

Kreon erlässt ein Gesetz, das die Bestattung des Leichnams von Polyneikes unter Todesstrafe stellt. Antigone entscheidet sich dennoch, den Bruder heimlich zu beerdigen – und wird erwischt.

1. **Erkläre Kreons erste Reaktion auf Antigones Tat anhand seiner Äußerungen (Z. 4–6; 8 f.); beachte dabei auch die Satzarten.**

Custos Antigonam ad sedem regis ducit.

CUSTOS: Creon, rex honeste, illam virginem invenimus, cum magnum scelus committeret: Corpus Polynicis terra condere studuit.

CREON *ad Antigonam:* Verumne est? Nonne scivisti poenam tanti sceleris mortem esse? Quid mente agitabas, Antigona? Dic mihi, quid cogitaveris! Ne tacueris!

ANTIGONA: Certe hoc scivi!

CREON: Et lege a me constituta tamen tantum scelus fecisti? Utinam ne hoc fecisses!

ANTIGONA: Numen deorum est mortuos terra condi. Dei honorem hominum, etiam mortuorum, neglegi nolunt. Et ratio docet deis parere.

CREON: Polynices exercitu hostium coacto Thebas[1] petivit. Itaque me auctore insepultus[2] in campo iacebat. Corpus recte bestiis traditum est. Factum tuum maximum impetum duco – tu impetum in regem facis. Legibus regis parere oportet. Aliter pax in urbe impetrari non potest. Hoc quoque ratio docet! Utinam hoc cognosceres!

ANTIGONA: Minime! Lex tua inanis est, immo vero ingens scelus est. Ne putaveris hoc tibi honori esse! Quo longius rationi resistes, eo crudelius peribis. Nunc tandem hoc intellegas! – Mihi autem credas: Ego sine metu mortem accipiam.

CREON *clamans:* Satis est – rem iudicavi! Custos, relinque domum una cum Antigona! Conde eam vivam in sepulcro saxeo[3]!

Custos Antigonam e domo ducit.

CREON *secum:* Me invito rex factus sum. Sed nunc urbs in manu mea est – imperium obtineo.

[1] Thēbae, ārum Theben

[2] īnsepultus unbegraben, unbestattet

[3] sepulcrum saxeum *n* das Felsengrab

2. **Ratio docet: Kreon und Antigone führen beide die ratio (Z. 11, 16, 19) als Grundlage des richtigen Handelns an. Erläutere ihre jeweiligen Standpunkte. Nimm persönlich Stellung zu ihren Sichtweisen.**
3. **Recherchiere die Bedeutung des Begriffs „ziviler Ungehorsam" und beurteile, ob dieser Begriff auf Antigones Verhalten anwendbar ist.**
4. **MK Erstellt in Kleingruppen Standbilder zu Antigone und Kreon, die ihren jeweiligen Charakter repräsentieren. Fotografiert eure Standbilder und stellt sie eine digitale Plattform ein. Erläutert anschließend mithilfe lateinischer Textbelege die jeweiligen Darstellungen und gebt ihnen passende Beschriftungen.**

22 Iulius Agricola – Feldherr in Britannien

exercitus, ūs *m*
das Heer

In Britannia Iulius Agricola militibus Romanis imperabat.
Iuliō Agricolā imperatore milites Romani hostes superaverunt.
Agricola imperator exercitum Calgaci superavit.
Exercitu Calgaci superato Romani tamen totam Britanniam non ceperunt.

a. Obwohl das Heer des Calgacus besiegt worden war, eroberten die Römer trotzdem nicht ganz Britannien.
b. Das Heer des Calgacus war besiegt worden; aber trotzdem eroberten die Römer nicht ganz Britannien.
c. Trotz des Sieges über das Heer des Calgacus eroberten die Römer nicht ganz Britannien.

1. **Die Wendung Iuliō Agricolā imperatore ist ein „nominaler Ablativus absolutus". Erkläre den Begriff anhand des Beispiels und finde eine treffende Übersetzung.**
2. **Erschließe die Kasusformen exercitum und exercitu in Z. 3 – 4 aus dem Kontext und ergänze die anderen Formen der neuen Deklinationsklasse (→ Übung A und Begleitband, S. 161).**
3. **Vergleiche die drei verschiedenen Wiedergabemöglichkeiten des Abl. abs. exercitu Calgaci superato (Z. 4).**

ÜBUNGEN

A Calgacus gegen Agricola Neues kompakt

Calgacus milites in Romanos duxit. Calgaco duce exercitus[1] Britannicus[2] cum exercitu Romano pugnare parabat. Iulius Agricola exercitui Romano imperabat.
Duces exercituum ante proelium orationes habuerunt: Et Calgacus et Agricola exercitūs oratione confirmaverunt. Tum exercitūs proelium inierunt. Denique milites exercitūs Romani Agricolā duce exercitum Britannicum[2] superaverunt.

[1] exercitus, ūs *m* das Heer

[2] Britannicus britannisch

B Ein besorgter Feldherr Konjunktive im Hauptsatz übersetzen

1. Imperator: „Utinam nuntium de proelio audivissem!
2. Utinam milites nostri hostes vicerint!
3. Nuntius ad me veniat! Victoriā vehementer gauderem."
4. Tandem nuntius venit; statim imperator: „Omnia narres! Ne tacueris!
5. Utinam ne de clade (Niederlage) dicas!"

Übersetze diese Sätze. Achte vor allem auf die richtige Wiedergabe des Konjunktivs.

▷ Wenn du noch Hilfe bei der Übersetzung brauchst, bestimme zunächst die Form des Konjunktivs und vergleiche die Erklärungen im Grammatikteil (→ S. 161 f.).

▶ Wenn du schnell fertig bist: Suche drei verschiedene Konjunktive im Hauptsatz aus dem Lektionstext und bestimme sie. Erkläre jeweils die Funktion des Konjunktivs (Fachausdruck). Stelle das Ergebnis der Klasse vor.

C Weisheiten der Antike Lateinische Sprichwörter kennenlernen

Gib die Bedeutung dieses Sprichworts an. Beschreibe Situationen, in denen es auch heute passt.

MANUS
MANUM
LAVAT

lavāre: waschen

D Antigone – die Vorgeschichte Abl. abs. im Kontext übersetzen

Weil sie sich nicht über die Herrschaft Thebens (Thēbae, ārum) einigen konnten, entbrannte ein Streit zwischen den Brüdern Polyneikes (Polynīcēs) und Eteokles (Eteoclēs) – mit schlimmen Folgen. Übersetze:

1. Magnus exercitus Polynice duce impetum in Thebas fecit. Eteocles urbem defendit.
2. Proelio de imperio Thebarum facto fratres ante portas urbis mortui iacebant.
3. Fratribus interfectis Creon avunculus (Onkel) imperium in urbe obtinuit.
▷ 4. Creonte auctore Eteocles terrā conditus est, cum urbem defendisset.
▶ 5. Corpus autem Polynicis Creonte iubente insepultum (unbestattet) ante urbem iacebat.

E Antigone – die Folgen Sinnrichtungen ermitteln

Die deutschen Fortführungen der Sätze sind durcheinandergeraten.
Ordne sie richtig zu und übersetze die Ablativi absoluti mit der passenden Sinnrichtung.

1. Antigona viva in sepulcro saxeo (Felsengrab) condita
2. Antigona a custodibus capta
3. Antigona ad sedem regis adducta
4. Mente puellae non mutata
5. Ira Creontis magis magisque aucta
6. Morte Antigonae cognita
7. Morte filii Haemonis cognita

Griechische Vasenmalerei. Um 390 v. Chr.

a. wurde Kreon sehr zornig.
b. wurde Kreon sofort benachrichtigt.
c. nahm sich auch Haimon das Leben.
d. ließ sich Antigone dennoch nicht einschüchtern.
e. entbrannte ein Streit über die Bestattung des Bruders.
f. verzweifelte Haimon, Kreons Sohn und Antigones Verlobter.
g. erkannte Kreon, dass er sich selbst ins Unglück gestürzt hatte.

Auf Deutsch

Der Fluch der bösen Tat

Das Urteil gegen Antigone schockiert besonders Haimon, den Sohn Kreons, der mit Antigone verlobt ist. Voller Entrüstung stellt er seinen Vater zur Rede:

„Num putas te impune[1] leges deorum ridere posse? Imperium obtinere non poteris **deis invitis**. Cur filium ita neglegis, ut puellam amatam ei eripias? **Antigona morte punita**[2] neque mihi vivere licebit!“

His verbis dictis Haemon patrem reliquit. Profecto Creon verbis filii motus Antigonam liberare voluit. Tum autem nuntiatum est et Antigonam et Haemonem manu sua vitae finem fecisse. **Hoc nuntio audito** etiam uxor Creontis ipsa se interfecit. Tum Creon intellexit omnes superbia sua exstinctos esse.

[1] impūne *Adv.* ungestraft

[2] pūnīre (PPP pūnītum) bestrafen

- auf diese Worte hin
- nach der Hinrichtung Antigones
- gegen den Willen der Götter
- nach dieser Botschaft

Oft passt für die Wiedergabe des Abl. abs. im Deutschen ein Präpositionalausdruck. Ordne die vier Präpositionalausdrücke, die du rechts siehst, den Ablativi absoluti des Textes richtig zu.
Vergleiche jeweils die Bestandteile des lateinischen Abl. abs. und des deutschen Präpositionalausdrucks: Wo ändert sich die Wortart? Wo wird auf die Wiedergabe eines lateinischen Wortes verzichtet?

Der Bäcker Terentius Neo und seine Frau. Wandmalerei aus dem Haus des Ehepaares in Pompeji. 50–79 n. Chr.

Eine Katastrophe als Glücksfall

Am 20. August 1763 förderten Archäologen am Golf von Neapel eine auf den ersten Blick unscheinbare Inschrift zutage: REI PUBLICAE POMPEIANORUM. Doch damit hatte man die lang gesuchte Stadt Pompeji gefunden, von deren Lage man durch antike Quellen nur eine ungefähre Vorstellung hatte. Zusammen mit anderen Städten war sie von einem Tag auf den anderen durch den Ausbruch des Vesuvs verschüttet worden – eine der größten Naturkatastrophen der Antike.

Die Katastrophe

begann vermutlich am **24. Oktober 79 n. Chr.**, nachdem die gesamte Region zuvor schon tagelang von Erdstößen erschüttert worden war: Der Pfropfen erstarrter Lava, der den Vulkan und die Magmakammer verschlossen hatte, wurde infolge des wachsenden Drucks aus dem Innern in einer gewaltigen **Eruption** weggesprengt. Innerhalb kurzer Zeit erhob sich über dem Vesuv eine Wolke aus Asche, Gasen und festeren Bestandteilen, die schließlich eine Höhe von 30 km erreichte.

Der Wind trug das aus dem Vulkan geschleuderte Material Richtung Pompeji, wo es als Regen aus Asche und Bimsstein niederging, der nach und nach die Stadt unter sich begrub. Vielen Einwohnern der Stadt gelang die Flucht. Diejenigen, die nicht geflüchtet waren, hatten keine Chance: Sie kamen durch einbrechende Dächer ums Leben, wurden von Steinen getroffen, die wie Geschosse wirkten, oder erstickten im dichten Ascheregen. Schließlich gingen **pyroklastische Ströme** – mehrere hundert Grad heiße Lawinen aus Asche und Gasen, die sich mit immenser Geschwindigkeit den Berg herabstürzten – über Pompeji hinweg und töteten die, die bis jetzt überlebt hatten. Am Ende war alles Leben in Pompeji erloschen und die Stadt unter einer mehr als 10 Meter hohen Schicht von Asche und Bimsstein bedeckt. Neben Pompeji fielen dem Ausbruch des Vesuvs auch andere Städte in der Umgebung zum Opfer: **Herculaneum**, **Stabiae** und **Oplontis**.

Ein Glücksfall

für die Archäologie war die Wiederentdeckung dieser Städte im 18. Jh. Pompeji und die anderen Städte um den Vesuv wurden zu einem Hot-Spot der Wissenschaft, sodass inzwischen in einer Vielzahl von Grabungen große Teile Pompejis freigelegt wurden.

Dies ermöglicht einen faszinierenden Blick auf das Leben einer römischen Stadt, das wie in einer Zeitkapsel eingeschlossen wurde.

So präsentiert sich Pompeji als **Gesamtanlage einer römischen Stadt** mit allem, was dazu gehört: Tempeln, öffentlichen Plätzen, Thermen, Theatern, Wohn- und Geschäftsvierteln, einfachen Unterkünften und prächtigen Häusern der Reichen. Hinzu kommt das Amphitheater mit seinen ca. 20.000 Plätzen: das früheste steinerne Amphitheater überhaupt in der römischen Welt.

Darüber hinaus finden sich hier faszinierende Details des **Alltagslebens** in reicher Fülle: Man kann eintreten in die **luxuriöse Welt der Oberschicht**, die hinter verschlossenen Mauern in großen Stadthäusern lebte, umgeben von Statuen, farbenfrohen Wandgemälden und Mosaiken. Sorgfältig gestaltete Gärten mit Säulengängen boten Ruhe und Entspannung (→ S. 24 f.).

Noch interessanter ist aber der Blick auf das **Leben der einfachen Menschen:** Imbissstuben, Bäckereien und andere Ladenlokale, in denen noch Reste der am Tag des Ausbruchs angebotenen Waren gefunden wurden, sind ebenso erhalten wie Kneipen und Bordelle.

Nicht zuletzt sind die Wände der Stadt ein „Lesebuch des Alltags". **Graffiti**, die in Pompeji in gewaltiger Zahl gefunden wurden, betreffen nahezu alle Bereiche des Lebens: Liebesbekundungen und derbe Sprüche finden sich ebenso wie die Verehrung von Gladiatoren, Preislisten, Wahlwerbungen, Ankündigungen bevorstehender Veranstaltungen und „Bashing" missliebiger Personen.

„Nichts wie raus hier!"

40502-39

Zwei Getreidemühlen und der Ofen einer Bäckerei in Pompeji.

Die Via dell'Abbondanza, eine der Hauptgeschäftsstraßen von Pompeji.

1. MK Noch heute kann man Gipsabdrücke von Menschen, die in Pompeji starben, sehen. Informiere dich, wie diese Gipsabdrücke entstanden, und berichte darüber mithilfe einer kurzen digitalen Präsentation.
2. MK Recherchiert im Internet, welche Auswirkungen der Vesuvausbruch auf die Menschen und Städte hatte, die sich in unmittelbarer Nähe des Vulkans befanden. Erstellt für jeden Ort ein Plakat zum Ablauf der Ereignisse und eine digitale Präsentation mit anschaulichem Bildmaterial.
3. MK Verfasse einen Zeitungsbericht über den Ausbruch des Vesuvs und seine Folgen (max. eine Seite).

Differenziert üben

Ich muss mich wundern, Wand!

Auf dieser Doppelseite findest du Wandinschriften (Graffiti) aus Pompeji. Diese wirken zunächst fremd und unverständlich, da sie meist in einer Schreibschrift in die Wände gekratzt wurden, die etwas anders aussieht als die Druckbuchstaben, die du kennst. Außerdem findest du dort nicht das klassische Latein der gebildeten Römer: Nein, das ist reine Umgangssprache, teilweise auf dem Niveau von heutigen Kritzeleien und Schmierereien in Bahnhöfen, unter Brücken oder in

I Das Alphabet an einer Wand

Auxilia 40502-44

1. **Stelle Vermutungen an, wer das eingeritzt haben könnte – und warum.**
2. **Vergleiche mit unserem Alphabet: Welche Buchstaben fehlen?**
3. **Einen Buchstaben gibt es im Lateinischen eigentlich nicht. Warum taucht er hier wohl auf?**

II Erinnerung oder Hoffnung?

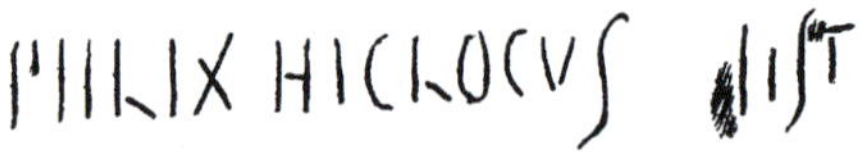

Umschrift:
FELIX HIC LOCUS EST

Worauf könnte diese Kritzelei an einer Hauswand anspielen?

Auxilia 40502-45

fēlīx Glück bringend

III Ein realistischer Wunsch?

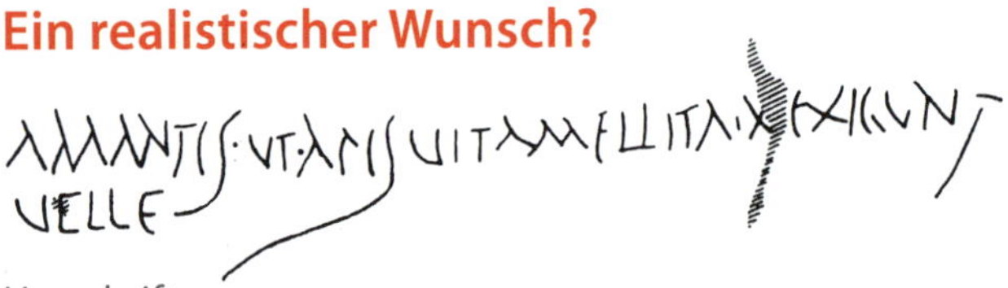

Umschrift:
AMANTES UT APES VITA(M) MELLITA(M) EXIGUNT.
VELLE(M)!

Die erste Zeile steht über dem Wandgemälde einer Ente im „Haus der Liebenden". Das VELLE(M) hat ein anderer Schreiber als Kommentar dazugeschrieben. Erschließe die Stimmung, die aus der ersten Zeile spricht. Inwiefern ist der Zusatz VELLE(M) ernüchternd?

Auxilia 40502-46

apēs *Pl.* die Bienen
mellītus honigsüß
exigere ~ agere

öffentlichen Toiletten. Manches wurde auch anders ausgesprochen als in der Hochsprache – wie man z. B. auch im Deutschen hört: „Hasse ma 'n Euro?" So wurde etwa ein *m* am Ende eines Wortes einfach weggelassen; man sagte templu statt templum.
Jetzt kannst du dich als Archäologe an das Entziffern 2 000 Jahre alter Inschriften machen. Du bekommst natürlich Hilfen:
Die Texte der Inschriften erhältst du auch in der gewohnten Form in Druckbuchstaben. Dazu kommen weitere Angaben und Tipps für die Übersetzung sowie Hintergrundinformationen zum Inhalt.

Die Wandgemälde wurden oft von ihren Malern signiert; ***pingere*** *(Perf.* ***pīnxī****) heißt „malen".*

Bei eurer Einführung in antike Graffiti könnt ihr folgendermaßen vorgehen:
1. **Alle lesen den Informationstext und bearbeiten die Aufgaben zu I.**
2. **Seht euch dann die Themen der Graffiti II bis V an: Jeder sollte sich mit zwei dieser Graffiti befassen und die Aufgaben dazu bearbeiten.**
3. **Stellt euch abschließend gegenseitig die Ergebnisse vor.**

IV Echte Reue?

Auxilia
40502-47

Umschrift:
MI(N)XIMUS IN LECTO. FATEOR: PECCAVIMUS, HOSPES!
SI DICES: „QUARE?" – NULLA MATELLA FUIT!

mingere (*Perf.* mīnxī) pinkeln
lectus das Bett
fateor ich gebe es zu
peccāre einen Fehler machen
hospes der Wirt
matella der Nachttopf

1. **Die zwei Zeilen – es sind Verse! – stehen an der Wand einer taberna. Rekonstruiere anhand des Fundorts und der Bezeichnung hospes, was vorgefallen ist.**
2. **Nimm kritisch Stellung dazu, wie die Schreiber ihr Verhalten hier „kommentieren".**

V Man muss sich wundern!

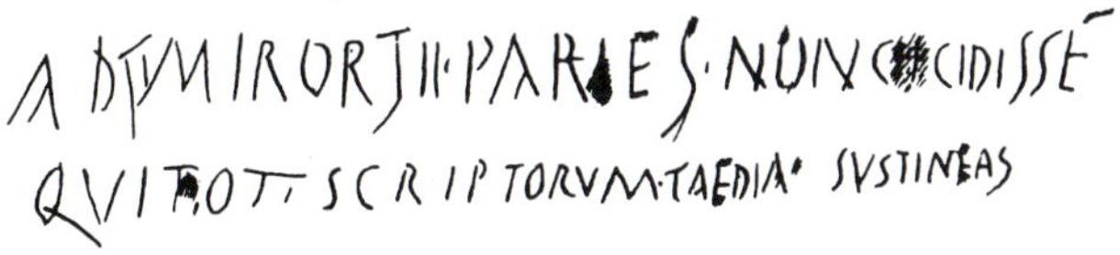

Auxilia
40502-48

Umschrift:
ADMIROR TE, PARIES, NON CECIDISSE,
QUI TOT SCRIPTORUM TAEDIA SUSTINEAS.

admīror ich wundere mich
pariēs die Wand
scrīptor der Schreiber
taedia, ōrum *n Pl.* blöde Sprüche

Erschließe, was in dieser Kritzelei (an der Außenwand der basilica) kritisiert wird.

Latein III original

Eindrücke eines Augenzeugen

Ausbruch des Eyjafjallajökull auf Island. 2010.

Aus einem Katastrophenbericht (Plin. epist. 6, 20)

Auxilia
40502-49

Die Berichte des Plinius über den Vesuvausbruch finden sich in zwei Briefen (6, 16 und 6, 20), die an den bekannten Historiker Tacitus gerichtet sind. In den hier ausgewählten Passagen beschreibt Plinius den Tag der Katastrophe, wie er ihn aus der relativ sicheren Distanz in Misenum (gut 25 km entfernt vom Vesuv) erlebte.

1. **Lies den folgenden Text abschnittsweise konzentriert durch. Weise dabei den vier Abschnitten je eine der Formulierungen aus der rechten Spalte zu.**
2. **Plinius lässt in seinen Sätzen relativ oft die Prädikate weg: Sie sind einem gebildeten römischen Leser aus dem Zusammenhang klar, meist handelt es sich um Formen von esse: Zu Iam hora diei prima (Z. 2) ist beispielsweise erat zu ergänzen. Überprüfe beim Übersetzen, wo ein Prädikat fehlt, und suche jeweils eine treffende Lösung.**

- Erdbeben und Angst
- dicke Ascheschicht
- Ascheregen und Feuerwalze
- dunkle Wolke und feurige Blitze

Praecesserat[1] per multos dies tremor terrae – illa vero nocte invaluit[2]. Iam hora diei prima, et adhuc dubius et quasi languidus[3] dies. Iam quassatis[4] tectis – quamquam in aperto loco, angusto tamen – magnus et certus ruinae metus. Tum demum excedere oppido visum[5].

[1] praecēdere (*Perf.* praecessī) vorangehen

[2] invalēscere (*Perf.* invaluī) zunehmen

[3] languidus träge

[4] quassāre heftig erschüttern

[5] vīsum (est) man beschloss

LATEIN ORIGINAL

Archäologen und Geologen haben durch ihre Untersuchungen viele Erkenntnisse über den Ausbruch des Vesuvs und den Verlauf der Katastrophe gewonnen. Dass wir so gut über die Katastrophe informiert sind, liegt aber vor allem an einem Mann, der uns über diese Ereignisse zwei ausführliche Berichte hinterlassen hat. Es handelt sich um **Plinius den Jüngeren** (61/62 – ca. 113 n. Chr.), der als junger Mann von 17 Jahren Augenzeuge der Katastrophe wurde. Er ist bekannt als Verfasser von literarischen Briefen; es handelte sich dabei um „echte", an reale Personen gerichtete Briefe, die aber später für ein breiteres Publikum veröffentlicht werden sollten.

In einem Brief beschreibt er, wie sein Onkel Plinius der Ältere beim Ausbruch des Vesuvs ums Leben kam. Dieser war Kommandant des römischen Flottenstützpunkts in Misenum, in einiger Entfernung vom Vesuv am anderen Ende der Bucht von Neapel. Gleichzeitig war er der bedeutendste Naturforscher seiner Zeit. Von Freunden um Hilfe gebeten, steuerte er mit einem Schiff geradewegs in das Katastrophengebiet und fand dort schließlich den Tod.

In einem zweiten Bericht schildert Plinius der Jüngere das, was ihm und seiner Mutter selbst widerfuhr, als sie das Geschehen verfolgten und schließlich flohen. Beide Berichte enthalten so viele Beobachtungen über den Ablauf des Ausbruchs, dass inzwischen derartige Vulkanausbrüche als „Plinianische Eruption" bezeichnet werden.

Gipsabgüsse von Opfern des Vesuvausbruchs.

MK Informiere dich über die Kennzeichen einer „Plinianischen Eruption". Halte den Ablauf schriftlich fest.

Mare tremore terrae quasi repelli videbamus. Ab altero latere nubes atra et horrenda[6] in longas flammarum figuras dehiscebat[7]; fulguribus[8] illae et similes et maiores erant.

Nec multo post illa nubes descendit in terras, operuit[9] maria. Iam cinis, adhuc tamen rarus. Paulum reluxit[10], quod non dies nobis, sed adventantis[11] ignis indicium videbatur[12]. Et ignis quidem longius[13] substitit[14]; tenebrae rursus, cinis rursus, multus et gravis.

Tandem illa caligo quasi in nebulam[15] discessit. Mox dies verus: Occursabant[16] trepidantibus[17] adhuc oculis mutata omnia altoque cinere tamquam nive[18] obducta[19].

[6] horrendus schrecklich
[7] dehīscere sich spalten
[8] fulgur, uris *n* der Blitz
[9] operīre (*Perf.* operuī) bedecken
[10] relūcēscit (*Perf.* relūxit) es wird wieder hell
[11] adventāre sich nähern
[12] vidēbātur *(m. Nom.)* es erschien (als)
[13] longius ziemlich weit entfernt
[14] subsistere (*Perf.* substitī) stehen bleiben
[15] nebula der Nebel
[16] occursāre sich zeigen
[17] trepidāre zittern
[18] nix, nivis *f* der Schnee
[19] obductus bedeckt

3. **Beschreibe – nach den vorgegebenen vier Abschnitten – mit eigenen Worten die von Plinius geschilderte Abfolge der Naturereignisse beim Ausbruch des Vesuvs. Überprüfe dabei deine Ergebnisse zu Aufgabe 1.**

4. **Plinius will Tacitus ein Geschehen schildern, das sich niemand vorstellen kann, der es nicht erlebt hat. Untersuche, mit welchen sprachlichen Mitteln er die Darstellung des Erlebten anschaulich macht.**

Die Sieben Weltwunder

Additum

Im 1. Jh. v. Chr. beschrieb der griechische Dichter Antipatros von Sidon die sehenswertesten Reiseziele seiner Zeit in einer Art Reiseführer. Darin nennt er sieben Bauwerke, die jeder Römer, der sich eine Reise in ferne Länder leisten konnte, mit eigenen Augen gesehen haben sollte. Antipatros schrieb:

„Ich durfte mir die Mauern Babylons anschauen, auf denen man mit Wagen fährt, und die Zeusstatue von Olympia. Auch die Hängenden Gärten, den Koloss des Helios, die gewaltigen Pyramiden und das Grabmal des Mausolos sah ich. Aber der Tempel, der der Göttin Artemis geweiht ist und hoch bis in die Wolken ragt, ließ alle anderen Bauwerke verblassen."

Artemis-Tempel

Von den hier genannten Sieben Weltwundern existieren heute nur noch die Pyramiden von Gizeh. Die anderen Bauwerke wurden im Lauf der Zeit zerstört. In römischer Zeit aber existierten sie vermutlich noch alle – und führten den staunenden Römern die Größe und Kunst vergangener Zeiten vor Augen.

1. **Verortet die im Zitat genannten Weltwunder auf der Karte.**
2. **MK Recherchiert im Internet zu den Sieben Weltwundern der Antike. Erstellt arbeitsteilig zu jedem Weltwunder ein Plakat mit den wesentlichen Informationen und präsentiert dann der Klasse eure Ergebnisse.**
3. **MK Die Sieben Weltwunder der Neuzeit:**
a. **Diskutiert in der Klasse, welche Merkmale ein Weltwunder unserer Zeit aufweisen sollte.**
b. **Überprüft eure Ergebnisse anhand einer Internetrecherche zu den Sieben Weltwundern der Neuzeit.**

Leuchtturm von Pharos

Zeus-Tempel

Hängende Gärten der Semiramis

Pyramiden

Koloss des Sonnengottes Helios

Mausoleum

Groß ist die ARTEMIS von Ephesos!

Beim Tempel der Artemis (lat. Diāna) in Ephesos konnten die Besucher kleine Silberfiguren der Göttin kaufen; diese Figuren waren nicht nur Souvenirs, ihnen wurde auch Glück bringende Wirkung zugeschrieben. Demetrius, ein Produzent solcher Figuren, schreibt an seinen Freund Marcus, der im entfernten Rom lebt, einen Brief:

1. **Informiere dich über die Merkmale lateinischer Briefe (→ Begleitband, S. 119). Weise dann am Brief des Demetrius typische Merkmale nach.**

Demetrius Marco suo salutem dicit.

Tandem tempus scribendi mihi fuit! Audivi tuam condicionem vivendi aliam esse ac prius. Gaudeo, quod negotia minus te premunt. Itaque spero te mox iter in patriam facturum esse. Sed nunc audi, quid referam de fortuna Ephesiorum:

Scis aedem Dianae nostrae aedificium mira arte et magnitudine esse; quod cum aliis templis conferri non licet. Itaque multi homines urbem nostram visunt illud aedificium spectaturi. Et multi Ephesiorum – ut ego – quaestum faciunt[1] ex illo templo.

Ante paucos dies aliquis nuntium mihi attulerat Paulum quendam in urbem venisse et ante aedem multa verba facere de deo aliquo, nomine Iesu Christo. Celeriter eo ibam: Cernebam Paulum, virum parvae staturae[2], hunc deum laudantem Dianamque ridentem.

Vultu acri clamavi: „Quis summam deam violare[3] audet? Nemo hoc ferre potest! Neque ego hoc feram! Cur vir parvi ingenii nos visit Dianae nostrae iniuriam facturus? Ergo, Ephesii, convenite ad agendum!“ Cuncti, qui aderant, iure clamabant: „Diana, tu semper praesidium nobis praestitisti! Nunc quoque speramus te auxilium nobis laturam esse. Magistratuum est hunc virum quam celerrime ex urbe auferre!“ Tunc clamando repetebant: „Magna est Diana Ephesiorum!“

Statim tres magistratus Paulum circumvenerunt et ex urbe traxerunt. Paulo victo atque ablato laetus domum ii. Hanc rem certe memoria tenebo. Vale!

[1] quaestum facere den Lebensunterhalt bestreiten

[2] statūra die Gestalt

[3] violāre beleidigen

2. **Erschließe aus dem Text, welche Bedeutung das Artemis-Heiligtum für die Einwohner der Stadt Ephesos hat.**
3. **Erkläre das Motiv, das Demetrius veranlasst, gegen Paulus vorzugehen.**
4. **Vergleiche die Darstellung des Demetrius in Z. 21–23 mit der christlichen Überlieferung (Apostelgeschichte 19, 21 ff.).**
5. **MK Verfasse einen Antwortbrief des Marcus, in dem auch das Verhalten des Demetrius kritisch gewürdigt wird.**

Kultbild der Artemis von Ephesos. 2. Jh. n. Chr.

A

Ismene – Antigones Schwester

Antigone versucht, ihre Schwester Ismene für den Widerstand gegen Kreon zu gewinnen:

„Creonti regi non resistere scelus est. Cur regi resistere non vis?
Quin parata (bereit) es **ad resistendum**? Solum **resistendo** deis parebis.
Nunc tempus est **resistendi**."

Aber Ismene wagt es nicht, sich Antigone anzuschließen:

„Haec omnia dicis me verbis **confirmatura**. Saepe auxilium tibi dedi.
Nunc quoque exspectas me auxilium tibi **daturam esse**.
Tibi adesse non audeo. Viri leges constituunt.
Nos autem mulieres sumus.
Virorum est imperare, **mulierum est** parere."

1. **Erschließe für die nd-Formen (Z. 2 f.) aus dem Kontext treffende Wiedergabemöglichkeiten.**
2. **Erschließe, welches Zeitverhältnis durch das Partizip confirmatura (Z. 4) und den Infinitiv daturam esse (Z. 5) ausgedrückt wird.**
3. **Übersetze die Genitive mit esse in Z. 8 zuerst wörtlich, dann freier.**

ÜBUNGEN

Lege den Schwerpunkt auf das Üben des Gerundiums: Übung **A** und **F** sind damit Pflicht; wenn du bei den Formen noch Probleme hast, kannst du durch **C** Unterstützung erhalten. Wichtig ist noch Übung **B** zu ferre und den zugehörigen Komposita, außerdem Übung **E** zum Infinitiv Futur. Übung **D** zur Wiedergabe eines Genitivs kannst du ggf. nachholen.

A **Rettung für Antigone?** Neues kompakt

Kreon hat Antigone zum Tode verurteilt. Was wäre aber passiert, wenn Ismene das nicht hingenommen hätte?

Ismena cives in forum vocavit: „Convenite **ad agendum**!
Tempus est **arma capiendi**! **Pugnando** Antigonam servabimus.
Civium bonorum est regi crudeli resistere."
Cives **clamando** sententiam Ismenae probaverunt.
Itaque Creon urbem reliquit.

Aber so endete die antike Tragödie des Sophokles nicht.

Merkspruch zum Gerundium:
-ndi, -ndo, -ndum – Gerundium

B **Unter der Lupe** Formen von ferre analysieren

Suche aus dem Lektionstext alle Formen von ferre und seinen Komposita heraus. Bestimme die Formen wie im Beispiel:
Z. 7: conferri → Infinitiv Präsens Passiv

C **Aufgepasst!** Formen des Gerundiums erkennen

Wähle aus den Verbformen die Gerundien aus.

accendo | agendi | ostendis | accendendo | defendis | condo | veniendo | contendit | vivendum | capiendi | confirmantis

D Lateinunterricht Genitiv der Zugehörigkeit übersetzen

Ordne eine passende Übersetzungsmöglichkeit zu und übersetze.

typisch | Aufgabe | Pflicht

1. Magistrae[1] est pueros et puellas docere.
2. Liberorum est verbis Latinis studere.
3. Magistrarum[1] est verba e liberis quaerere.

[1] magistra, ae die Lehrerin

E Verheißungsvolle Zukunft Infinitiv Futur übersetzen

Während des Gangs durch die Unterwelt offenbarte die Seherin Sibylle Äneas die Zukunft Roms (→ S. 102 f.) Übersetze ihre Weissagungen und stelle Vermutungen darüber an, von wem sie jeweils spricht.

F Deutsch ist anders Gerundium wiedergeben

Vergleiche die lateinischen Sätze mit ihrer deutschen Übersetzung und benenne Gemeinsamkeiten und Unterschiede.

a. **Legendo** multa intellego.
   Durch das Lesen begreife ich vieles.
b. **In legendo** saepe gaudeo.
   Beim Lesen freue ich mich oft.
c. Mihi tempus multas litteras **scribendi** est.
   Ich habe Zeit, viele Briefe zu schreiben.

Übersetze die folgenden Sätze.

d. Cupiditas multa de Diana cognoscendi me movet.
e. Lege deorum Antigona ad resistendum adducta est.

Auf Deutsch

Bruch mit der alten Religion

Das Serapeum, der Tempel des ägyptischen Gottes Serapis in Alexandria, war einer der schönsten und größten Tempel der antiken Welt. Theophilus, der christliche Bischof von Alexandria, hatte 391 n. Chr. vom Kaiser den Auftrag erhalten, dieses Heiligtum zu zerstören.

Civibus Alexandriae nuntius allatus est Theophilum multis cum Christianis[1] ad Serapeum venisse. Civibus convenientibus Theophilus amicis magna voce clamando imperavit: „Auferte monumenta et statuas[2], fratres!“ Statim unus e Christianis[1] ad statuam[2] Serapis contendit et gladio caput dei percussit[3].

Cives hoc scelus ferre non poterant. Sed Theophilus Christianos[1] ad rapiendum impellebat. Capite Serapis percusso[3] reliquas partes statuae[2] e templo trahi atque accendendo exstingui iussit. Statua[2] exstincta Theophilus gaudebat: „Ecce, Deo auctore finem antiquae religionis fecimus!“

[1] Chrīstiānus der Christ

[2] statua: vgl. Fw.

[3] percutere (-cussī, -cussum) zertrümmern

Im Deutschen steht das Prädikat in der Regel an zweiter Stelle im Satz. Überprüfe diese Regel für den Satz Capite Serapis percusso … iussit (Z. 6 f.): Worin besteht in diesem Satz – im Lateinischen und im Deutschen – das erste Satzglied? Suche aus dem Text weitere Beispiele für solche Sätze.

Porträt eines Serapis-Priesters. 3. Jh. n. Chr.

Latein original IV

Der Berichterstatter Cäsar

Fragt man nach einer bekannten Persönlichkeit der römischen Geschichte, fällt wohl jedem gleich der Name Cäsar ein. Tatsächlich hat Gaius Iulius Caesar (100 – 44 v. Chr.) die römische Geschichte enorm beeinflusst. Du selbst hast in diesem Buch schon einiges erfahren über den Bürgerkrieg, an dem er beteiligt war, über seine Beziehung zu Kleopatra, seine Alleinherrschaft und seine Ermordung.

Cäsars Bekanntheit ist aber nicht zuletzt verbunden mit der Eroberung Galliens (große Teile des heutigen Frankreich) in den Jahren 58 bis 52 v. Chr. Bei Asterix vielfach lustig dargestellt, forderte dieser Krieg tatsächlich eine ungeheure Zahl an Opfern – nach antiken Berichten bis zu 1.000.000 Menschen.

Gleichzeitig war dieser Krieg, den Cäsar mit fadenscheinigen Gründen führte, ein entscheidender Schritt auf seiner Karriereleiter, da er ihm nicht

Ein germanischer Reiter und sein Pferd. Koloriertes Gipsmodell des Bildhauers Heinrich Keiling. Um 1913. Die Rekonstruktion zeigt, wie man sich am Anfang des 20. Jahrhunderts einen Germanen vorstellte.

Wie waren die alten Germanen? (Caes. Gall. 6, 21–23 m. A.)

Nachdem Cäsar ausführlich die Lebensweise der Gallier erläutert hat, stellt er diesen die Sitten der Germanen gegenüber:

1. **Lies die fünf Absätze des Textes konzentriert durch und benenne mit je einem Schlagwort die Lebensbereiche, die Cäsar in seiner Beschreibung heraushebt.**
2. **a. Erschließe die Bedeutung von rei militaris (Z. 6): militaris ist Adjektiv zu miles; zur Wendung res militaris vgl. res publica.**
   b. Erschließe die Bedeutung von agri modum certum (Z. 9) im Kontext, indem du zuerst nur neque quisquam … fines habet proprios übersetzt.

Germani multum ab hac consuetudine differunt. Nam neque druides[1] habent, qui rebus divinis praesunt, neque sacrificiis student. Deorum numero eos solos ducunt[2], quos cernunt et quorum aperte opibus iuvantur: Solem et Vulcanum et Lunam. Reliquos ne fama[3] quidem acceperunt[4].

Vita omnis in venationibus[5] atque studiis rei militaris consistit. A parvulis[6] labori ac duritiae[7] student. Agri culturae[8] non student. Maiorque pars eorum victūs in lacte[9], caseo[10], carne[11] consistit.

[1] druidēs *m Pl.* die Druiden (Priester der Gallier)
[2] numerō dūcere *m. Gen.* zählen zu
[3] fāmā *hier:* vom Hörensagen
[4] accipere *hier:* kennenlernen
[5] vēnātiō, ōnis die Jagd
[6] ā parvulīs von klein auf
[7] dūritia die Abhärtung
[8] cultūra die Bebauung
[9] lāc, lactis die Milch
[10] cāseus der Käse
[11] carō, carnis das Fleisch

nur Ruhm, sondern auch immensen Reichtum brachte.

Freilich war nicht jeder in Rom von Cäsars Erfolgen begeistert: Auch deshalb schrieb Cäsar seine **Commentāriī rērum gestārum Galliae**, seine „Berichte" über die Ereignisse in Gallien. In ihnen nimmt er es mit der Wahrheit oft nicht so genau; wichtiger ist es ihm, sein Handeln in ein vorteilhaftes Licht zu rücken. Diese **Commentāriī** stellen in sieben Büchern den Ablauf der Ereignisse unter seiner Statthalterschaft in Gallien dar. Neben den militärischen Auseinandersetzungen finden sich allerdings auch Ausführungen über das Leben und die Bräuche der Stämme und Völker, auf die Cäsar trifft. Auch diese müssen aber kritisch auf ihre Glaubwürdigkeit hin überprüft werden.

Rekonstruktion einer germanischen Siedlung im Landkreis Cuxhaven. Die Siedlung entstand im 1. Jh. v. Chr. und umfasste Wohnstallhäuser, Speicher und Viehställe.

I. MK **Erstellt mithilfe der Informationen, die ihr in eurem Lateinbuch findet, in Teamarbeit eine tabellarische Übersicht über Cäsars Leben. Tragt eure Ergebnisse in ein gemeinsames digitales Dokument ein und ergänzt dann diese Daten mithilfe eines Geschichtsbuchs.**

II. MK **Recherchiert arbeitsteilig, in welchen Medien (z. B. Filme, Bücher, Games) Cäsar eine wichtige Rolle spielt. Stellt entsprechende Informationen für die Klasse kurz zusammen (Info-Plakat oder digitale Präsentation).**

III. **Cäsar stellt in seinen Commentarii die Ereignisse vielfach so dar, wie es für ihn nützlich war. Diese Methode der Darstellung findet sich zu allen Zeiten. Überlege, warum gerade im Krieg die Wahrheit über die Ereignisse häufig verfälscht wird.**

Neque quisquam agri modum certum aut fines habet proprios[12],
ne adsidua[13] consuetudine capti
studium bella gerendi agri culturā[8] commutent[14],
ne latos fines parare studeant
potentioresque humiliores[15] possessionibus[16] expellant.

Civitatibus maxima laus est quam latissime circum se solitudines[17] habere.

Hospitem violare fas[18] non putant. Qui[19] ad eos venerunt, ab iniuria prohibent sanctosque habent; hisque omnium domus patent victusque communicatur[20].

[12] proprius eigen
[13] adsiduus dauerhaft
[14] commūtāre vertauschen
[15] humilis, is, e schwach
[16] possessiō, ōnis der Besitz
[17] sōlitūdō, inis das menschenleere Gebiet
[18] fās *n* das Recht
[19] (Hominēs,) quī
[20] commūnicāre teilen

3. **Vieles, was Cäsar über die Lebensweise der Germanen berichtet, hat die moderne Forschung widerlegt. So betrieben sie z. B. durchaus Landwirtschaft (→ Abbildung). Erschließe, welches Bild der germanischen Gesellschaft Cäsar hier zeichnet; orientiere dich an den fünf Absätzen.**

4. **Cäsar war mit germanischen Stämmen auch in kriegerische Auseinandersetzungen verwickelt. Stelle Aussagen aus dem Text zusammen, in denen die Germanen als gefährliche Gegner erscheinen.**

Auxilia
40502-50

Die römische Welt im Umbruch

Kaiser Konstantin. Kopf einer bronzenen Kolossalstatue. 4. Jh. n. Chr.

Das Imperium in der Krise

In der Mitte des 3. Jahrhunderts geriet das Imperium Romanum in eine schwerwiegende Krise. Ständige Überfälle barbarischer Stämme an Rhein und Donau sowie der Aufstieg des mächtigen Perserreiches im Osten brachten die Legionen in arge Bedrängnis. Hinzu kamen wirtschaftliche Schwierigkeiten und innere Unruhen. Wiederholt riefen die Armeen ihre Befehlshaber zu Kaisern aus – um sie bald darauf wieder zu beseitigen, wenn sie ihre Erwartungen nicht erfüllten. Kaum einer dieser „Soldatenkaiser" hielt sich lange an der Macht. Erst Kaiser Diokletian (284 - 305) gelang es, die Lage zu stabilisieren. Er ordnete den römischen Staat von Grund auf neu, beschränkte den Einfluss von Militär und Senat und schuf eine absolutistische Monarchie, in der sich mehrere Kaiser die Herrschaft teilten. Diese Entwicklungen bildeten den Beginn der Spätantike.

*Münze Konstantins des Großen mit christlichem Feldzeichen und der Umschrift **spēs pūblica**. 337 n. Chr.*

40502-40

„Diese blöden Gänse!"

Ein neuer Glaube

In den Krisenjahren verloren die Menschen zunehmend das Vertrauen in die traditionelle römische Religion mit ihren zahlreichen olympischen Göttern. Sie wandten sich verstärkt Erlösungsreligionen zu, die aus dem Osten des Reiches stammten. Die ägyptische Göttin Isis, der persische Mithras oder der griechische Dionysos versprachen ihren Gläubigen ein Leben nach dem Tod. Auch das aus Judäa stammende **Christentum** gehört zu diesem Kreis der Jenseitsreligionen.

Nachdem die Christen in den vorangegangenen Jahrhunderten immer wieder vom römischen Staat verfolgt worden waren, gelang ihrer Religion mit Kaiser **Konstantin** (306 – 337) schließlich der Durchbruch. Der Legende nach soll dem Kaiser vor der entscheidenden Schlacht gegen einen Rivalen prophezeit worden sein, dass er siegreich sein werde, wenn seine Soldaten mit dem Symbol der Christen in den Kampf zögen. Nach seinem Sieg erkannte der Kaiser das Christentum 313 durch ein Toleranzedikt als offizielle Religion an.

Kaiser Theodosius entschloss sich, dass Imperium Romanum zu teilen und seinen beiden Söhnen Honorius (links) und Arcadius (rechts) zu vermachen. Jeder Reichsteil hatte fortan seine eigene Hauptstadt (Rom im Westen, Konstantinopel im Osten), einen eigenen Kaiser und Senat.

Es dauerte allerdings noch ein knappes Jahrhundert, bis Kaiser **Theodosius** (379–395) die letzten heidnischen Tempel schloss und alle heidnischen Kulthandlungen verbot. Das Christentum war damit zur **Staatsreligion** geworden.

Die Teilung des Imperiums

Um schneller auf die verschiedenen Bedrohungen des Reiches reagieren zu können, hatten die Kaiser der Spätantike ihre Residenzen näher an den Grenzen des Imperiums. Rom verlor seine Bedeutung als politisches Zentrum des Weltreichs. Andere Städte wie Trier, Mailand, Ravenna oder Konstantinopel rückten an seine Stelle und wurden mit prächtigen öffentlichen Bauten ausgestattet. Um die Grenzen besser verteidigen zu können, wurde das Reich 395 schließlich in eine **westliche und eine östliche Hälfte geteilt**.

Der Untergang des Westreiches

Die Ankunft der **Hunnen** – kriegerische Reiternomaden aus den weiten Steppen Asiens – an den Rändern Europas 375 n. Chr. löste eine gewaltige **Völkerwanderung** aus. Mehrere überwiegend germanische Stämme überschritten die Grenzen des Römischen Reiches und unternahmen verheerende Plünderungs- und Eroberungszüge. 410 gelang es den **Goten** sogar, Rom zu erobern.

Im Laufe des 5. Jahrhunderts fiel eine Provinz des Weströmischen Reiches nach der anderen in die Hand der Eindringlinge, die dort eigenständige Königreiche gründeten. Die Bedeutung und die Macht des Westreichs schwanden immer mehr, bis schließlich im Jahr 476 der letzte Kaiser, **Romulus Augustulus**, durch einen in römischen Diensten stehenden germanischen Heerführer abgesetzt wurde.

Das **Oströmische (Byzantinische) Reich** mit seiner aufstrebenden Hauptstadt Konstantinopel hielt jedoch weiter an der Idee einer Reichseinheit fest und bestand noch fast 1000 Jahre lang fort.

1. **Im Jahr 395 besteigt der junge Honorius im Alter von erst zehn Jahren den Thron des Weströmischen Reiches. Sein 18-jähriger Bruder Arcadius wird Herrscher des Ostreiches. Gib den beiden Ratschläge, auf welche drohenden Gefahren sie bei ihrer Herrschaft besonders achten müssen.**
2. **MK Bei Akten blindwütiger Zerstörung wird häufig von „Vandalismus" gesprochen. Recherchiere im Internet zur Herkunft dieses Begriffs und erkläre, wie er mit der Völkerwanderung in Verbindung steht.**

B
Additum

Der TRAUM von TOLERANZ

Im Jahr 711 drang ein muslimisches Heer über die Meerenge von Gibraltar auf die Iberische Halbinsel vor. Nach dem Sieg über die dort herrschenden Westgoten brachten die Muslime die Iberische Halbinsel – von den Arabern als **al-Andalus** bezeichnet – unter ihre Herrschaft. Bald entstand hier eine bemerkenswerte Kultur. **Cordoba**, die Hauptstadt von al-Andalus, war im 10. Jh. die größte Stadt Europas: Dort gab es eine Bibliothek, die mehr Bücher umfasste als das gesamte restliche Europa zusammen; dort erblühten Architektur, Literatur, Naturwissenschaften und Philosophie. So manches Wissen, das nach dem Ende des Weströmischen Reiches verloren schien, kam über al-Andalus ins restliche Europa. Der Moslem Ibn Rushd (lat. Averroes, 1126 - 1198) galt auch im christlichen Europa als maßgebliche Autorität für den griechischen Philosophen Aristoteles.

Der Grund für diese Blütezeit war eine erstaunliche **religiöse Toleranz** zwischen Islam, Christentum und Judentum. Diese hielt sich trotz fundamentalistischer Anfeindungen von christlicher und islamischer Seite auch über den Niedergang des Reiches von Cordoba hinaus.

Nach und nach gewannen aber christliche Herrscher immer mehr Gebiete zurück, und schließlich wurde Granada als letzte muslimische Region der Iberischen Halbinsel 1492 an eine christliche Streitmacht übergeben.

In der Rückschau wurde al-Andalus oft zu einem Ideal, gar zu einem „Märchen" (so der Philosoph Johann Gottfried Herder) verklärt. Dies ist natürlich übertrieben. Dennoch blieb es in Erinnerung als ein Ort des Austauschs von Morgenland und Abendland, der noch heute in vieler Hinsicht als Vorbild gesehen wird.

Informiert euch arbeitsteilig über den hier angesprochenen Ibn Rushd und den jüdischen Gelehrten Maimonides; erklärt dann, inwiefern sie typisch sind für die Kultur von al-Andalus.

Blick in die über 1000 Jahre alte Bethalle der Großen Moschee von Córdoba. Der Großteil der 856 Säulen stammt von römischen Vorgängerbauten.

3 Religionen – 1 Glaube?

Der Kultur von al-Andalus entstammte der christliche Gelehrte Ramon Llull (1232 – 1316; lat. Raimundus Lullus), der auch den Islam sehr gut kannte. In seinem „Buch vom Heiden und den drei Weisen“ unterweisen drei Gelehrte einen wissbegierigen „Heiden“ über ihre jeweiligen Religionen: Christentum, Judentum, Islam. Am Ende stellen die drei Gelehrten grundsätzliche Überlegungen zum Glauben an.

1. Erschließe, ausgehend von Schlüsselwörtern und Sachfeldern, die thematischen Schwerpunkte der vier Textabschnitte.

Primus sapiens[1]: „Magna cum voluptate vobiscum locutus sum et dulce mihi fuit, quod convenimus, ut his de rebus loqueremur. Sic enim sensi nobis omnibus unum deum esse. Itaque – ut mihi videtur – intellegendum nobis est, quae sit communis fides et quo modo deum una vereri possimus. Cogitate de discordia[2] perpetua religionum: Quot pugnae factae sunt, quot dolores genus humanum passum est! Iterum iterumque fit, ut milia hominum pugnis crudelibus moriantur.“

Secundus respondit: „Sed pectora multorum hominum metu premuntur, ne ritus[3] sacri, qui ad fidem suam pertinent, mutentur. Iis enim ritibus[3] plurimi homines non solum deo serviunt; iis etiam utuntur, ut vitam suam instruant. Itaque intra eam fidem suam semper vivere volunt, ad ritūs[3] servandos semper spectant. Nihil mutandum esse putant – omnia sibi servanda esse credunt.“

Ad hoc tertius e sapientibus[1]: „Recte loqueris. Sed saepe potestatem veritatis[4] mirabar, qua homines moventur. Ea potestate fieri potest, ut unam fidem communem sequamur.“

Tum iterum primus sapiens[1]: „Priusquam homines fidem communem docemus, nobis ipsis cognoscenda est illa fides communis. Ergo hoc pollicemur: Iterum atque iterum conveniemus, ut cognoscamus illud vinculum, quod homines iungit. Eo cognito ad terras orbis proficiscemur et de fide communi loquemur.“

[1] sapiēns, ntis weise; *Subst.* der Weise

[2] discordia der Streit, die Uneinigkeit

[3] rītus, ūs der Brauch; *Pl.* die Riten

[4] vēritās, ātis *f* die Wahrheit

2. Erkläre, welche Funktionen nach der Ansicht des zweiten Weisen (Z. 8–12) religiöse Bräuche haben und inwiefern ein Unterschied zwischen diesen Bräuchen und dem Glauben an sich besteht.

3. MK Informiere dich im Internet über die Ringparabel von Gotthold Ephraim Lessing und stelle die wesentlichen Inhalte anhand einer kurzen digitalen Präsentation deinen Mitschülern vor. Arbeitet dann Gemeinsamkeiten und Unterschiede zu unserem Text heraus.

4. Bezieht in einer Diskussion Stellung zu der hier formulierten Idee eines gemeinsamen Glaubens.

Jude und Muslim beim Schachspiel: Buchmalerei aus dem „Buch der Spiele“ des Königs Alfons X. von Kastilien (1221 –1284).

B

Ehrfurcht vor den Göttern

Sacerdos Romanus: Homines deos **verentur** (timent).
Scimus: Romani deos **veriti sunt** (timuerunt).
Romani deos **veriti** (timentes) sacra faciebant.

Romani credebant:
Dei **colendi sunt**.
Dei etiam nobis **colendi sunt**.
Itaque deis **parendum est**.

timēre timeō timuī fürchten, Angst haben	~	verērī vereor veritus sum fürchten, verehren

1. **Das Verb timēre und das neue Verb verērī haben weitgehend die gleiche Bedeutung. Beschreibe die grammatischen Besonderheiten dieses neuen Verbs, bei dem es sich um ein sog. Deponens handelt. Beachte dazu auch die Stammformen.**
2. **Die markierten nd-Formen in Z. 5 – 7 drücken in Verbindung mit esse eine Notwendigkeit aus. Erschließe eine treffende Übersetzung.**

ÜBUNGEN

Die Deponentien kannst du selbstständig üben. Die Übungen **A** und **B** sind für alle Pflicht. Zu den nd-Formen ist Übung **C** wichtig. Wer schnell vorwärts kommt, bereitet zusammen mit einem Partner Übung **E** so vor, dass die Ergebnisse in der Klasse vorgestellt werden können: Erprobt dabei verschiedene Wiedergabemöglichkeiten für Partizipialkonstruktionen (→ Begleitband, S. 185).

A Abraham – Urvater für Juden, Christen und Muslime
Neues kompakt

Abraham lebte mit seiner Familie umgeben von Völkern, die viele Götter verehrten; er aber folgt seinem eigenen Glauben:

Abraham fidem[1] in unum Deum servabat. Deum **verebatur**, leges Dei semper **sequebatur**. Itaque imperium Dei **secutus est**, qui gentem suam novam patriam petere iusserat. Deus etiam **pollicitus erat** se gentem eius magnam facere velle.

Abraham hanc rem **miratus** ita cum Deo **locutus est**: „Id fieri non potest. Et ego et uxor senes sumus. Filius nobis non est.“ Tamen Abraham imperium Dei **secutus** novam patriam petivit. Deus autem fidem[1] servabat: In patria nova magna gens facta est.

← Die Formen der Deponentien sind in diesem Text hervorgehoben. Ihre Bedeutung und ihre Stammformen findest du im Begleitband auf S. 180 f.

[1] fidēs, eī *f* der Glaube, die Treue

B Auf Formensuche
Verbformen bestimmen

Finde alle Deponentien im ersten Absatz des Lektionstextes (Z. 1 – 7) und bestimme sie nach Tempus und Modus.

C Pflichten in Rom
Prädikatives Gerundiv wiedergeben

Parentes colendi sunt. Liberis parentes colendi sunt.
Servis multum laborandum est.
Senatoribus de re publica consulendum est.
Auctoritati senatorum parendum est.
Et senatoribus et populo leges servandae sunt.

Die Porta Praetoria in Regensburg, das Nordtor des Legionslagers Castra Regina, 2. Jh. n. Chr.

D Die Sicherung der Grenzen Treffende Bedeutungen finden

Der Veteran Aurelius erzählt, wie die Römer die Grenzen des Reiches schützen.
Übersetze **fieri** und **facere** treffend.

1. Ad fines imperii Romani munitiones (Befestigungen) fiunt.
2. Saepe fit, ut milites munitiones faciant.
3. Munitionibus bene factis tamen fieri potest, ut hostes castra petant.
4. ▶ Fines imperii impetu hostium facto tuti erant.

E Auch das noch! Partizipien unterscheiden

Übersetze und achte dabei auf das Zeitverhältnis der Partizipien zum Prädikat.

1. Miles multos dolores passus tandem rediit.
2. Ille homo multa pollicens nihil efficit.
3. Poenas veriti homines leges sequuntur.
4. Exercitus e castris profectus mox hostes vidit.

F Lernen für das Leben? nd-Formen erfassen

Ein Philosoph unterrichtet seine Schüler. Übersetze seine Lehren.

1. Multi libri vobis legendi sunt. 2. Iniuria ferenda non est.
3. Corpus exercendum est. ▷ 4. Omnibus leges servandae sunt.
5. Magistratibus salus civium neglegenda non est.
▶ 6. Curandum est, ut viam recte vivendi deligamus.
7. Haec omnia gravia esse negandum non est.

Die Arche Noah.
Islamische Miniatur aus dem 16. Jh.

Auf Deutsch

Die große Flut

In der Bibel gibt es – wie auch in anderen Kulturen – die Erzählung von der Sintflut: Eine gewaltige Überschwemmung (**dīluvium**) sollte die Menschheit, die sich von Gott abgewandt hatte, vernichten. Nur Noah (**Nōe**) und seine Familie sollten überleben – in einem von ihm gebauten Schiff, der Arche (**arca**).

Deus (homines malos esse videns) diluvium misit, ut eos interficeret. Sed Noe, vir iustus[1], leges Dei secutus fidem servaverat. Deus igitur familiam eius perire non passus virum arcam aedificare[2] iussit.

(Veritus, ne etiam animalia[3] in undis morerentur), virum ea in arcam ducere iussit. Homines mali virum navem aedificare[2] mirati paulo post in diluvio mortui sunt. Remansit autem solus Noe et qui cum eo erant in arca.

[1] iūstus gerecht
[2] aedificāre bauen
[3] animal, ālis *n* das Tier

Wenn von einem Pc noch ein AcI oder Nebensätze abhängen, ergeben sich bei der Wiedergabe im Deutschen oft umständliche Satzgefüge. In zwei Sätzen des Textes findest du Markierungen, die dir den Überblick erleichtern (Z. 1 und 4). Nutze ggf. solche Markierungen auch in den anderen Sätzen mit Pc.
Erprobe elegante Wiedergabemöglichkeiten im Deutschen, indem du die Übersetzung des Pc durch Adverbialsätze vermeidest (→ Begleitband, S. 141 f.). Erkläre jeweils deine Wiedergabe.
Sammelt eure Übersetzungen in einem gemeinsamen digitalen Dokument (jeweils der lateinische Satz und seine Übersetzungsmöglichkeiten). Führt dieses Dokument dann weiter und ergänzt es um andere derartige Beispiele.

V

Latein original

Die Schätze der Provinzen

wurden für Rom immer wichtiger. Neben den hohen Steuereinnahmen kamen aus den Provinzen wichtige Waren (z. B. Getreide aus Sizilien und Ägypten), zunehmend aber auch Luxusgüter → S. 112 f. Doch die Römer bereicherten sich in den Provinzen auch an fremdem Eigentum: Häuser und Tempel wurden geplündert, Gold und Kunstwerke geraubt.

Diese überlebensgroße Marmorstatue der Göttin Athena Promachos wurde in einer Luxusvilla in Herkulaneum gefunden. Es handelt sich um die römische Kopie eines griechischen Originals aus dem 3. Jh. v. Chr. Nachdem die Römer zu den unumstrittenen Herren der Mittelmeerwelt geworden waren, dürsteten sie geradezu nach Prestigeobjekten, mit denen jeder Einzelne seine Macht und seinen Reichtum, aber auch seine Bildung und Kultur zur Schau stellen konnte. Tausende Kunstobjekte – Originale und hochwertige Kopien – schmückten die Häuser der römischen Oberschicht.

Rede gegen den Räuber (Cic. Verr. II 4, 122)

Sizilien wurde 212 v. Chr. von Marcus Claudius Marcellus erobert und dann zur ersten römischen Provinz. Dennoch blieb es viele Jahrhunderte eine reiche und kulturell bedeutsame Insel. Doch 73 v. Chr. wird Verres römischer Statthalter – und vor allem die Bewohner der Stadt Syrakus (Syrācūsae, ārum) leiden unter ihm. Vor Gericht erläutert Cicero, was Verres im Minerva-Tempel verbrochen hat.

Auxilia 40502-51

1. **Lies den Text aufmerksam durch und stelle – auch mithilfe der Angaben – die Personen zusammen, die genannt werden. Welche Personen werden wiederholt gegenübergestellt?**

Aedis Minervae est in insula, de qua ante[1] dixi. Quam Marcellus non attigit, quam plenam atque ornatam reliquit.
Quae ab isto[2] sic spoliata atque direpta est[3],
ut non ab hoste aliquo,
qui tamen in bello religionem et consuetudinis iura retineret,
sed ut a barbaris praedonibus[4] vexata esse videatur.

[1] ante *Adv.* ~ anteā
[2] iste: gemeint ist Verres
[3] dīripere (PPP dīreptum) plündern
[4] praedō, ōnis der Räuber

Nun kommt Cicero auf ein berühmtes Gemälde im Minerva-Tempel zu sprechen, das eine Reiterschlacht des sizilischen Tyrannen Agathocles (um 300 v. Chr.) zeigt.

Pugna erat equestris Agathoclis regis in tabulis picta[5] praeclare. Iis autem tabulis interiores[6] templi parietes vestiebantur[7].

[5] pictus gemalt
[6] interior innere, Innen-
[7] vestīre bedecken

Oft war es wichtig, wie sich die zuständigen römischen Beamten vor Ort verhielten. Hatten die Bewohner einer Provinz Glück, dann wurden sie von gewissenhaften Männern verwaltet. So waren die Bürger Siziliens einem jungen Beamten namens Marcus Tullius Cicero (106 – 43 v. Chr.) noch Jahre später dafür dankbar, dass er 75 v. Chr. seine Aufgabe als Finanzverwalter (Quästor) der Provinz so gerecht ausgeübt hatte.

Doch nur zwei Jahre später ereilt die Sizilier ein großes Unglück: Der neue Statthalter (Proprätor) Gaius Verres nutzt seine Machtposition aus und plündert die gesamte Insel: Schmuck, wertvolle Gemälde und sogar heilige Statuen aus den Tempeln – Verres raubt alles, was ihm gefällt, um damit sein Privathaus in Rom zu verschönern.

Die Sizilier sind entrüstet über Verres' Raubzüge und entschließen sich, ihn in Rom vor Gericht zu bringen. Für den Prozess brauchen sie allerdings einen Anwalt, der mutig genug ist, den mächtigen und reichen Verres anzuklagen. Da kommt für die Sizilier nur einer in Frage: ihr ehemaliger Quästor Cicero – und der talentierte junge Anwalt nimmt die schwierige Aufgabe auf sich. Vor Gericht konfrontiert Cicero den Angeklagten mit einem Vorwurf nach dem anderen: Verres habe sich wie ein „Tyrann" verhalten; er habe „Heiligtümer geplündert, zahlreiche Unschuldige getötet, sogar römische Bürger habe er mit Todesstrafe, Folter oder Kreuzigung bestraft und verurteilte Verbrecher gegen Geldzahlungen davonkommen lassen".

I. Recherchiere im Internet oder in einem Werk zur römischen Literatur, wie der Verres-Prozess ausging und was dieser Prozess für Ciceros Karriere bedeutete.

II. MK Erstellt arbeitsteilig in kleinen Teams digitale Übersichten zu folgenden Grammatikthemen: Relativsatz, relativer Satzanschluss, Imperfekt Aktiv und Passiv, Perfekt Aktiv und Passiv. Informiert euch über das grammatische Register, wo diese Themen im Buch zu finden sind, und ergänzt Beispiele aus dem folgenden Text.

Nihil erat eā picturā[8] nobilius, nihil Syracusis[9], quod magis visendum[10] putaretur.

Has tabulas M. Marcellus,
cum omnia victoriā illā suā profana[11] fecisset,
tamen religione impeditus non attigit.

Iste,
cum illa propter diuturnam[12] pacem fidelitatemque[13]
populi Syracusani[14] sacra religiosaque[15] accepisset,
omnes eas tabulas abstulit, parietes,
quorum ornatus tot saecula manserant, tot bella effugerant,
nudos ac deformatos[16] reliquit.

[8] pictūra das Gemälde
[9] Syrācūsīs in Syrakus
[10] vīsendus sehenswert
[11] profānus: vgl. Info
[12] diūturnus langjährig
[13] fidēlitās, ātis die Treue
[14] Syrācūsānus von Syrakus
[15] sacra religiōsaque in heiligem und unversehrtem Zustand
[16] dēfōrmātus entstellt

2. Untersucht arbeitsteilig die Textstellen, in denen Cicero über Marcellus bzw. Verres spricht. Vergleicht anschließend eure Ergebnisse und stellt diese mit lateinischen Zitaten in einer Tabelle gegenüber.

3. Erkläre, mit welcher Absicht Cicero das Verhalten von Marcellus und Verres vergleicht.

4. a. Kunstraub gab es nicht nur in der Antike; bis heute werden Kunstwerke aus anderen Ländern geraubt und an Museen oder Privatleute verkauft. Recherchiert nach Beispielen.
b. Diskutiert, ob es erlaubt sein sollte, Kunstwerke aus einem bestimmten Kulturkreis in andere Länder zu transportieren bzw. dorthin zu verkaufen.

profānus „unheilig"

Vor der Eroberung einer Stadt war es üblich, dass der römische Feldherr die heimischen Götter aus der Stadt herausrief, um sie bei der Eroberung nicht zu verletzen. Damit standen dann auch die Tempel dieser Götter für jeden offen und konnten wie Privathäuser geplündert werden – sie waren „profan". Die Gemälde des Minervatempels hatte Marcellus aber trotzdem nicht angetastet.

Erschließe für omnia … profana fecisset eine freie Wiedergabe im Deutschen.

Zeittafel zur römischen Geschichte

v. Chr.

um 900	Erste Hirtensiedlungen auf dem Palatin
753	sagenhaftes **Gründungsdatum der Stadt Rom**
um 750	**Beginn der griechischen Kolonisation:** Einwanderung der Griechen nach Unteritalien und Sizilien
um 550	Herrschaft etruskischer Könige in Rom; Errichtung des Circus Maximus und der ersten römischen Stadtmauer
510	Vertreibung des Tarquinius Superbus: Ende der etruskischen Königsherrschaft und **Beginn der römischen Republik**
507	Einweihung des Tempels des Iuppiter Capitolinus
450	**Zwölftafelgesetz:** Erste schriftliche Fixierung des römischen Rechts
367	Zulassung der Plebejer zum Konsulat
269	Erste römische Münzprägungen
um 264	Nach zahlreichen Kriegen gegen die umliegenden Völker ist die **römische Herrschaft in Mittel- und Süditalien gefestigt.**
264–241	**1. Punischer Krieg**
242	Einrichtung der ersten römischen Provinz (Sicilia)
227	Einrichtung der Provinz Sardinia et Corsica
218–201	**2. Punischer Krieg**
219/218	Hannibal zieht durch Spanien bis nach Italien: **Alpenübergang**
217	Schlacht am **Trasimenischen See**: Niederlage der Römer gegen die Karthager
216	Schlacht bei **Cannae**: Verheerende Niederlage der Römer gegen die Karthager
202	Schlacht bei **Zama**: Sieg der Römer über Hannibal
197	Spanien wird römische Provinz (Hispania).
149–146	**3. Punischer Krieg**
148	Einrichtung der Provinz Macedonia
146	**Zerstörung Karthagos:** Africa wird römische Provinz. Griechenland wird zur römischen Provinz Achaia. **Herrschaft der Römer über den Mittelmeerraum**
129	Einrichtung der Provinz Asia
73–71	Sklavenaufstand unter Spartakus
63	**Konsulat Ciceros**
59	**Konsulat Cäsars**
58–51	**Eroberung Galliens durch Cäsar**
51	Einrichtung der Provinz Gallia ▶

▶ 10./11.1.49	Cäsar überschreitet mit seinen Truppen den **Rubikon.**
49–45	**Bürgerkrieg:** Cäsar gegen Pompejus und die Senatspartei
48	**Schlacht bei Pharsalos:** Sieg Cäsars über Pompejus
48–47	Cäsar in Ägypten bei **Kleopatra**
47–44	Diktatur Cäsars
15.3.44	**Ermordung Cäsars**
42	**Schlacht bei Philippi:** Niederlage der Cäsarmörder
31	**Schlacht bei Aktium:** Sieg Oktavians über Marcus Antonius und Kleopatra
30	Selbstmord des Antonius und der Kleopatra Ägypten wird römische Provinz.
27	Der Senat verleiht Oktavian den Ehrentitel **Augustus: Beginn des Prinzipats**
19	Veröffentlichung der „Aeneis" Vergils

n. Chr.

6	Einrichtung der Provinz Iudaea
9	**Schlacht im Teutoburger Wald:** Sieg des Cherusker-Fürsten Arminius über die Legionen des römischen Feldherrn Varus
14	Tod des Augustus
14–68	**Julisch-Claudisches Herrscherhaus**
14–37	**Kaiser Tiberius**
um 30	Kreuzigung Jesu
37–41	**Kaiser Caligula**
41–54	**Kaiser Claudius**
43	Britannien wird römische Provinz.
54–68	**Kaiser Nero**
64	**Brand Roms:** erste Christenverfolgungen
69–96	**Flavisches Herrscherhaus**
69–79	**Kaiser Vespasian**
70	**Eroberung Jerusalems** durch Titus
79–81	**Kaiser Titus**
79	**Vesuv-Ausbruch:** Zerstörung von Pompeji und Herkulaneum
80	Einweihung des Kolosseums
81–96	**Kaiser Domitian**
84	Baubeginn des **Limes** in Germanien ▶

▶ um 85	Einrichtung der Provinzen Germania superior und inferior
96–192	**Adoptivkaiser**
96–98	**Kaiser Nerva**
98–117	**Kaiser Trajan**
106–115	**Größte Ausdehnung des Römischen Reiches** (Schaffung der Provinzen Arabia, Dacia, Armenia, Mesopotamia und Assyria)
117–138	**Kaiser Hadrian**
122	Errichtung des Hadrianswalls in Nordengland
138–161	**Kaiser Antoninus Pius**
161–180	**Kaiser Mark Aurel**
180–192	**Kaiser Commodus**
193–235	**Severisches Kaiserhaus**
235–305	**Soldatenkaiser**
um 250	Erste allgemeine Christenverfolgung unter den Kaisern Decius und Valerian
um 250	Beginn der **Völkerwanderung**
284–305	**Kaiser Diokletian**
303–311	Christenverfolgung unter Diokletian
306–337	**Kaiser Konstantin**
313	Toleranzedikt von Mailand: Religionsfreiheit für die Christen
330	**Konstantinopel wird Hauptstadt des Römischen Reiches.**
379–395	**Kaiser Theodosius**
380	Das **Christentum wird Staatsreligion.**
391	Verbot heidnischer Kulte
393	Verbot der Olympischen Spiele
395	**Reichsteilung** nach dem Tod des Theodosius (Entstehung eines West- und eines Oströmischen Reiches)
410	Rom wird von den Westgoten (Alarich) eingenommen.
476	Absetzung des letzten weströmischen Kaisers durch den Germanen Odoaker: **Ende des Weströmischen Reiches**
527–565	**Kaiser Justinian** (Sein Versuch, die Reichseinheit wiederherzustellen, scheitert.)
seit 7. Jh.	Ausbreitung des Islam: Die Ostprovinzen fallen an die Araber.
800	Kaiserkrönung Karls des Großen
1453	**Ende des Oströmischen Reiches** (29. Mai: Einnahme Konstantinopels durch die Osmanen)

Eigennamen

A

Acca, ae *f* Acca (die Frau des Hirten Faustulus; sie zog mit ihm zusammen Romulus und Remus auf.)

Acherōn, ontis *m* (der mythische Unterweltsfluss, den die Schatten der Verstorbenen überqueren mussten, um in die Unterwelt zu gelangen)

Achillēs, is *m* Achilles (der stärkste der griechischen Helden im Trojanischen Krieg)

Actium, ī *n* Aktium (Ortschaft an der Westküste Griechendlands; in der Seeschlacht bei Aktium besiegte 31 v. Chr. Octavian seinen Gegenspieler Marcus Antonius und Kleopatra.)

Aegyptus, ī *f* Ägypten (römische Provinz seit 30 v. Chr.)

Aenēās, ēae *m* Äneas (trojanischer Held, Sohn der Göttin Venus und des trojanischen Fürsten Anchises; Stammvater der Römer. Nach der Zerstörung Trojas musste er mit seinen Gefährten lange Irrfahrten bestehen, bis er zur neuen Heimat Italien gelangte.)

Aeschylus, ī *m* Aischylos (griech. Tragödiendichter aus Athen, 525–456 v. Chr.; seine Dramen, von denen sieben erhalten sind, spiegeln die Moral seiner Zeit wider: Ungesühnte Schuld vererbt sich fort und erzeugt neue Schuld. Menschliches Glück kann zur Überheblichkeit (griech. hybris) führen, die in der Vernichtung enden muss.)

Aesōpus, ī *m* Äsop (griech. Fabeldichter, der wahrscheinlich im 6. Jh. v. Chr. gelebt hat; nach antiken Berichten war er ein Sklave aus Thrakien. Äsop gilt als Begründer der europäischen Fabeldichtung.)

Aetna, ae *f* der Ätna (Vulkan auf Sizilien. Nach antiker Vorstellung befanden sich unter dem Ätna die Werkstätten des Schmiedegottes Vulcanus.)

Āfrica, ae *f* Afrika (Die Römer verstanden darunter in erster Linie das ihnen bekannte Nordafrika; Afrika wurde nach der Zerstörung Karthagos 146 v. Chr. römische Provinz.)

Agamemnō, onis *m* Agamemnon (mythischer König von Mykene, Bruder des Menelaos; einer der Anführer der Griechen im Trojanischen Krieg)

Agricola, ae *f* Gnaeus Iulius Agricola (röm. Senator und Feldherr, 40–93 n. Chr.; Agricola war 77–84 Statthalter der Provinz Britannien. Bei der Schlacht am Mons Graupius besiegten seine Truppen den Stamm der Kaledonier unter seinem Anführer Calgacus.)

Agrippa, ae *m* Marcus Vipsanius Agrippa (röm. Feldherr und Politiker, um 64–12 v. Chr.; er hatte schon als Jugendlicher Gaius Octavius, den späteren Augustus, kennengelernt. Er blieb lebenslang sein engster Freund, wichtigster Vertrauter und Feldherr.)

Alba Longa, ae *f* Alba Longa (Stadt in Latium, die von Iulus gegründet wurde, nachdem Lavinium – die alte Hauptstadt der trojanischen Einwanderer – zu klein geworden war. Alba Longa blieb Hauptstadt, bis Romulus Rom gründete.)

Alexander, drī *m* Alexander der Große (König von Makedonien 336–323 v. Chr.; eroberte das Perserreich und weitere Gebiete des Vorderen und Mittleren Orients und vereinte diese zu einem Großreich.)

Alexandrīa, ae *f* Alexandria (ägyptische Hafenstadt, 331 v. Chr. von Alexander dem Großen gegründet. Alexandria war neben Rom die größte Stadt der Antike und eines der wichtigsten wirtschaftlichen und kulturellen Zentren des Mittelmeerraumes.)

Alpēs, ium *f* die Alpen

Amor, ōris *m* Amor (griech. Eros; der Liebesgott, Sohn der Venus)

Amūlius, ī *m* Amulius (König von Alba Longa. Er vertrieb seinen älteren Bruder Numitor und tötete dessen Söhne. Numitors Enkel, Romulus und Remus, töteten später Amulius und gaben Numitor die Herrschaft zurück.)

Anchīsēs, ae *m* Anchises (trojanischer Fürst, Vater des Äneas)

Antigona, ae *f* Antigone (Tochter des Ödipus; sie widersetzte sich dem Verbot ihres Onkels Kreon, ihren Bruder Polyneikes zu bestatten, und musste dafür mit dem Leben bezahlen.)

Antōnius, ī *m* Marcus Antonius (röm. Politiker und Feldherr, um 85–30 v. Chr.; unter Julius Cäsar (einem Cousin seiner Mutter) machte er eine steile militärische und politische Karriere. Nach Cäsars Tod kam es zwischen Antonius und Octavian zum Kampf um die Herrschaft. In der Schlacht bei Aktium wurden Antonius und seine Verbündete Kleopatra besiegt.)

Aphrodītē, ēs *f* Aphrodite (→ Venus)

Apollō, Apollinis *m* Apoll (griech. Apollon; der Gott des Lichts, der Musik und Künste, der Heilkunst und Weissagung. Sohn des Jupiter, Zwillingsbruder der Diana. In der griech. Stadt Delphi befand sich sein berühmtestes Heiligtum mit Orakelstätte.)

Arēs, is *m* Ares (→ Mārs)

Ariadna, ae *f* Ariadne (Tochter des Königs Minos; sie half Theseus mit dem roten Faden bei der Überwindung des Minotaurus. Theseus ließ sie während der Überfahrt von Kreta nach Athen alleine auf der Insel Naxos zurück.)

Artemis, idis *f* Artemis (→ Diāna)

Asia, ae *f* Kleinasien (seit 129 v. Chr. römische Provinz)

Athēna, ae *f* Athene (Schutzgöttin Athens → Minerva)

Athēnae, ārum *f Pl.* Athen (die bedeutendste Stadt in Griechenland)

Atia, ae *f* Atia (gest. 43 v. Chr.; Atia war die Mutter des röm. Kaisers Augustus und die Nichte von Gaius Iulius Caesar.)

Augusta Trēverōrum *f* Trier (um 16 v. Chr. von den Römern in der Nähe eines Stammesheiligtums der keltischen Treverer gegründet. Gegen Ende des 3. Jh.s n. Chr. wurde Trier zur röm. Kaiserresidenz und Hauptstadt des weströmischen Teilreiches.)

Augustus, ī *m* Augustus (ursprünglicher Name: Gaius Octavius, 63 v. Chr.–14 n. Chr.; nach dem Tod seines Großonkels und Adoptivvaters Julius Cäsar setzte er sich in einem blutigen Bürgerkrieg gegen seine Rivalen durch und wurde zum Alleinherrscher Roms; 27 v. Chr. verlieh ihm der Senat den Ehrentitel Augustus („der Erhabene"); dieses Datum gilt als Beginn des römischen Kaisertums bzw. als Ende der römischen Republik. Augustus ordnete und befriedete das Reich innen- und außenpolitisch, förderte Kunst, Literatur und Wissenschaften.)

Aventīnus (mōns) *m* der Aventin (einer der sieben Hügel Roms)

B

Bacchus, ī *m* Bacchus (griech. Dionysos; der Gott des Weines. Ihm zu Ehren wurden in Athen jährlich Theateraufführungen veranstaltet.)

Bīthȳnia, ae *f* Bithynien (Landschaft an der Nordküste Kleinasiens; auf der Flucht vor den Römern nahm sich Hannibal 183 v. Chr. in Bithynien das Leben. 74 v. Chr. wurde das Königreich Bithynien römische Provinz.)

Britannia, ae *f* Britannien (Britannien war im 1. Jh. n. Chr. ein Rückzugsgebiet für gallische Rebellen geworden. 43 n. Chr. marschierten die Römer auf Befehl des Kaisers Claudius in Britannien ein und machten den südlichen Teil der Insel zur Provinz Britannia.)

Brūtus, ī *m* Lucius Junius Brutus (Freund des Collatinus und seiner Frau Lukretia; um 500 v. Chr. Anführer der Verschwörer gegen König Tarquinius Superbus. Nach dem Ende der Etruskerherrschaft war er zusammen mit Collatinus erster römischer Konsul.)

C

Caesar, aris *m* Gaius Julius Cäsar (röm. Politiker, Feldherr und Schriftsteller, 100–44 v. Chr.; Eroberer Galliens (58–51 v. Chr.); als Politiker strebte er die Alleinherrschaft in Rom an; er besiegte in dem von ihm ausgelösten Bürgerkrieg Pompejus und die Senatspartei. Am 15. März 44 v. Chr. wurde er von einer Gruppe römischer Senatoren ermordet. Augustus nahm den Begriff Caesar in seinen Namen auf; dadurch wurde er Titel der römischen Herrscher.)

Caesariō, ōnis *m* Kaisarion (47–30 v. Chr.; Sohn von Kleopatra und Julius Cäsar. Octavian betrachtete den Cäsar-Sohn als potentiellen Rivalen und ließ ihn nach der Schlacht bei Aktium hinrichten.)

Calgācus, ī *m* Calgacus (Heerführer der Kaledonier; 83 n. Chr. wurden er und seine Truppen von den Römern besiegt. Nach dem Bericht des Historikers Tacitus rief Calgacus vor der Entscheidungsschlacht seine Landsleute in einer flammenden Rede zur Einigkeit auf und klagte die Römer als gewissenlose Aggressoren an.)

Calpurnia, ae *f* Calpurnia (die Ehefrau Julius Cäsars, geb. um 77 v. Chr.; Calpurnia war die Tochter eines einflussreichen Senators. Wie in der röm. Oberschicht üblich, diente die Heirat zur Festigung politischer Verbindungen. Es ist nicht bekannt, wie sich Calpurnia über Cäsars Liebschaft mit Kleopatra äußerte, die seit 46 v. Chr. in Rom residierte.)

Calypsō, ūs *f* Kalypso (eine Nymphe auf der Insel Ogygia, wo Odysseus auf seinen Irrfahrten strandete; Kalypso verliebte sich in ihn und behielt ihn sieben Jahre bei sich, musste ihn dann aber auf Befehl des Zeus ziehen lassen.)

Cannae, ārum *f Pl.* Cannä (Stadt in Italien, 216 v. Chr. Schauplatz der Schlacht, bei der die Römer vom karthagischen Feldherrn Hannibal vernichtend geschlagen wurden)

Capitōlium, ī *n* das Kapitol (einer der sieben Hügel Roms; heiligster Ort Roms, denn hier stand der Tempel des Iuppiter Optimus Maximus und seiner Begleiterinnen Juno und Minerva („Kapitolinische Trias").)

Carthāgō, inis *f* Karthago (Stadt in Nordafrika, in der Nähe des heutigen Tunis; Karthago war erbitterte Konkurrentin Roms im Kampf um die Beherrschung des Mittelmeerraumes; nach dem Ende des 3. Punischen Krieges wurde die Stadt 146 v. Chr. von den Römern zerstört.)

Caucasus (mōns) *m* der Kaukasus (Gebirge zwischen Schwarzem und Kaspischem Meer)

Cerberus, ī *m* Zerberus (der dreiköpfige Hund, der den Eingang zum Tartarus (Unterwelt) bewachte.)

Cerēs, Cereris *f* Ceres (griech. Demeter; die Göttin des Ackerbaus und der fruchtbaren Erde. Von Jupiter Mutter der Proserpina.)

Charōn, ontis *m* Charon (der Fährmann, der die Verstorbenen in seinem Kahn über den Unterweltsfluss in die Unterwelt brachte.)

Cicerō, ōnis *m* Marcus Tullius Cicero (röm. Politiker, Redner, Philosoph und Schriftsteller, 106–43 v. Chr.; als Anwalt und Politiker hielt er zahlreiche literarisch bedeutsame Reden. Cicero war ein entschiedener Befürworter der röm. Republik und geriet daher in Konflikt mit Cäsar und Marcus Antonius; auf Betreiben des Letzteren wurde Cicero ermordet.)

Cincinnātus, ī *m* Cincinnatus (röm. Aristokrat und Politiker, um 519–430 v. Chr.; als Rom von Nachbarstämmen bedroht wurde, bat ihn der Senat, das Amt des Diktators zu übernehmen. Cincinnatus übernahm den Oberbefehl und soll in kürzester Zeit die Angreifer besiegt haben. Er gab daraufhin seine Machtbefugnisse unverzüglich an den Senat zurück. Vielen Römern galt er daher als Musterbeispiel der selbstlosen Pflichterfüllung.)

Circē, ēs *f* Kirke (eine Nymphe und Zauberin auf der Insel Aea, wo Odysseus und seine Gefährten strandeten; Kirke verwandelte die Gefährten des Odysseus in Schweine.)

Circus Maximus, ī *m* der Circus Maximus (die größte Rennbahn Roms zwischen den Hügeln Palatin und Aventin; mit seiner Ausdehnung von 600 × 150 Metern und bis zu 250.000 Zuschauerplätzen war der Circus Maximus eines der größten Veranstaltungsgebäude der Welt.)

Cleopatra, ae *f* Kleopatra VII. (die letzte Königin Ägyptens von 51–30 v. Chr.; sie war von ihrem Bruder Ptolemaios verstoßen, wurde aber von Cäsar, den die Verfolgung des Pompejus nach Ägypten geführt hatte, wieder eingesetzt. Kleopatra hatte zuerst ein Verhältnis mit Cäsar, dann mit Antonius. Nach der Schlacht bei Aktium beging Kleopatra Selbstmord.)

Cloelia, ae *f* Cloelia (Heldin der römischen Frühzeit; 508 v. Chr. soll Cloelia infolge eines Friedensschlusses als Geisel in das Lager des etruskischen Königs Porsenna geschickt worden sein. Sie flüchtete jedoch und schwamm durch den Tiber nach Rom. Porsenna forderte Cloelia zurück und drohte, den geschlossenen Friedensvertrag als ungültig anzusehen. Cloelia kehrte daraufhin zu Porsenna zurück. Beeindruckt von der Tapferkeit Cloelias, behandelte Porsenna sie ehrenvoll und ließ sie frei.)

Collātia, ae *f* Collatia (alte sabinische Stadt östlich von Rom, Heimat der Lukretia und ihres Ehemannes Collatinus)

Collātīnus, ī *m* Lucius Tarquinius Collatinus (Ehemann der Lukretia, die von Sextus Tarquinius vergewaltigt wurde, was die Vertreibung der Tarquinier aus Rom auslöste.)

Colōnia Claudia Āra Agrippīnēnsium *f* Köln (55 n. Chr. von Kaiser Nero gegründet, benannt nach Agrippina, der Mutter des Kaisers; Köln entwickelte sich – als Hauptstadt der Provinz Germānia īnferior – zu einer der wichtigsten röm. Städte in Germanien.)

Colossēum, ī *n* das Kolosseum (das größte Amphitheater der Antike; 80 n. Chr. wurde es von Kaiser Titus mit hunderttägigen Spielen eröffnet. Im Kolosseum fanden ca. 50.000 Zuschauer Platz.)

Cōnstantīnus, ī *m* Konstantin I. (röm. Kaiser 306–337 n. Chr.; er machte Byzantion – 337 nach ihm in Konstantinopel umbenannt – zur Hauptstadt des Röm. Reiches (h. İstanbul). 313 n. Chr. erließ Konstantin ein Gesetz, das den Christen die freie Ausübung ihrer Religion gestattete. Ab 324 bekannte sich Konstantin zum Christentum, ließ sich aber erst auf dem Sterbebett taufen.)

cōnsul, cōnsulis *m* der Konsul (römischer Beamter; ab dem 43. Lebensjahr konnte das Konsulat, das höchste politische und militärische Amt, ausgeübt werden. Dieses war für eine einjährige Amtszeit auf zwei Konsuln aufgeteilt. Jeder Konsul konnte die Beschlüsse und Maßnahmen des jeweils anderen durch sein Veto behindern. Sie durften Heere führen, saßen den Senatssitzungen vor, brachten Gesetzesanträge ein und überwachten die Durchführung der Beschlüsse und Gesetze.)

Corduba, ae *f* Cordoba (Die südspanische Stadt Cordoba war in röm. Zeit der Hauptort der Provinz Hispānia ulterior. Die Mauren eroberten die Stadt im 8. Jh. und machten sie zur Hauptstadt des Emirats von Cordoba. Im 10. Jh. wurde die Stadt zu einem blühenden Zentrum von Kultur und Wissenschaft.)

Crassus, ī *m* Marcus Licinius Crassus (röm. Politiker und Feldherr, um 114–53 v. Chr; Crassus verschaffte sich durch seinen immensen Reichtum und durch ein Bündnis mit Cäsar und Pompejus eine führende Stellung in Rom. Er besiegte 71 v. Chr. das Sklavenheer des Spartacus. Während eines Feldzugs gegen die Parther erlitt er 53 v. Chr. in der Schlacht bei Carrhae eine vernichtende Niederlage, bei der er ums Leben kam.)

Creōn, ontis *m* Kreon (Onkel der Antigone; Kreon folgte seinem Schwager Ödipus auf den Thron von Theben. Er ließ Antigone töten, die sich seinem Befehl widersetzt hatte, ihren toten Bruder Polyneikes unbestattet zu lassen.)

Crēta, ae *f* Kreta (griechische Insel; Jupiter entführte die phönizische Prinzessin Europa dorthin. Sie gebar ihm Minos. Dieser hielt später als König von Kreta Dädalus und Ikarus auf der Insel gefangen.)

Creūsa, ae *f* Krëusa (die Ehefrau des Äneas und Mutter des Iulus; sie kam während der Eroberung und Zerstörung Trojas ums Leben.)

Croesus, ī *m* Krösus (letzter König von Lydien (Kleinasien), Mitte des 6. Jh.s v. Chr., berühmt durch seinen unermesslichen Reichtum; er wagte, durch ein zweideutiges Orakel ermutigt, einen Feldzug gegen das Perserreich. Die Niederlage des Krösus war das Ende des Lyderreiches.)

cūria, ae *f* die Kurie (das Versammlungsgebäude des Senates auf dem Forum Romanum.)

Cyclōpēs, um *m Pl.* die Zyklopen bzw. Kyklopen (einäugige wilde Riesen auf der Insel Sizilien, Schmiedegehilfen des Vulcanus; einer von ihnen, Polyphem, fraß sechs Gefährten des Odysseus, bevor dieser ihn blendete und ihm das Auge ausstach.)

D

Daedalus, ī *m* Dädalus (athenischer Künstler und Baumeister. Im Auftrag des Königs Minos errichtete er auf Kreta ein Labyrinth, in dem der Minotauros gefangen gehalten wurde. Als Minos ihn nicht von der Insel fortlassen wollte, schuf Dädalus für sich und seinen Sohn

Ikarus Flügel und floh mit ihm durch die Luft. Da Ikarus die Anweisungen seines Vaters missachtete, stürzte er ins Meer.)

Decius, ī *m* Publius Decius Mus (Konsul im Jahr 340 v. Chr.; der Legende nach soll Decius während einer Schlacht gegen die benachbarten Latiner den Göttern sein Leben geweiht haben. Durch diesen Opfertod (dēvōtiō) milde gestimmt, hätten die Götter die Schlacht zugunsten der Römer entschieden.)

Delphī, ōrum *m Pl.* Delphi (griech. Stadt, in der sich seit dem 8. Jh. v. Chr. ein Heiligtum des Apollon befand. In der Antike galt Delphi als Mittelpunkt der Welt, als wichtigste Orakelstätte der griech. Welt. Im Tempel von Delphi teilte die Pythia den Fragestellern die Orakelsprüche des Apollon mit.)

Dēmēter, tros *f* Demeter (→ Cerēs)

Dēmocritus, ī *m* Demokrit (griech. Naturphilosoph, geb. um 460 v. Chr.; er entwickelte als Erster eine Atomlehre.)

Diāna, ae *f* Diana (griech. Artemis; die Göttin der Jagd, des Waldes und des Mondes, Schützerin der Frauen und der Jungfräulichkeit. Tochter des Jupiter, Zwillingsschwester des Apollon. Der Diana-Tempel von Ephesos galt als eines der sieben Weltwunder der Antike.)

Didō, ōnis *f* Dido (die Gründerin und Königin von Karthago; sie verliebte sich in Äneas, den es auf seiner Irrfahrt an die afrikanische Küste verschlagen hatte. Dido gab sich den Tod, nachdem Äneas sie auf Geheiß Jupiters verlassen musste.)

Dioclētiānus, ī *m* Diokletian (röm. Kaiser von 284–305 n. Chr.; er entwickelte ein neues Herrschaftssystem, die sog. Tetrarchie: Zwei Herrschern (Augustī) stand jeweils ein Helfer (Caesar) zur Seite. So sollte das riesige Reich in Zuständigkeitsbereiche aufgeteilt und besser verwaltet werden. Diokletian ordnete 303 n. Chr. die letzte große Christenverfolgung im Römischen Reich an.)

Dionysus, ī *m* Dionysos (→ Bacchus)

E

Ēchō, Ēchūs *f* Echo (eine Waldnymphe; sie verliebte sich unglücklich in den schönen Jüngling Narziss.)

Elysium, ī *n* das Elysium (der paradiesähnliche Teil der Unterwelt, in den diejenigen Toten eingehen durften, die tugendhaft gelebt hatten.)

Ephesus, ī *f* Ephesos (kleinasiatische Hafenstadt, heute Efes, an der Westküste der Türkei; der dortige Tempel der Artemis (Diana) gehörte zu den Sieben Weltwundern der Antike.)

Epicūrus, ī *m* Epikur (griech. Philosoph aus Samos, um 341–270 v. Chr.; gründete in Athen eine Philosophenschule. In Epikurs Philosophie ist die Lust das einzige Gut, Schmerz das einzige Übel. Epikur lehrt, dass Götter zwar existieren, sie aber in glückseliger Abgeschiedenheit leben und keinen Einfluss auf Welt und Menschen ausüben.)

Erōs *m* Eros (→ Amor)

Ēsquiliae, ārum *f Pl.* (collis Ēsquilīnus) der Esquilin (der größte der sieben Hügel Roms)

Eteoclēs, is *m* Eteokles (Sohn des Ödipus; er und sein Bruder Polyneikes brachten sich im Kampf um die Herrschaft über Theben gegenseitig um.)

Etruscī, ōrum *m Pl.* die Etrusker (Volk im nördl. Mittelitalien; ab dem 7. Jh. v. Chr. beherrschten die Etrusker, zusammen mit den verbündeten Karthagern, das westliche Mittelmeer. Um 500 v. Chr. wurden die etruskischen Herrscher – die Tarquinier – aus Rom vertrieben.)

Eurīpidēs, is *m* Euripides (griech. Tragödiendichter aus Athen, 480–406 v. Chr.; seine Dramen, von denen 18 erhalten sind, zeichnen sich durch die differenzierte, tiefgründige Schilderung menschlicher Leidenschaften aus.)

Eurōpa, ae *f* Europa (Tochter des phönizischen Königs Agenor; Jupiter entführte sie in Gestalt eines weißen Stieres nach Kreta. Von Jupiter wurde sie Mutter des Königs Minos.)

Eurydica, ae *f* Eurydike (die Gattin des Orpheus)

Eurystheus, eī *m* Eurystheus (mythischer König von Mykene; Herkules musste in seinem Auftrag die berühmten „zwölf Arbeiten" erledigen.)

F

Faustulus, ī *m* Faustulus (der Hirte, der die ausgesetzten Zwillinge Romulus und Remus fand und gemeinsam mit seiner Frau Acca aufzog)

Fortūna, ae *f* Fortuna (die römische Göttin des Schicksals, des Glücks und des Unglücks)

forum Rōmānum, ī *n* das Forum Romanum (der Marktplatz und später das politische, geschäftliche und religiöse Zentrum von Rom. Im 2. Jh. v. Chr. ging man dazu über, Volksversammlungen vom Marsfeld hierher zu verlagern. In dieser Zeit errichtete man auf dem Forum Basiliken (hallenartige Gebäude), in denen die Gerichte tagten und Geschäfte abgewickelt wurden. Mit Beginn der Kaiserzeit erlebte das Forum Romanum seine größte Prachtentfaltung.)

Furiae, ārum *f Pl.* die Furien (die drei grausamen Rachegöttinnen; bei den Griechen wurden sie Eumeniden („die Wohlmeinenden") genannt. Insbesondere bei fluchwürdigen Verbrechen – Mord an Eltern oder Blutsverwandten, bei Meineid oder bei Verletzung heiliger Bräuche – trieben sie die Täter mit ständigen Gewissensbissen in den Wahnsinn.)

G

Germānī, ōrum *m Pl.* die Germanen

Germānia, ae *f* Germanien

(Gāius) Gracchus, ī *m* Gaius Gracchus (Sohn der Scipio-Tochter Cornelia, jüngerer Bruder des Tiberius Gracchus, röm. Politiker; seine Versuche, die Sozialreformen seines Bruders fortzusetzen und darüber hinaus den Provinzbewohnern und den italischen Bundesgenossen mehr Rechte einzuräumen, scheiterten und führten zu Unruhen; er beging 121 v. Chr. Selbstmord.)

(Tiberius) Gracchus, ī *m* Tiberius Gracchus (der ältere Bruder des Gaius Gracchus, röm. Politiker; er wollte durch Ackergesetze den Großgrundbesitz einschränken und Land an Kleinbauern verteilen; er wurde deshalb von Anhängern der Senatspartei 133 v. Chr. erschlagen.)

Graecī, ōrum *m Pl.* die Griechen

Graecia, ae *f* Griechenland (seit 146 v. Chr. die römische Provinz Achaia)

H

Haemōn, onis *m* Haimon (Sohn des thebanischen Königs Kreon und Verlobter der Antigone)

Hamilcar, aris *m* Hamilkar Barkas (der Vater Hannibals; karthagischer Feldherr im 1. Punischen Krieg 264–241 v. Chr. Ab 237 v. Chr. eroberte er den südlichen und östlichen Teil Spaniens, um für die Karthager dort ein neues Machtzentrum zu schaffen.)

Hannibal, Hannibalis *m* Hannibal (Sohn des Hamilkar, 247–183 v. Chr.; Feldherr der Karthager im 2. Punischen Krieg 218–202 v. Chr. Hannibals kühner Plan, den Krieg gegen Rom in Italien auszutragen (Alpenübergang), brachte die Römer mehrfach an den Rand des Zusammenbruchs. Nach sechzehn Kriegsjahren in Italien musste er 203 v. Chr. mit seinem unbesiegten Heer nach Afrika zurückkehren, um Karthago gegen einen Angriff der Römer zu verteidigen. 202 v. Chr. wurde er von Scipio in der Schlacht bei Zama geschlagen. 183 v. Chr. nahm sich Hannibal, verfolgt von den auf Rache sinnenden Römern, das Leben.)

Helena, ae *f* Helena (die Frau des Spartanerkönigs Menelaos; sie wurde vom Trojaner Paris geraubt, was den Trojanischen Krieg auslöste.)

Hēphaistos *m* Hephaistos (→ Vulcānus)

Hēra, ae *f* Hera (→ Iūnō)

Herculāneum, ī *n* Herkulaneum (Stadt in Kampanien; der Sage nach eine Gründung des Herkules. Herkulaneum ist wie Pompeji beim Ausbruch des Vesuv untergegangen.)

Herculēs, is *m* Herkules (griech. Herakles; der berühmteste Held der griech. Sagenwelt. Sohn des Jupiter. Auf Geheiß eines Orakels musste er König Eurystheus von Mykene dienen. Eifersüchtig auf Herkules' Stärke, bürdete Eurystheus ihm zwölf so ungeheuer schwierige Aufgaben auf, dass nur ein Sohn des Jupiter sie erfüllen konnte. Nachdem Herkules alle Aufgaben erfüllt hatte, überließ Eurystheus ihm seinen Thron. Nach seinem Tod wurde Herkules in den Kreis der Götter aufgenommen.)

Hermēs *m* Hermes (→ Mercurius)

Hēsiodus, ī *m* Hesiod (griech. Dichter, um 700 v. Chr.; Hesiods Versdichtungen – die beiden Epen „Theogonie" und „Werke und Tage" – sind neben den Werken Homers die ältesten und wichtigsten Quellen für antike Götter- und Heldengeschichten.)

Homērus, ī *m* Homer (ältester griechischer Dichter, um 700 v. Chr.; unter seinem Namen sind die beiden bedeutendsten griechischen Epen, die „Ilias" und die „Odyssee", überliefert.)

Horātius, ī *m* Horaz (röm. Dichter der augusteischen Zeit, 65–8 v. Chr.; die Themen von Horaz' Dichtungen sind vor allem Liebe und Politik, aber auch Freundschaft, Alltäglichkeiten des Lebens und philosophische Fragen.)

Horātius Coclēs, itis *m* Horatius Cocles (Held der röm. Frühzeit. Horatius soll durch seinen mutigen Einsatz am Pons Sublicius die Stadt Rom vor einer Eroberung durch die Etrusker bewahrt haben.)

I

Īcarus, ī *m* Ikarus (der Sohn des Dädalus; er stieg bei der Flucht aus Kreta mit seinen Flügeln so hoch hinauf, dass die Sonne das Wachs seiner Flügel schmolz und er ins Meer stürzte.)

Īlias, adis *f* die „Ilias" (Epos des griechischen Dichters Homer über den Trojanischen Krieg)

Iocasta, ae *f* Iokaste (die Mutter des Ödipus, Frau des Laios; heiratete nach dem Tod des Laios in Unwissenheit den eigenen Sohn; als sie sich dessen bewusst wurde, erhängte sie sich.)

Ismēna, ae *f* Ismene (Tochter des Ödipus und der Iokaste; Schwester der Antigone und der verfeindeten Brüder Eteokles und Polyneikes)

Italia, ae *f* Italien

Iūdaea, ae *f* Judäa (im Wesentlichen das Gebiet des heutigen Israel, röm. Provinz seit 6 n. Chr.)

Iūlus, ī *m* Julus (der Sohn des Äneas, Gründer von Alba Longa; die Familie der Julier (u. a. Cäsar und Augustus) betrachtete Iulus als den Stammvater ihrer gēns.)

Iūnō, ōnis *f* Juno (griech. Hera; die Schwester und Gemahlin des Jupiter. Schützerin der Ehe und der Frauen; Fruchtbarkeits- und Geburtsgöttin.)

Iuppiter, Iovis *m* Jupiter (griech. Zeus; der Göttervater und höchste Gott der Römer. Unter dem Namen Iuppiter Optimus Maximus wurde er als römischer Staatsgott auf dem Kapitol verehrt.)

L

Lāius, ī *m* Laios (König von Theben, Ehemann der Iokaste und Vater des Ödipus; er wurde von seinem Sohn, der ihn nicht erkannt hatte, im Affekt erschlagen.)

Lāocoōn, Lāocoontis *m* Laokoon (trojanischer Priester; er warnte die Trojaner vergeblich vor dem hölzernen Pferd der Griechen; er und seine beiden Söhne wurden daraufhin auf Geheiß Athenes, die auf Seiten der Griechen stand, von zwei Seeschlangen erwürgt.)

Latīnus, a, um lateinisch („latinisch", nach der Landschaft Latium und dem Stamm der Latiner, die in Mittelitalien siedelten)

līmes, līmitis *m* der Limes (von Kaiser Domitian seit 84 n. Chr. erbauter Grenzwall, trennt das röm. Reich von Germanien ab (Karte → S. 113); der Limes wurde im 3. Jh. im Zuge der Völkerwanderung von den Germanen durchbrochen.)

Līvia, ae *f* Livia Drusilla (die Ehefrau des Kaisers Augustus, 58 v. Chr.–29 n. Chr.; sie war jahrzehntelang die einflussreiche Ratgeberin ihres Mannes; Livia inszenierte sich in der Öffentlichkeit als fleißige, religiöse, sittenstrenge Ehefrau und Mutter und wurde so zur „Stilikone" der augusteischen Zeit.)

Līvius, ī *m* Titus Livius (röm. Geschichtsschreiber 59 v. Chr.–17 n. Chr.; Livius beschrieb die Geschichte Roms – von der Gründung Roms bis auf die eigene Zeit – in seinem 142 Bücher umfassenden Werk „Ab urbe conditā".)

Lucrētia, ae *f* Lukretia (die Frau des Collatinus; wurde von Sextus Tarquinius vergewaltigt, was die Vertreibung der etruskischen Tarquinier als Herrscher von Rom nach sich zog.)

Lucrētius, ī *m* Lukrez (röm. Schriftsteller und Philosoph, 98–55 v. Chr.; in seinem Lehrgedicht „Dē rērum nātūrā" stellte er in Versform die Grundsätze der epikureischen Naturphilosophie dar.)

M

Mārcellus, ī *m* Marcus Claudius Marcellus (röm. Politiker und Feldherr, um 268–208 v. Chr.; im 2. Punischen Krieg eroberte er nach dreijähriger Belagerung die Stadt Syrakus. Marcellus verschonte das Leben der Einwohner, schaffte aber ihre Kunstschätze nach Rom.)

Mārs, Mārtis *m* Mars (griech. Ares; der Gott des Krieges. Von Rea Silvia wurde er Vater der Zwillinge Romulus und Remus.)

Mārtiālis, is *m* Martial (röm. Dichter, um 40–104 n. Chr., verfasste vor allem scharfzüngige Spottgedichte in Form von Epigrammen.)

Menelāus, ī *m* Menelaos (König von Sparta, Ehemann der von Paris geraubten schönen Helena; einer der Anführer der Griechen im Trojanischen Krieg)

Mercurius, ī *m* Merkur (griech. Hermes; der Götterbote, Gott des Handels, der Reise und der Diebe)

Meropē *f* Merope (die Ehefrau des Königs Polybos von Korinth. Pflegemutter des Ödipus)

Minerva, ae *f* Minerva (griech. Athene; die Göttin der Weisheit und des Handwerks. Tochter des Jupiter und Schutzgöttin der Stadt Athen)

Mīnōs, ōis *m* Minos (König von Kreta, Sohn des Jupiter und der Europa. Vater der Ariadne)

Mīnōtaurus, ī *m* Minotaurus (ein mythisches Ungeheuer, halb Mensch, halb Stier. König Minos von Kreta sperrte das menschenfressende Ungeheuer in ein Labyrinth ein. Der athenische Held Theseus tötete den Minotaurus und fand mit Hilfe der Ariadne wieder aus dem Labyrinth heraus.)

Mīsēnum, ī *n* Misenum (Stadt am Nordrand des Golfes von Neapel. Der durch eine Bucht geschützte Hafen von Misenum wurde unter Kaiser Augustus ausgebaut und zum Hauptstützpunkt der röm. Kriegsflotte gemacht.)

Mōgontiacum, ī *m* Mainz (Die Stadt gehört zu den ältesten Siedlungen am Rhein. Auf dem Platz einer keltischen Siedlung legten die Römer um 38 v. Chr. ein befestigtes Lager an. Mogontiacum wurde zur Hauptstadt der röm. Provinz Germānia superior.)

N

Narcissus, ī *m* Narziss (im Mythos ein schöner junger Mann, der sich in sein eigenes Spiegelbild verliebte)

Naxus, ī *f* Naxos (griechische Insel in der Ägäis)

Neptūnus, ī *m* Neptun (griech. Poseidon; der Gott des Meeres. Bruder des Jupiter und Vater des Zyklopen Polyphem)

Nīlus, ī *m* der Nil (Fluss in Ägypten)

Nōe *m indekl.* Noah (Gemäß der biblischen Überlieferung war Noah der zehnte Urvater nach Adam. Wegen seiner Treue zu Gott wurde er auserwählt, durch den Bau der Arche mit seiner Familie die Sintflut zu überleben.)

Numitor, ōris *m* Numitor (König von Alba Longa, Vater der Rea Silvia. Numitor wurde von seinem Bruder Amulius abgesetzt. Seine Enkelsöhne Romulus und Remus rächten dieses Verbrechen und gaben ihm die Herrschaft zurück.)

nympha, ae *f* die Nymphe (weibliche Baum-, Wasser- oder Berggottheit)

O

Octāvius, Octāviānus → Augustus.

Odyssēa, ae *f* die „Odyssee" (Epos des griechischen Dichters Homer über die Irrfahrten des Odysseus)

Odysseus *m* → Ulixēs

Oedipūs, Oedipodis *m* Ödipus (sagenhafter Herrscher der griech. Stadt Theben; er tötete in Unwissenheit seinen Vater, heiratete seine Mutter und zeugte mit ihr vier Kinder. Als seine Taten ans Licht kamen, stach sich Ödipus die Augen aus und wanderte fortan als Ausgestoßener umher.)

Olympia, ae *f* Olympia (griech. Stadt im Nordwesten der Peloponnes; zu Ehren des Zeus wurde in Olympia seit dem 8. Jh. v. Chr. alle vier Jahre ein religiöses Fest mit sportlichen Wettkämpfen, den Olympischen Spielen, abgehalten.)

Orpheus, eī *m* Orpheus (berühmter thrakischer Sänger; Orpheus stieg in die Unterwelt hinab, um durch seinen Gesang die Unterweltsgötter zu bewegen, ihm seine verstorbene Frau Eurydike zurückzugeben. Seine Bitte wurde ihm gewährt – jedoch unter der Bedingung, dass er sich während des Aufstiegs zur Oberwelt nicht nach Eurydike umschauen dürfe. Da er sich nicht an das Gebot hielt, verschwand Eurydike für immer in der Unterwelt.)

Ovidius, ī *m* Ovid (röm. Dichter, 43 v. Chr.–17 n. Chr.; seine frechen und freizügigen Dichtungen brachten ihn in Konflikt mit Kaiser Augustus' Programm einer moralischen Erneuerung. Augustus verbannte ihn auf Lebenszeit nach Tomi am Schwarzen Meer. Seine Werke „Metamorphosen" (Verwandlungsgeschichten) und „Ars amatoria" (Liebeskunst) gehören zu den bedeutendsten Dichtungen der augusteischen Zeit.)

P

Palātium, ī *n* **(mōns Palātīnus)** der Palatin (einer der sieben Hügel Roms; ältester besiedelter Teil der Stadt. Viele prominente Römer hatten hier ihre Häuser. Kaiser Augustus errichtete hier seinen Wohnsitz, den man palātia nannte, davon leitet sich das deutsche Wort „Palast" her.)

Paris, idis *m* Paris (Sohn des trojanischen Königs Priamos; er raubte die schöne Helena aus Sparta und löste damit den Trojanischen Krieg aus.)

patriciī, ōrum *m Pl.* die Patrizier (die römischen Adelsfamilien; nach der Vertreibung der Könige Anfang des 5. Jh.s v. Chr. hatten sie in Rom die politische Macht inne.)

Paulus, ī *m* Paulus (Sohn einer jüdischen Familie; durch Christusvisionen wurde er zum christlichen Glauben bekehrt. Seine Missionsreisen trugen entscheidend zur Verbreitung des neuen Glaubens bei. Paulus soll während der Christenverfolgung Neros um 66 n. Chr. in Rom enthauptet worden sein.)

Pēnelopa, ae *f* Penelope (die Ehefrau des Odysseus; nachdem dieser aufgebrochen war, um am Trojanischen Krieg teilzunehmen, wartete Penelope zwanzig Jahre lang auf die Rückkehr ihres Mannes. In der Antike galt sie daher als das Muster einer treuen Ehefrau.)

Pericles, is *m* Perikles (athenischer Staatsmann, um 490–429 v. Chr. Perikles baute Athens Vorrangstellung im Attischen Seebund systematisch aus. Er veranlasste den glanzvollen Wiederaufbau der Akropolis, die in den Perserkriegen zerstört worden war, und förderte den Kulturbetrieb im großen Stil (Tragödienwettkämpfe).)

Persae, ārum *m Pl.* die Perser

Phaedrus, ī *m* Phädrus (röm. Fabeldichter, um 20 v. Chr.–50 n. Chr.; Phädrus war möglicherweise ein Freigelassener, der in jungen Jahren als griech. Sklave nach Rom gekommen war. Die von ihm in lateinischen Versen verfassten Fabeln sind zum großen Teil erhalten.)

Phaethōn, ontis *m* Phaëthon (der Sohn des Sonnengottes Sol)

Pharsālus, ī *f* Pharsalos (Stadt in Nordgriechenland; in der Schlacht bei Pharsalos wurden 48 v. Chr. die Truppen des römischen Senats, die von Pompejus angeführt wurden, von den Truppen Cäsars vernichtend geschlagen.)

Philippī, ōrum *m Pl.* Philippi (Stadt im Osten Makedoniens; 42 v. Chr. besiegten Octavian und Marcus Antonius in der Schlacht bei Philippi die Truppen der Cäsarmörder Brutus und Cassius.)

plēbēī, ōrum *m Pl.* die Plebejer (Als Plebejer bezeichnete man in Rom das einfache Volk, die Bauern und Handwerker, die nicht den adeligen Familien, den Patriziern, angehörten. Sie waren zunächst ohne politischen Einfluss; im Laufe der Ständekämpfe im 5./4. Jh. v. Chr. erreichten sie wichtige wirtschaftliche, rechtliche und politische Zugeständnisse.)

Plīnius, ī *m* Plinius (röm. Schriftsteller, 61–um 113 n. Chr.; er veröffentlichte eine große Sammlung literarischer Briefe, die ein meisterhaftes Bild der Kaiserzeit in allen Lebensbereichen vermitteln; die berühmtesten Briefe beschäftigen sich mit dem Vesuvausbruch des Jahres 79 n. Chr.)

Plūtō, ōnis *m* Pluto (griech. Hades; der Gott der Unterwelt. Er entführte die Ceres-Tochter Proserpina in die Unterwelt und machte sie zu seiner Gattin.)

Poenī, ōrum *m Pl.* die Punier, die Karthager

Polybus, ī *m* Polybos (mythischer König von Korinth; er und seine Frau Merope nahmen das Findelkind Ödipus auf und erzogen es wie ihr eigenes Kind.)

Polynīcēs, is *m* Polyneikes (Sohn des Ödipus, Bruder der Antigone; er und sein Bruder Eteokles brachten sich im Kampf um die Herrschaft über Theben gegenseitig um.)

Polyphēmus, ī *m* Polyphem (ein riesiger Zyklop auf Sizilien, Sohn Neptuns; Odysseus blendete ihn und stach ihm das Auge aus, als er ihn und seine Gefährten fressen wollte.)

Pompēī, ōrum *m Pl.* Pompeji (Stadt in Kampanien am Golf von Neapel; wurde 79 n. Chr. beim Ausbruch des Vesuvs verschüttet. In der Neuzeit wurde die Stadt wiederentdeckt und ausgegraben.)

Pompēius, ī *m* Gnäus Pompejus Magnus (röm. Politiker und Feldherr, 106–48 v. Chr.; 71 v. Chr. schlug er den Sklavenaufstand des Spartacus nieder. 67 v. Chr. ging er erfolgreich gegen das Seeräuberwesen im Mittelmeer vor. Im Bürgerkrieg wurde er der Hauptgegner Cäsars. Er unterlag diesem 48 v. Chr. in der Schlacht bei Pharsalos, musste fliehen und wurde auf der Flucht in Ägypten ermordet.)

Porsenna, ae *m* Porsenna (etruskischer König, der 508 v. Chr. Rom belagert haben soll, um den Thron für den aus Rom vertriebenen Tarquinius Superbus zurückzugewinnen.)

Poseidōn *m* (→ **Neptūnus**)

praetor, ōris *m* der Prätor (römischer Beamter; die Prätoren waren u. a. für die Rechtsprechung zuständig.)

Priamus, ī *m* Priamos (der König von Troja zur Zeit des Trojanischen Krieges, Vater des Paris und des Hektor)

Promētheus, ī *m* Prometheus (Sohn des Titanen Japetos; erschuf die Menschen aus Lehm und Wasser und schenkte ihnen das – eigentlich den Göttern vorbehaltene – Feuer. Er wurde dafür auf Geheiß des Jupiter an den Kaukasus geschmiedet.)

prōpraetor, ōris *m* der Proprätor (ein Prätor, der nach Absolvierung seiner einjährigen Amtszeit auf Beschluss des Senates als Statthalter in eine Provinz entsandt wurde).

Proserpina, ae *f* Proserpina (griech. Persephone; Tochter des Jupiter und der Ceres. Sie wurde von Pluto in die Unterwelt entführt und zu seiner Gemahlin und Königin der Unterwelt gemacht.)

Prūsiās, ae *m* Prusias I. (König Prusias I. war 228–182 v. Chr. Herrscher des Königreiches Bithynien (im Nordwesten der heutigen Türkei). 183 v. Chr. forderten die Römer von Prusias die Auslieferung Hannibals, der in Bithynien Asyl gefunden hatte. Hannibal entzog sich der Gefangennahme durch Selbstmord.)

Pȳthagorās, ae *m* Pythagoras (griech. Philosoph und Mathematiker aus Samos, um 570–510 v. Chr.; die von ihm gegründete Schule der Pythagoreer glich einer religiösen Lebensgemeinschaft. Pythagoras lehrte die Unsterblichkeit der Seele und die Seelenwanderung.)

Pȳthia, ae *f* die Pythia (Titel der Priesterin, die im Tempel von Delphi den Ratsuchenden die Orakelsprüche des Gottes Apollon mitteilte.)

Q

quaestor, ōris *m* der Quästor (röm. Finanzbeamter; die Quästur war die unterste Stufe der Ämterlaufbahn. Die Quästoren verwalteten die Staatskasse, außerdem sorgten sie für die Eintreibung von Steuer- und Pachtschulden.)

R

Raimundus Lullus, ī *m* Ramon Llull (mallorquinischer Philosoph und Theologe, um 1232–1316; er unternahm mehrere Missionsreisen ins islamisch geprägte Nordafrika. Durch seine Arabischkenntnisse hatte Llull einen direkten Zugang zur islamischen Gedankenwelt.)

Rēa Silvia, ae *f* Rea Silvia (die Tochter des Numitor, des Königs von Alba Longa. Ihr Onkel Amulius, der seinen Bruder Numitor vom Thron gestürzt hatte, machte Rea zur Vestapriesterin, um zu verhindern, dass sie Kinder bekäme, denn die Priesterinnen der Göttin Vesta mussten unverheiratet und kinderlos bleiben. Der Kriegsgott Mars durchkreuzte aber diese Pläne und zeugte mit Rea die Zwillinge Romulus und Remus.)

Remus, ī *m* Remus (der Zwillingsbruder des Romulus, von dem er im Streit um die neu gegründete Stadt Rom erschlagen wurde)

Rōma, ae *f* Rom

Rōmānī, ōrum *m Pl.* die Römer

Rōmulus, ī *m* Romulus (der sagenhafte Gründer und erste König Roms im 8. Jh. v. Chr. Er und sein Zwillingsbruder Remus waren Söhne der Vestalin Rea Silvia und des Kriegsgottes Mars. Ihr Großonkel König Amulius ließ die neugeborenen Zwillinge am Ufer des Tiber aussetzen. Eine Wölfin säugte sie, bis der Hirte Faustulus sich ihrer annahm. Als die Zwillinge erwachsen waren, machten sie sich an die Gründung einer eigenen Stadt. Sie gerieten jedoch in Streit, wer der Namensgeber der Stadt sein würde; Romulus erschlug bei diesem Streit seinen Zwillingsbruder.)

S

Sabīnī, ōrum *m Pl.* die Sabiner (die Bewohner des Berglandes nördlich von Rom; sie wurden wegen des in Rom herrschenden Frauenmangels auf Befehl des Romulus ihrer Töchter beraubt. Als die Sabiner später Rom angriffen, drängten sich die Frauen auf das Schlachtfeld und forderten, den Kampf zu beenden, da auf der einen Seite ihre Brüder und Väter, auf der anderen ihre Männer und Kinder sterben würden.)

Salvidiēnus Rūfus, ī *m* Quintus Salvidienus Rufus (gest. 40 v. Chr.; röm. Politiker und Feldherr. Salvidienus war neben Agrippa der engste Freund und Kampfgefährte Octavians in den Jahren seines politischen Aufstiegs. Im Jahr 40 v. Chr. allerdings behauptete Marcus Antonius, der Rivale Octavians, dass Salvidienus zu Antonius' Partei habe überlaufen wollen. Octavian ließ Salvidienus vom Senat wegen Hochverrats verurteilen und hinrichten.)

Scaevola, ae *m* Mucius Scaevola (sagenhafter Held der röm. Frühzeit; als Rom 508 v. Chr. vom Etruskerkönig Porsenna belagert wurde, soll sich Scaevola in das feindliche Lager geschlichen haben, um Porsenna zu töten. Nachdem er dabei ergriffen worden war, streckte Scaevola, um seinen Mut zu beweisen, seine Hand in eine offene Flamme und ließ sich dabei keinerlei Schmerzen anmerken. Porsenna war von Scaevolas Entschlossenheit so beeindruckt, dass er ihm die Freiheit schenkte.)

Scīpiō (Āfricānus), Scīpiōnis *m* Scipio Africanus (röm. Politiker und Feldherr; im Jahr 206 v. Chr. vertrieb er die Karthager aus Spanien. 202 v. Chr. besiegte er Hannibal in der Schlacht bei Zama und erhielt daraufhin den ehrenden Beinamen Āfricānus.)

Scīpiō (Aemiliānus), Scīpiōnis *m* Scipio Aemilianus (röm. Politiker und Feldherr, 185–129 v. Chr.; der (Adoptiv-)Enkel des Hannibal-Besiegers Scipio Africanus. Unter seinem Kommando wurde im 3. Punischen Krieg Karthago 146 v. Chr. erobert und zerstört.)

Scylla, ae *f* Skylla (ein Meeresungeheuer mit dem Oberkörper einer jungen Frau und einem Unterleib, der aus sechs Hunden bestand. Scylla hauste an der Meerenge zwischen Sizilien und dem italischen Festland. Am gegenüberliegenden Ufer – befand sich der gefährliche Meeresstrudel Charybdis. Sobald ein Seefahrer einem der Ungeheuer auswich, geriet er unweigerlich in die Fänge des anderen Ungeheuers.)

senātor, ōris *m* der Senator (ein Mitglied des römischen Senates)

senātus, ūs *m* der Senat (Der Senat war die wichtigste politische Institution der röm. Republik. Er bestimmte die Richtlinien der Politik, erließ Gesetze, kontrollierte die Beamten und verwaltete die Staatsfinanzen. Die Senatsversammlung wurde von rund 300 Senatoren gebildet. In der Spätzeit der Republik wurde der Senat auf bis zu 900 Mitglieder erweitert.)

Serāpis, pis *m* Serapis bzw. Sarapis (ägyptisch-griechischer Gott der Fruchtbarkeit, der Getreideversorgung und der jährlichen Nilschwemme. Meistens wurde er als Stier oder als sitzender, bärtiger Mann dargestellt. Spätestens im 1. Jh. v. Chr. existierte auch in Rom ein Tempel für Serapis).

Sextus Tarquinius, ī *m* Sextus Tarquinius (Sohn des Tarquinius Superbus; vergewaltigte Lukretia, eine Frau aus angesehener Familie, und löste damit die Vertreibung der Tarquinier als Herrscher von Rom aus.)

Sibylla, ae *f* Sibylle (die Sibylle ist in der röm. Mythologie eine Prophetin des Gottes Apollo; sie lebte in einer Grotte bei Cumae (westlich von Neapel). Die Sibylle führte Äneas nach seiner Landung in Italien in die Unterwelt.)

Sicilia, ae *f* die Insel Sizilien (die größte Insel des Mittelmeeres, an der „Stiefelspitze" Italiens; Sizilien wurde nach dem 2. Punischen Krieg 241 v. Chr. erste römische Provinz.)

Sōl, Sōlis *m* Sol (griech. Helios; der Sonnengott, Vater des Phaëthon)

Sophoclēs, is *m* Sophokles (griech. Tragödiendichter aus Athen, 497–406 v. Chr; sieben seiner Dramen sind erhalten, unter anderem die „Antigone" und „König Ödipus".)

Spartacus, ī *m* Spartacus (gest. 71 v. Chr., ein römischer Sklave, Gladiator und Anführer eines großen Sklavenaufstandes. Spartacus floh 73 v. Chr. mit anderen Gladiatoren aus einer Gladiatorenschule in Capua. Unzählige Sklaven und verarmte Menschen schlossen sich seiner Rebellengruppe an. Dieser Spartacus-Aufstand wurde für Rom immer gefährlicher, bis schließlich die röm. Legionen unter den Feldherrn Crassus und Pompejus die Rebellenarmee besiegten.)

Sphinx, Sphingis *f* die Sphinx (griech.-ägypt. Fabelwesen; ein Ungeheuer mit dem Rumpf eines geflügelten Löwen und dem Oberkörper und Kopf einer jungen Frau)

Stabiae, ārum *f Pl.* Stabiae (eine röm. Siedlung am Fuße des Vesuvs; beim Ausbruch des Vulkans im Jahre 79 n. Chr. wurde sie ebenso wie Pompeji und Herculaneum verschüttet.)

Styx, Stygis *f* der Styx (einer der Unterweltsflüsse, bei dem die Götter ihren heiligsten Eid schwuren)

Subūra, ae *f* die Subura (ein Stadtviertel in Rom, das als Wohngegend der Armen und als Rotlichtviertel berüchtigt war)

Suētōnius, ī *m* Sueton (röm. Schriftsteller, um 70–140 n. Chr.; sein biografisches Hauptwerk „Dē vītā Caesarum" umfasst die Lebensbeschreibungen Cäsars und der röm. Kaiser bis Domitian.)

Syrācūsae, ārum *f Pl.* Syrakus (bedeutendste Stadt auf der Insel Sizilien; während des 2. Punischen Krieges wurde Syrakus 212 v. Chr. von den Römern nach dreijähriger Belagerung erobert.)

T

Tacitus, ī *m* Publius Cornelius Tacitus (röm. Geschichtsschreiber, um 54–120 n. Chr.; seine bedeutendsten Werke sind die „Annalen" (Geschichte vom Tod des Augustus bis zur Regierungszeit Neros) und die „Historien" (Geschichte der Kaiser von Galba bis Domitian). Seine Schrift „Germania" ist die älteste erhaltene Beschreibung Germaniens und der germanischen Volksstämme, ihrer Sitten, Gebräuche und Eigenarten.)

Tarquinius Superbus, ī *m* Tarquinius Superbus (siebter und letzter König Roms, wurde wegen seiner Grausamkeit 509 v. Chr. gestürzt. Dieses Datum gilt als Gründungsjahr der römischen Republik.)

Tartarus, ī *m* Tartarus (die Hölle; der Teil der Unterwelt, in dem Verbrecher und Übeltäter nach dem Tod ihre Strafen verbüßen mussten)

Thalēs, is *m* Thales (griech. Naturforscher, Mathematiker und Philosoph aus Milet, 6. Jh. v. Chr. Im Wasser sah er den Urstoff allen Seins.)

Thēbae, ārum *f Pl.* Theben (Hauptstadt der griech. Landschaft Böotien. Um die Stadt Theben und ihr Königsgeschlecht ranken sich zahlreiche Mythen.)

Themistoclēs, is *m* Themistokles (athenischer Staatsmann und Feldherr, um 525–459 v. Chr.; unter seiner Führung besiegten die Athener in der Schlacht bei Salamis die Flotte des persischen Großkönigs Xerxes I.)

Theodōsius, ī *m* Theodosius I. (oström. Kaiser 379–395 n. Chr.; er verbot alle nichtchristlichen Kulte und machte das Christentum 380 n. Chr. zur Staatsreligion. In seinem Testament verfügte er die Aufteilung der Herrschaft unter seinen Söhnen Honorius und Arcadius. Damit war der Grund gelegt für die allmähliche Entstehung eines Weströmischen und eines Oströmischen Reiches.)

Thēseus, eī *m* Theseus (athenischer Held und Königssohn; im Labyrinth von Kreta tötete er das Ungeheuer Minotaurus.)

Tiberis, is *m* der Tiber (Fluss durch Rom, Hauptfluss in Mittelitalien, natürliche Grenze zwischen Etrurien und Latium)

Tīresiās, ae *m* Teiresias (im griechischen Mythos ein blinder Seher in der Stadt Theben zur Zeit des Königs Ödipus)

Trōia, ae *f* Troja (Stadt im Nordwesten Kleinasiens (heutige Türkei); wurde im Trojanischen Krieg von den Griechen nach zehnjähriger Belagerung erobert.)

Trōiānī, ōrum *m Pl.* die Trojaner, die Einwohner von Troja

Tūscī, ōrum *m Pl.* → Etruscī

U

Ulixēs, is *m* Ulixes (lat. Name des Odysseus; König der griechischen Insel Ithaka; er überlistete die Trojaner mit dem hölzernen Pferd. Nach dem Trojanischen Krieg musste er auf seinem zehn Jahre dauernden Heimweg viele Gefahren überstehen.)

V

Venus, Veneris *f* Venus (griech. Aphrodite; die Göttin der Liebe und der Schönheit. Tochter des Jupiter und Mutter des Äneas)

Vergilius, ī *m* Vergil (röm. Dichter zur Zeit des Augustus, 70–19 v. Chr.; sein Hauptwerk – das Epos „Aeneis" – schildert die Irrfahrten des Äneas von Troja über Karthago bis nach Italien. Die „Aeneis" wurde zum Nationalepos der Römer.)

Verrēs, is *m* Gaius Verres (röm Politiker, um 115–43 v. Chr.; Verres war 73–71 v. Chr. Statthalter der Provinz Sizilien. 70 v. Chr. wurde er wegen korrupter Amtsführung und persönlicher Bereicherung während seiner Statthalterschaft angeklagt.)

Vespasiānus, ī *m* Vespasian (röm. Kaiser von 69–79 n. Chr.; Vater der Kaiser Titus und Domitian; er ließ u.a. das Kolosseum errichten, das unter seinem Sohn Kaiser Titus fertiggestellt wurde.)

Vesuvius, ī *m* der Vesuv (Vulkan in Kampanien, der bei einem Ausbruch im Herbst 79 n. Chr. die Städte Pompeji, Herkulaneum, Oplontis und Stabiae verschüttete)

Vīminālis (collis) *m* der Viminal (einer der sieben Hügel Roms)

Vulcānus, ī *m* Vulkan (griech. Hephaistos; der Gott der Feuerflamme und der Schmiedekunst. Seine Schmiede lag unter dem sizilischen Vulkan Ätna. Seine Schmiedehelfer sind die Kyklopen. Ehemann der Venus)

Z

Zama, ae *f* Zama (Stadt in Numidien (Nordafrika), südlich von Karthago; 202 v. Chr. Schauplatz der Schlacht, bei der Hannibal gegen die Römer verlor)

Zeus *m* Zeus (→ Iuppiter)

Lateinisch-deutsches Register

Anchīsēs, Anchīsae *m* Anchises (der Vater des Äneas) 7
angustus, angusta, angustum eng LO III
animadvertere, animadvertō, animadvertī bemerken 15
animō dēficere den Mut sinken lassen 16
animus, animī *m* der Geist, der Mut, die Gesinnung, das Herz 16
  aequō animō mit Gelassenheit, mit innerer Ruhe 21
annus, annī *m* das Jahr 18
ante *Präp. m. Akk.* vor 2
anteā *Adv.* vorher, früher 16
Antigona, Antigonae *f* Antigone (Tochter des Ödipus) 22
antīquus, antīqua, antīquum alt, altertümlich 18
aperīre, aperiō, aperuī öffnen, aufdecken 11
apertus, aperta, apertum offen, offensichtlich LO III. IV
Apollō, Apollinis *m* Apollon (der Gott des Lichts, der Künste und der Weissagung) 16
appellāre, appellō, appellāvī, appellātum rufen, anrufen, nennen 12
appetere, appetō, appetīvī, appetītum streben (nach), haben wollen, angreifen LO II
apud *Präp. m. Akk.* bei 3
aqua, aquae *f* das Wasser 6
āra, ārae *f* der Altar 18
arbor, arboris *f* der Baum 20
ārdēre, ārdeō, ārsī brennen 20
arēna, arēnae *f* die Arena, der Kampfplatz; der Sand 4
arma, armōrum *n Pl.* die Waffen, das Gerät 10
armātus, armāta, armātum bewaffnet 14
ars, artis *f (Gen. Pl.* **-ium***)* die Kunst, die Fertigkeit, die Eigenschaft A
aspicere, aspiciō, aspexī erblicken, ansehen 7. 11
at aber, jedoch, dagegen 15
āter, ātra, ātrum schwarz, düster LO III
Athēnae, Athēnārum *f Pl.* Athen (bedeutende Stadt in Griechenland) 16
atque (~ ac) und, und auch; *im Vergleich:* wie, als 13. A
attingere, attingō, attigī berühren 6. LO V
auctor, auctōris *m* der Urheber, der Gründer, der Verfasser 22
  mē auctōre auf meine Veranlassung (hin) 22
auctōritās, auctōritātis *f* das Ansehen, der Einfluss, die Macht 19
audācia, audāciae *f* die Frechheit, die Kühnheit 3
audēre, audeō wagen, sich trauen 3
audīre, audiō, audīvī, audītum hören 2. 8
auferre, auferō, abstulī, ablātum wegbringen, rauben A
augēre, augeō, auxī, auctum vergrößern, vermehren 17. 18
Augustus, Augustī *m* Augustus (der erste röm. Kaiser) 18
aura, aurae *f* die Luft, die Gunst 6
auris, auris *f (Gen. Pl.* **-ium***)* das Ohr 20
aurum, aurī *n* das Gold 12
aut oder LO IV
aut … aut entweder … oder 14
autem *nachgestellt* aber, andererseits 3
auxilia, auxiliōrum *n Pl.* die Hilfstruppen 19
auxilium, auxiliī *n* die Hilfe 4
Aventīnus, Aventīnī *m* der Aventin (einer der sieben Hügel Roms) 2
avidus, avida, avidum gierig, geizig LO II

B

barbarus, barbara, barbarum unzivilisiert, barbarisch; *Subst.* der Barbar 16
bāsium, bāsiī *n* der Kuss LO I
beātus, beāta, beātum glücklich 21
bellum, bellī *n* der Krieg 11
bene *Adv.* gut 2
bēstia, bēstiae *f* das Tier 2
bonus, bona, bonum gut, tüchtig 10
brevis, brevis, breve kurz 16
Britannia, Britanniae *f* Britannien 19

C

cadere, cadō, cecidī fallen 21
caelum, caelī *n* der Himmel 15
Caesar, Caesaris *m* Cäsar (röm. Politiker, Feldherr und Schriftsteller) 13
cālīgō, cālīginis *f* die Finsternis, der Qualm LO III
campus, campī *m* das Feld, der freie Platz, die Ebene 17
capere, capiō, cēpī, captum nehmen, ergreifen, fangen, erobern 7. 11. 18
  īrā captus von Zorn ergriffen, aus Zorn 18

dīgnus, dīgna, dīgnum *(m. Abl.)* würdig, wert (einer Sache) **16**
dīmittere, dīmittō, dīmīsī aufgeben, entlassen, wegschicken **12**
discēdere, discēdō, discessī weggehen, auseinandergehen **13**
diū *Adv.* lange, lange Zeit **2**
dīves, dīves, dīves *(Gen.* **dīvitis***)* reich; *Subst.* der Reiche **LO I**
dīvīnus, dīvīna, dīvīnum göttlich, religiös **LO IV**
docēre, doceō, docuī, doctum lehren, unterrichten **21**
dolēre, doleō, doluī *m. Abl.* traurig sein (über), bedauern, Schmerz empfinden (über) **10**
dolor, dolōris *m* der Schmerz **20**
dolus, dolī *m* die List, die Täuschung **15**
domina, dominae *f* die Herrin, die Dame **1**
dominus, dominī *m* der Herr **1**
domum *Adv.* nach Hause **8**
domus, domūs *f (Abl. Sg.* **-ō**, *Gen. Pl.* **-ōrum**, *Akk. Pl.* **-ōs***)* das Haus **22**
dōnāre, dōnō, dōnāvī, dōnātum schenken, beschenken **15**
dōnum, dōnī *n* das Geschenk **12**
dubitāre, dubitō, dubitāvī, dubitātum *m. Inf.* zögern, zweifeln **6**
dubius, dubia, dubium unsicher, dämmrig **LO III**
dūcere, dūcō, dūxī, ductum führen, ziehen; *m. dopp. Akk.* halten für **5. 11. 22**
dulcis, dulcis, dulce süß, angenehm **B**
dum *Subj. m. Ind.* während, solange **4**
dūrus, dūra, dūrum hart, hartherzig **21**
dux, ducis *m f* der Anführer, die Anführerin **19**

E

ē/ex *Präp. m. Abl.* aus, von … her **4**
ecce! Schau! Schaut! Sieh da! Seht da! **2**
Ēchō *f* Echo (eine Waldnymphe) **20**
efficere, efficiō, effēcī, effectum bewirken, herstellen **19**
effugere, effugiō, effūgī *(m. Akk.)* entfliehen, entkommen **LO V**
egō *(betont)* ich **3**
ēgregius, ēgregia, ēgregium ausgezeichnet, hervorragend **19**
ēligere, ēligō, ēlēgī, ēlēctum auswählen **LO I**
ēmittere, ēmittō, ēmīsī, ēmissum loslassen, herauslassen **LO II**
enim *nachgestellt* denn, nämlich **8**
eō *Adv.* dorthin; deswegen **A**
Ephesiī, Ephesiōrum *m Pl.* die Ephesier (die Einwohner von Ephesos) **A**
Epicūrus, Epicūrī *m* Epikur (griech. Philosoph) **21**
equester, equestris, equestre Reiter-, beritten **LO V**
equus, equī *m* das Pferd **1**
ergō also, deshalb **9**
ēripere, ēripiō, ēripuī entreißen **14**
esse, sum, fuī sein, sich befinden **1. 8**
et und, auch **1**
et … et sowohl … als auch **10**
etiam auch, sogar **1**
Eurydica, Eurydicae f Eurydike (die Ehefrau des Orpheus) **5**
ex/ē *Präp. m. Abl.* aus, von … her **4**
excēdere, excēdō, excessī, excessum hinausgehen, weggehen **LO III**
exemplum, exemplī *n* das Beispiel, das Vorbild **12**
exercēre, exerceō, exercuī, exercitum üben, trainieren, quälen **21**
exercitus, exercitūs *m* das Heer **22**
exīre, exeō, exiī herausgehen **16**
exīstimāre, exīstimō, exīstimāvī, exīstimātum meinen, (ein)schätzen **14**
expellere, expellō, expulī, expulsum *(m. Abl.)* vertreiben (von/aus) **LO IV**
exspectāre, exspectō, exspectāvī, exspectātum warten, erwarten **2**
exstinguere, exstinguō, exstīnxī, exstīnctum auslöschen, vernichten **21**

F

facere, faciō, fēcī, factum machen, tun, handeln; *m. dopp. Akk.* machen zu **7. 11. 22**
fīnem facere *m. Gen.* (einer Sache) ein Ende setzen, beenden **16**
iter facere reisen, marschieren **8**
facile *Adv.* leicht (zu tun), einfach **19**
facilis, facilis, facile leicht (zu tun), einfach **13**
factum, factī *n* die Handlung, die Tat, die Tatsache **12**
fallere, fallō, fefellī täuschen, betrügen **15**
falsus, falsa, falsum falsch **12**
fāma, fāmae *f* der (gute/schlechte) Ruf, das Gerücht **9**
famēs, famis *f* der Hunger **LO II**

familia, familiae *f* die Familie, die Hausgemeinschaft **7**
fātum, fātī *n* das Schicksal, der Götterspruch **15**
fenestra, fenestrae *f* das Fenster **LO II**
ferē *Adv.* fast, beinahe; fast immer **LO II**
ferre, ferō, tulī, lātum bringen, tragen, ertragen **A**
ferrum, ferrī *n* das Eisen, die Waffe **17**
ferus, fera, ferum wild **14**
fidēs, fideī *f* der Glaube, die Treue, das Vertrauen, die Zuverlässigkeit **B**
fierī, fīō, factus sum gemacht werden, geschehen, werden **B**
  fit, ut *m. Konj.* es geschieht, dass **B**
figūra, figūrae *f* die Gestalt, die Form **LO III**
fīlia, fīliae *f* die Tochter **6**
fīlius, fīliī *m* der Sohn **6**
fīnem facere *m. Gen.* (einer Sache) ein Ende setzen, beenden **16**
fīnis, fīnis *m (Gen. Pl.* **-ium***)* das Ende, die Grenze, das Ziel, der Zweck; *Pl.* das Gebiet **14**
fit, ut *m. Konj.* es geschieht, dass **B**
flamma, flammae *f* die Flamme, das Feuer **LO III**
flēre, fleō, flēvī weinen, beweinen, beklagen **8**
flūmen, flūminis *n* der Fluss **9**
forte *Adv.* zufällig **20**
fortis, fortis, forte kräftig, tapfer **13**
fortūna, fortūnae *f* das Glück, das Schicksal **A**
forum, forī *n* das Forum, der Marktplatz **2**
forum Boārium, forī Boāriī *n* das Forum Boarium (der Rindermarkt in Rom) **2**
frāter, frātris *m* der Bruder **8**
frequēns, frequēns, frequēns *(Gen.* **frequentis***)* häufig, zahlreich **19**
frūmentum, frūmentī *n* das Getreide **1**
fuga, fugae *f* die Flucht **4**
fugere, fugiō, fūgī *(m. Akk.)* fliehen (vor), entfliehen, meiden **15**
fūrtum, fūrtī *n* der Diebstahl **1**

G

Gallia, Galliae *f* Gallien **13**
gaudēre, gaudeō sich freuen; *m. Abl.* sich freuen über etw. **1. 4**
gaudium, gaudiī *n* die Freude **4**
gēns, gentis *f (Gen. Pl.* **-ium***)* der Stamm, die Familie, das Volk **7**
genus, generis *n* das Geschlecht, die Art, die Abstammung **B**
gerere, gerō, gessī, gestum führen, ausführen, tragen **7. 19**
  sē gerere sich verhalten **15**
Germānus, Germānī *m* der Germane **LO IV**
gladiātor, gladiātōris *m* der Gladiator **4**
gladius, gladiī *m* das Schwert **4**
glōria, glōriae *f* der Ruhm, die Ehre **16**
Graecī, Graecōrum *m Pl.* die Griechen **7**
Graecia, Graeciae *f* Griechenland **16**
Graecus, Graeca, Graecum griechisch; *Subst.* der Grieche **21**
grātia, grātiae *f* das Ansehen, die Beliebtheit, der Dank **7**
grātiās agere danken **7**
grātus, grāta, grātum dankbar, willkommen, beliebt **18**
gravis, gravis, grave schwer, bedeutend **15**

H

habēre, habeō, habuī, habitum haben, halten; *m. dopp. Akk.* halten für **3. LO IV**
Hannibal, Hannibalis *m* Hannibal (karthagischer Feldherr) **11**
hīc *Adv.* hier **1**
hic, haec, hoc dieser, diese, dieses (hier); folgender **20**
hinc *Adv.* von hier, hierauf **20**
hodiē *Adv.* heute **8**
homō, hominis *m* der Mensch **10**
honestus, honesta, honestum ehrenhaft, angesehen **22**
honor, honōris *m* die Ehre, das Ehrenamt **22**
honōrī esse *m. Dat.* jdm. Ehre einbringen **22**
honōs, honōris *m* die Ehre, das Ehrenamt **22**
hōra, hōrae *f* die Stunde, die Zeit **LO III**
Horātius Coclēs, Horātiī Coclitis *m* Horatius Cocles (Held der römischen Frühzeit) **9**
hospes, hospitis *m* der Fremde, der Gast **LO IV**
hostis, hostis *m (Gen. Pl.* **-ium***)* der Feind, der Landesfeind **8**
hūc *Adv.* hierher **20**
hūmānus, hūmāna, hūmānum menschlich, gebildet **B**

I

meus, mea, meum mein **11**
mihi *Dat.* mir, für mich **8**
mīles, mīlitis *m* der Soldat **11**
mīlitāris, mīlitāris, mīlitāre militärisch, Kriegs-… **LO IV**
mīlitēs cōnscrībere Soldaten anwerben **19**
mīlle *Sg. indekl. (Pl.* **mīlia, mīlium***)* tausend **B**
minimē *Adv.* am wenigsten, überhaupt nicht **17**
minus *Adv.* weniger **A**
mīrārī, mīror, mīrātus sum bewundern, sich wundern **B**
mīrus, mīra, mīrum erstaunlich, sonderbar, wunderbar **17**
miser, misera, miserum arm, erbärmlich, unglücklich **10**
mittere, mittō, mīsī, missum schicken, werfen **7. 11. 18**
modus, modī *m* die Art, die Weise, das Maß **16**
moenia, moenium *n Pl.* die Mauern, die Stadtmauern **11**
monēre, moneō, monuī, monitum mahnen, ermahnen **3**
monumentum, monumentī *n* das Denkmal **13**
morī, morior, mortuus sum sterben **B**
mors, mortis *f (Gen. Pl.* **-ium***)* der Tod **10**
mortālis, mortālis, mortāle sterblich; *Subst.* der Sterbliche, der Mensch **18**
mortuus, mortua, mortuum tot, gestorben **10**
mōs, mōris *m* der Brauch, die Sitte; *Pl.* der Charakter **21**
movēre, moveō, mōvī, mōtum bewegen, beeindrucken **4. 18**
mox *Adv.* bald **17**
mulier, mulieris *f* die Frau **7**
multā nocte in tiefer Nacht **10**
multa, multōrum *n Pl.* viel, vieles **10**
multitūdō, multitūdinis *f* die Menge, die große Zahl **8**
multō *m. Komparativ* viel, um viel **LO III**
multum *Adv.* viel **10**
multus, multa, multum viel **10**
mūnīre, mūniō, mūnīvī bauen, befestigen, schützen **8**
mūnus, mūneris *n* die Aufgabe, das Geschenk **8**
mūrus, mūrī *m* die Mauer **8**
mūtāre, mūtō, mūtāvī, mūtātum ändern, verändern, verwandeln **21**

N

nam denn, nämlich **5**
Narcissus, Narcissī *m* Narziss (ein schöner junger Mann) **20**
narrāre, narrō, narrāvī, narrātum erzählen **2**
nātūra, nātūrae *f* die Natur, das Wesen, die Beschaffenheit **20**
nāvis, nāvis *f (Gen. Pl.* **-ium***)* das Schiff **13**
-ne *im Fragesatz (unübersetzt)* **16**
-ne *im indir. Fragesatz* ob **20**
nē *m. Konj. im Hauptsatz* nicht *(verneinter Wunsch oder Befehl)* **22**
nē *Subj. m. Konj.* dass nicht, damit nicht; *(nach Ausdrücken des Fürchtens und Hinderns)* dass **19**
nē … quidem nicht einmal **9**
nec (~ neque) und nicht, auch nicht **12**
nec … nec weder … noch **12**
necāre, necō, necāvī, necātum töten **3**
necessārius, necessāria, necessārium nötig, notwendig **21**
negāre, negō, negāvī, negātum leugnen, verneinen, verweigern **18**
neglegere, neglegō, neglēxī, neglēctum nicht (be)achten, vernachlässigen **21**
negōtium, negōtiī *n* die Aufgabe, das Geschäft, die Angelegenheit **A**
nēmō, nēminis niemand **A**
Neptūnus, Neptūnī *m* Neptun (der Gott des Meeres) **14**
neque (~ nec) und nicht, auch nicht **12**
neque … neque weder … noch **12**
neque quisquam und niemand **LO IV**
nēscīre, nēsciō, nēscīvī nicht wissen, nicht kennen, nicht verstehen **12**
nihil (~ nīl) nichts **20**
nihil corporis nichts vom Körper **20**
nihil nisī nichts als, nur **19**
nīl (~ nihil) nichts **20**
nimis *Adv.* zu, allzu, zu sehr **15**
nisī *Subj.* wenn nicht **16**
nihil nisī nichts als, nur **19**
nōbilis, nōbilis, nōbile adelig, vornehm, berühmt **13**
nōlle, nōlō, nōluī nicht wollen **5. 8**

nōmen, nōminis *n* der Name **17**
nōn nicht **1**
nōn dēbēre, nōn dēbeō nicht dürfen, nicht müssen **5**
nōn iam nicht mehr **3**
nōn modo … sed etiam nicht nur … sondern auch **16**
nōn sōlum … sed etiam nicht nur … sondern auch **11**
nōndum *Adv.* noch nicht **LO II**
nōnne? (etwa) nicht? **5**
nōnnūllī, nōnnūllae, nōnnūlla *Pl.* einige, manche **14**
nōs *Akk.* uns **2**
nōs *Nom.* wir **9**
nōscere, nōscō, nōvī erkennen, kennenlernen **15**
noster, nostra, nostrum unser **11**
novus, nova, novum neu, ungewöhnlich **13**
nox, noctis *f (Gen. Pl.* **noctium***)* die Nacht **10**
multā nocte in tiefer Nacht **10**
nūbere, nūbō, nūpsī, nūptum *m. Dat.* heiraten **LO I**
nūbēs, nūbis f *(Gen. Pl.* **-ium***)* die Wolke **LO III**
nūdus, nūda, nūdum nackt, entblößt **LO V**
nūllus, nūlla, nūllum *(Gen.* **nūllīus**, *Dat.* **nūllī***)* kein **LO I. 21**
num? *im dir. Fragesatz* etwa? **10**
nūmen, nūminis *n* die Gottheit, der göttliche Wille **22**
numerus, numerī *m* die Zahl, die Menge **13**
numquam *Adv.* nie, niemals **6**
nunc *Adv.* jetzt, nun **1**
nūntiāre, nūntiō, nūntiāvī, nūntiātum melden **18**
nūntius, nūntiī *m* der Bote, die Nachricht **13**
nūper *Adv.* neulich, vor kurzem **LO I**

O

ob *Präp. m. Akk.* wegen, für **16**
obses, obsidis *m f* die Geisel **19**
obtinēre, obtineō, obtinuī (in Besitz) haben, (besetzt) halten **22**
occupāre, occupō, occupāvī, occupātum besetzen, einnehmen **10**
occurrere, occurrō, occurrī begegnen, entgegentreten **20**
Octāvius, Octāviī *m* Gaius Octavius (der Geburtsname des späteren Kaisers Augustus) **17**
oculus, oculī *m* das Auge **5**
officium, officiī *n* der Dienst, die Pflicht, das Pflichtgefühl **17**
officium praestāre die/seine Pflicht erfüllen **21**
omnia, omnium *n Pl.* alles **17**
omnis, omnis, omne jeder, ganz; *Pl.* alle **13**
opēs, opum *f Pl.* die Macht, die Mittel, der Reichtum **16**
oportet, oportuit *m. Inf.* es gehört sich, es ist nötig **21**
oppidum, oppidī *n* die Stadt, die Kleinstadt **11**
ops, opis *f* die Hilfe, die Kraft **16**
ōrāculum, ōrāculī *n* das Orakel, der Götterspruch, die Orakelstätte **16**
ōrāre, ōrō, ōrāvī, ōrātum bitten, beten **7**
ōrātiō, ōrātiōnis *f* die Rede **8**
orbis, orbis *m* der Kreis(lauf), der Erdkreis, die Welt **B**
ōrdō, ōrdinis *m* die Ordnung, die Reihe, der Stand **18**
ōrnāre, ōrnō, ōrnāvī, ōrnātum schmücken, ausstatten **18**
ōrnātus, ōrnātūs *m* der Schmuck, die Verzierung **LO V**
Orpheus, Orpheī *m* Orpheus (berühmter thrakischer Sänger) **5**
ōs, ōris *n* der Mund, das Gesicht **LO II**
ostendere, ostendō, ostendī zeigen, erklären **5. 14**

P

Palātīnus, Palātīnī *n* der Palatin (einer der sieben Hügel Roms) **2**
pār, pār, pār *(Gen.* **paris***)* gleich, ebenbürtig **17**
parāre, parō, parāvī, parātum (vor)bereiten, vorhaben, erwerben **3**
parēns, parentis *m f* der Vater, die Mutter **6**
parentēs, parentum *m Pl.* die Eltern **6**
pārēre, pāreō, paruī gehorchen **3**
pariēs, parietis *m* die Wand **LO V**
pars, partis *f (Gen. Pl.* **-ium***)* der Teil, die Seite, die Richtung **6**
parvus, parva, parvum klein, gering **A**

pater, patris *m* der Vater **6**
patēre, pateō offen stehen, sich erstrecken **7**
patī, patior, passus sum leiden, erleiden, ertragen, zulassen **B**
patrēs (cōnscrīptī), patrum (cōnscrīptōrum) *m Pl.* die Senatoren **21**
patria, patriae *f* die Heimat **9**
paucī, paucae, pauca *Pl.* wenige **A**
paulō *Adv.* (um) ein wenig **3**
paulō post wenig später, kurz darauf **3**
paulum *Adv.* ein wenig **LO III**
Paulus, Paulī *m* Paulus (christlicher Apostel und Missionar) **A**
pauper, pauper, pauper *(Gen.* **pauperis***)* arm **LO I**
pāx, pācis *f* der Frieden **12**
pectus, pectoris *n* die Brust, das Herz **B**
pecūnia, pecūniae *f* das Geld, das Vermögen **12**
per *Präp. m. Akk.* durch **2**
perīculum, perīculī *n* die Gefahr **8**
perīre, pereō, periī umkommen, zugrunde gehen **14**
perpetuus, perpetua, perpetuum dauerhaft, ewig **B**
perspicere, perspiciō, perspexī erkennen, durchschauen, genau betrachten **15**
perterrēre, perterreō, perterruī, perterritum einschüchtern, sehr erschrecken **17**
pertinēre, pertineō, pertinuī *(***ad** *m. Akk.)* betreffen, gehören (zu), sich erstrecken (bis) **21**
pervenīre, perveniō, pervēnī *(***ad/in** *m. Akk.)* kommen zu/nach **15**
petere, petō, petīvī, petītum bitten, verlangen, eilen (zu/nach), aufsuchen, angreifen **5. 8**
pīrāta, pīrātae *m* der Pirat, der Seeräuber **14**
pius, pia, pium fromm, gerecht, pflichtbewusst **15**
placēre, placeō, placuī gefallen **7**
placet, placuit *m. Dat.* es gefällt jdm., jd. beschließt **18**
plēbs, plēbis *f* das (einfache) Volk **19**
plēnus, plēna, plēnum *(m. Gen.)* voll (von/mit) **LO V**
plērīque, plēraeque, plēraque *Pl.* die meisten, sehr viele **14**
plūrimī, plūrimae, plūrima *Pl.* die meisten, sehr viele **B**
plūrimum *Adv.* am meisten, sehr viel **18**
plūs, plūs, plūs *(Gen.* **plūris***)* mehr **13**
plūs valēre quam mehr gelten als **13**
poena, poenae *f* die Strafe **LO II. 22**
poenās dare bestraft werden, büßen **LO II**
Poenus, Poena, Poenum punisch, karthagisch; *Subst.* der Punier, der Karthager **12**
pollicērī, polliceor, pollicitus sum versprechen **B**
Polynīcēs, Polynīcis *m* Polyneikes (Bruder der Antigone) **22**
Pompēius, Pompēī *m* Pompejus (röm. Feldherr und Politiker) **14**
pōnere, pōnō, posuī, positum (auf)stellen, (hin)legen, setzen **18**
pōns, pontis *m* die Brücke **9**
  mediō in ponte in der Mitte der Brücke **9**
populus, populī *m* das Volk **1**
porta, portae *f* das Tor, die Tür **4**
portāre, portō, portāvī, portātum tragen, bringen **3**
pōscere, pōscō, popōscī fordern, verlangen **19**
posse, possum, potuī können **8**
post *Adv.* dann, später **3**
  paulō post wenig später, kurz darauf **3**
post *Präp. m. Akk.* hinter, nach **5**
posteā *Adv.* nachher, später **9**
posterī, posterōrum *m Pl.* die Nachkommen **15**
posterus, postera, posterum folgend **15**
postquam *Subj. m. Perf.* nachdem **11**
postrēmō *Adv.* schließlich **9**
pōstulāre, pōstulō, pōstulāvī, pōstulātum fordern, verlangen **20**
potēns, potēns, potēns *(Gen.* **potentis***)* mächtig, stark **13**
potentia, potentiae *f* die Macht **13**
potestās, potestātis *f* die Macht, die Gewalt, die Amtsgewalt **B**
potius *Adv.* eher, lieber **13**
praeclārus, praeclāra, praeclārum großartig, herrlich **LO V**
praeda, praedae *f* die Beute **14**
praeesse, praesum, praefuī *m. Dat.* leiten, an der Spitze stehen **19**

praesidium, praesidiī *n* der Schutz, die Hilfe, der Wachposten **A**
praestāre, praestō, praestitī *m. Akk.* gewähren, leisten, zeigen; *m. Dat.* übertreffen **13. 21**
officium praestāre die/seine Pflicht erfüllen **21**
praetor, praetōris *m* der Prätor (röm. Beamter) **2**
premere, premō, pressī drücken, unterdrücken, bedrängen **11**
prex, precis *f* die Bitte; *Pl.* das Gebet **18**
prīmā lūce bei Tagesanbruch, bei Sonnenaufgang **10**
prīmō *Adv.* zuerst **7**
prīmum *Adv.* erstens, zuerst, zum ersten Mal **9**
prīmus, prīma, prīmum der (die, das) erste **10**
prīnceps, prīncipis *m* der erste, der führende Mann, der Kaiser **19**
prior, prior, prius *(Gen.* **priōris***)* der (die, das) erste, frühere; vortrefflicher **LO II**
prius *Adv.* früher, zuerst **A**
priusquam *Subj.* bevor, eher als **B**
prō *Präp. m. Abl.* vor; anstelle von, für **7**
probāre, probō, probāvī, probātum beweisen, gut finden, prüfen **6**
prōcēdere, prōcēdō, prōcessī gehen, vorwärtsgehen, vorrücken **17**
procul *Adv.* von fern, weit weg **9**
proelium, proeliī *n* der Kampf, die Schlacht **9**
profectō *Adv.* sicherlich, tatsächlich **14**
proficīscī, proficīscor, profectus sum reisen, abreisen, aufbrechen **B**
prohibēre, prohibeō, prohibuī *(ā m. Abl.)* abhalten (von), hindern (an), verhindern **8**
prōmittere, prōmittō, prōmīsī versprechen **15**
prope *Adv.* nahe; beinahe **20**
properāre, properō, properāvī, properātum eilen, sich beeilen **2**
propius *Adv.* näher **9**
propter *Präp. m. Akk.* wegen **3**
prōvincia, prōvinciae *f* die Provinz **19**
pūblicus, pūblica, pūblicum öffentlich, staatlich **21**
rēs pūblica, reī pūblicae *f* der Staat **21**
puella, puellae *f* das Mädchen **6**
puer, puerī *m* der Junge **6**
pūgna, pūgnae *f* der Kampf **B**
pūgnāre, pūgnō, pūgnāvī, pūgnātum kämpfen **4**
pulcher, pulchra, pulchrum schön **13**
Pūnicus, Pūnica, Pūnicum phönizisch, punisch **15**
putāre, putō, putāvī, putātum glauben, meinen; *m. dopp. Akk.* halten für **9. LO IV. V**
Pythia, Pythiae *f* Pythia (die Priesterin, durch die Apollo zu den Fragestellern sprach) **16**

Q

quaerere, quaerō, quaesīvī fragen, suchen, erwerben wollen **15**
quam als, wie; *m. Superl.* möglichst **13. 16**
plūs valēre quam mehr gelten als **13**
quamquam *Subj.* obwohl **13**
quando? wann? **16**
quantus, quanta, quantum wie groß, wie viel **19**
quārē weshalb; *rel. Satzanschluss:* deshalb **21**
quasi *Adv.* gleichsam, wie **LO III**
-que *angehängt* und **4**
quemadmodum? wie? auf welche Weise? **3**
quī, quae, quod welcher, welche, welches; der, die, das **12**
quia *Subj.* weil **12**
quid? was? **2**
quīdam, quaedam, quoddam *adj. (Gen.* **cuiusdam***, Dat.* **cuidam***)* ein gewisser, (irgend)ein; *Pl.* einige **A**
quidem *Adv.* freilich, gewiss, wenigstens **9**
quīn? *im Hauptsatz* warum nicht? **3**
quis? wer? **1**
quisquam, quidquam (quicquam) irgendjemand, irgendetwas **LO IV**
quō … eō je … desto **22**
quod *Subj. m. Ind.* dass, weil **4**
quondam *Adv.* einst, einmal, manchmal **18**
quoniam *Subj.* da ja, weil ja **5**
quoque *nachgestellt* auch **5**
quot *indekl.* wie viele **B**

R

rapere, rapiō, rapuī, raptum rauben, wegreißen, wegführen **14. 19**
rārus, rāra, rārum selten, vereinzelt **LO III**
ratiō, ratiōnis *f* der Grund, die Vernunft, die Überlegung, die Art und Weise **22**

senātor, senātōris *m* der Senator **2**
senex, senis *m* der Greis, der alte Mann **7**
sententia, sententiae *f* der Antrag (im Senat), die Meinung, der Satz, der Sinn **11**
sentīre, sentiō, sēnsī fühlen, meinen, wahrnehmen **B**
sequī, sequor, secūtus sum *m. Akk.* folgen **B**
serva, servae *f* die Sklavin, die Dienerin **1**
servāre, servō, servāvī, servātum retten, bewahren **3**
servīre, serviō, servīvī, servītum dienen, Sklave sein **B**
servitūs, servitūtis *f* die Sklaverei **19**
servus, servī *m* der Sklave, der Diener **1**
sī *Subj.* wenn, falls **10**
sīc *Adv.* so **LO II. B**
sīgnum, sīgnī *n* das Zeichen, das Merkmal **7**
silva, silvae *f* der Wald **20**
similis, similis, simile *m. Gen./Dat.* ähnlich **LO III**
simul *Adv.* gleichzeitig, zugleich **4**
sine *Präp. m. Abl.* ohne **4**
sinere, sinō, sīvī lassen, zulassen, erlauben **17**
socius, sociī *m* der Gefährte, der Verbündete **10**
Sōl, Sōlis *m* Sol (der Sonnengott) **LO IV**
sōl, sōlis *m* die Sonne **6**
sōlum *Adv.* nur **11**
sōlus, sōla, sōlum allein, einzig **12**
solvere, solvō, solvī, solūtum lösen, auflösen, bezahlen **20**
somnus, somnī *m* der Schlaf **15**
spectāre, spectō, spectāvī, spectātum anschauen, betrachten, zuschauen **1**
spērāre, spērō, spērāvī, spērātum hoffen, erwarten **A**
spēs, speī *f* die Hoffnung, die Erwartung **21**
spoliāre, spoliō, spoliāvī, spoliātum rauben, ausrauben **LO V**
sponte meā (tuā, suā) freiwillig, von selbst **15**
stāre, stō, stetī stehen, dastehen **1. 11**
statim *Adv.* sofort, auf der Stelle **2**
statuere, statuō, statuī aufstellen, beschließen, festsetzen **16**
studēre, studeō, studuī *m. Dat.* sich beschäftigen (mit), sich bemühen (um), streben nach **12**
studium, studiī *n* die Beschäftigung, das Engagement, das Interesse **LO IV**
stultus, stulta, stultum dumm **LO II**
subitō *Adv.* plötzlich **2**
sūmere, sūmō nehmen **9**
summus, summa, summum der (die, das) höchste, oberste, letzte **LO II. A**
superāre, superō, superāvī, superātum besiegen, überwinden, übertreffen **12**
superbia, superbiae *f* der Stolz, die Überheblichkeit **16**
supplicium, suppliciī *n* die Hinrichtung, die Strafe; das flehentliche Bitten **16**
surgere, surgō aufstehen, sich erheben **7**
sustinēre, sustineō, sustinuī ertragen, standhalten **21**
suus, sua, suum sein, ihr **11**

T

taberna, tabernae *f* das Gasthaus, der Laden, die Werkstatt **2**
tabula, tabulae *f* die Tafel, das Gemälde **LO V**
tacēre, taceō, tacuī schweigen **1**
tālis, tālis, tāle derartig, ein solcher, so (beschaffen) **17**
tam so **15**
tamen dennoch, trotzdem **3**
tamquam *Adv.* wie **LO III**
tandem *Adv.* endlich, schließlich **4**
tandem *im Fragesatz* denn eigentlich **16**
tangere, tangō, tetigī, tāctum berühren **20**
tantum *Adv. nachgestellt* nur **11**
tantus, tanta, tantum so groß, so viel **22**
Tarquiniī, Tarquiniōrum *m Pl.* die Tarquinier **10**
Tartarus, Tartarī *m* der Tartarus, die Unterwelt **5**
tē *Akk.* dich **3**
tēctum, tēctī *n* das Dach, das Haus **LO III**
tēcum (~ cum tē) mit dir **5**
tēlum, tēlī *n* die Waffe, das Geschoss **8**
templum, templī *n* der Tempel **6**
temptāre, temptō, temptāvī, temptātum angreifen, versuchen, prüfen **4**
tempus, temporis *n* die Zeit, die günstige Zeit, die Umstände **17**
tendere, tendō (aus)strecken, sich anstrengen **5**
tenebrae, tenebrārum *f Pl.* die Dunkelheit, die Finsternis **LO III**

Abkürzungen

Abl.	Ablativ
Abl. abs.	Ablativus absolutus
AcI	Akkusativ mit Infinitiv
Adj.	Adjektiv
Adv.	Adverb
Akk.	Akkusativ
Akt.	Aktiv
BB	Begleitband
Bd.	Band
bzw.	beziehungsweise
christl.	christlich
d. h.	das heißt
Dat.	Dativ
Dekl.	Deklination
dopp. Akk.	doppelter Akkusativ
dt.	deutsch
DÜ	Differenziert üben
etw.	etwas
evtl.	eventuell
F	Formenlehre
f	feminin
f.	folgende
ff.	folgende
Fut.	Futur
Gen.	Genitiv
ggf.	gegebenfalls
griech.	griechisch
GW	Gut zu wissen
hl.	heilig
HS	Hauptsatz
Imp.	Imperativ
Imp.	Imperativ
Impf.	Imperfekt
Ind.	Indikativ
indekl.	indeklinabel
indir.	indirekt
Inf.	Infinitiv
jd.	jemand
jdm.	jemandem
jdn.	jemanden
Jh.	Jahrhundert
KNG	Kasus – Numerus – Genus
Konj.	Konjunktiv
Konjug.	Konjugation
kons.	konsonantisch
lat.	lateinisch
LO	Latein original
M	Methode
m	maskulin
m.	mit
MK	Medienkompetenz
n	neutrum
n. Chr.	n. Chr.
NcI	Nominativ mit Infinitiv
Nom.	Nominativ
NS	Nebensatz
Part.	Partizip
Pass.	Passiv
Pc	Participium coniunctum
Perf.	Perfekt
Pers.	Person
PFA	Partizip Futur Aktiv
Pl.	Plural
Plusqpf.	Plusquamperfekt
PPA	Partizip Präsens Aktiv
PPP	Partizip Perfekt Passiv
Präp.	Präposition
Präs.	Präsens
refl.	reflexiv
röm.	römisch
s. o.	siehe oben
s. u.	siehe unten
S	Satzlehre
S.	Seite
Sg.	Singular
sog.	so genannt
Stammv.	Stammveränderung
Subj.	Subjunktion
Subst.	Substantiv
TB	Textband
usw.	und so weiter
v. a.	vor allem
v. Chr.	vor Christus
vgl.	vergleiche
Vok.	Vokativ
WS	Wortschatz
z. B.	zum Beispiel
z. T.	zum Teil
Z.	Zeile

Bildnachweis

Umschlag: Das **Kolosseum in Rom**/Getty Images/piola666 | 6: Römisches **Wagenrennen** im französischen Themenpark Puy du Fou, Les Epesses | 6: Das **Forum Romanum heute**: Blick von der Via Sacra auf den Bogen des Septimius Severus und das Kapitol. Aufnahmedatum: 30.09.2007/picture-alliance/Zentralbild, Andreas Engelhardt | 6: **Poolparty**/Getty Images/Thomas Barwick | 6: Szenenbild aus dem **Spielfilm „Pompeii"**. USA 2014/Alamy Stock Photo/Photo 12 | 6: Szenenbild aus dem **Spielfilm „Troy"**. USA/Großbritannien/Malta 2004/Alamy Stock Photo/United Archives GmbH | 7: Sir Edward John **Poynter: Orpheus and Eurydice**. 1862. Privatbesitz/Alamy Stock Photo/Historic Collection | 7: **Roter Milan** (Milvus milvus) im Flug. Aufnahmedatum: 02.01.2010 in Wales/Mauritius Images/Alamy Stock Photo, Les Gibbon | 7: Die **Kapitolinische Wölfin**. Die berühmte Bronzeskulptur wurde lange für ein etruskisches Kunstwerk des 5. Jh.s v. Chr. gehalten; neuere Untersuchungen sprechen eher für eine Entstehungszeit zwischen dem 9. und 13. Jh. Kapitolinische Museen, Rom/Bridgeman Images/De Agostini Picture Library, G. Dagli Orti | 8: Friedrich **Brentel: Horatius Coclès**. 1630. Cabinet des Estampes et des Dessins, Strasbourg/Alamy Stock Photo/The Picture Art Collection | 8: Diener und Musikanten. Etruskische Wandmalerei aus der **„Tomba dei Leopardi"** in der Monterozzi-Nekropole bei Tarquinia (Latium). 1. Hälfte des 5. Jh.s v. Chr./akg-images | 8: Kurt Miller: **Hannibal and his troops** crossing the Alps. 2008/Alamy Stock Photo/Stocktrek Images Inc. | 8–9: Jean-Michel Leuillier stellte 2016 mit seinen über 26.000 **Playmobilfiguren** in einem Diorama die Schlacht bei Zama nach. Aufnahmedatum: 19.03.2016/Getty Images/AFP, Jeff Pachoud | 9: Die Schauspielerin **Elizabeth Taylor** als Kleopatra. Szenenbild aus dem Monumentalfilm „Cleopatra". USA 1963/Alamy Stock Photo/World History Archive | 9: Das **Relief eines römischen Kriegsschiffs** war Teil eines Grabmals; errichtet hat es ein Bürger aus Praeneste, der wahrscheinlich in Octavians Flotte bei Actium 31 v. Chr. siegreich gekämpft hatte. Vatikanische Museen, Rom/Mauritius Images/imageBROKER, Ernst Wbra | 10: Szenenbild aus dem **Ballett „Wassermusik"** von Francesco Nappa. 2020. Theater Hagen. Gonçalo Martins da Silva (Äneas), Ana Isabel Casquilho (Dido)/Theater Hagen/Foto: Leszek Januszewki | 10: John **Collier: Priestess of Delphi**. 1891. Art Gallery of South Australia, Adelaide/Bridgeman Images/© Art Gallery of South Australia | 10: Szenenbild aus der **TV-Serie „Rome"**. GB/USA 2005–2007. Max Pirkis (Octavius)/picture-alliance/Mary Evans Picture Library | 10: Die **Ara Pacis Augustae**, der Altar des Augustusfriedens in Rom. West- bzw. Vorderseite. Eingeweiht 9. v. Chr./Alamy Stock Photo/Adam Eastland | 10–11: Der **Pont du Gard** im südfranzösischen Departement Gard. 40–60 n. Chr./Alamy Stock Photo/David Bagnall | 12: **Swimmingpool**/Getty Images/Alexander Spatari | 12: Eine Versammlung **griechischer Philosophen**. Gelegentlich wird die Gruppe als platonische Akademie interpretiert. Römisches Mosaik aus Pompeji. 1. Jh. n. Chr. Museo Archeologico Nazionale, Neapel/akg-images | 12: Szenenbild aus dem **Stück „Antigone oder so ..."** der Theatergruppe Lichterloh der HTL Villach. 2017–18/© TINEFOTO.COM/Martin Steinthaler | 13: Die **Sieben Weltwunder**, dargestellt auf sog. Liebigbildern (Kaufmannsbildern). Um 1895/INTERFOTO/TV-Yesterday | 13: Bethalle der **Großen Moschee von Cordoba**. Baubeginn 784 n. Chr./Alamy Stock Photo/Sean Pavone | 16: Der schottische **Formel-1-Rennfahrer** Paul di Resta (Team Force India) bei einer Testfahrt auf dem Circuit de Barcelona-Catalunya. Aufnahmedatum: 19.02.2013/Alamy Stock Photo/speedpix | 16: Römisches **Wagenrennen** im französischen Themenpark Puy du Fou, Les Epesses | 19: Der **Wagenlenker der „Grünen"** (factiō prasina) feiert seinen Sieg mit der Quadriga. Römisches Mosaik. 3. Jh. n. Chr. Museo Arqueológico Nacional, Madrid/Alamy Stock Photo/Azoor Photo | 20: Das **Forum Romanum heute**: Blick von der Via Sacra auf den Bogen des Septimius Severus und das Kapitol. Aufnahmedatum: 30.09.2007/picture-alliance/Zentralbild, Andreas Engelhardt | 20: Das **Forum Romanum im 1. Jh. n. Chr.**: Blick auf die Basilica Iulia, links davon der Tempel des Castor und des Pollux. Digitale Rekonstruktion von Gilbert J. Gorski. 2015/Gilbert J. Gorski, Sarver | 20: Szenenbild aus dem **TV-Historienfilm** „Imperium: Augustus" mit Russell Barr (Maecenas), Benjamin Sadler (Octavian) und Ken Duken (Agrippa). 2003/Alamy Stock Photo/AF archive | 23: Der **Campo de' fiori** in Rom. Aufnahmedatum: 08.02.2018/Alamy Stock Photo/robertharding | 24: Rekonstruktion eines römischen **Gutshofes (vīlla rūstica)** bei Perl-Borg im Saarland. 1999–2001/Archäologiepark Römische Villa Borg | 24–25: Rekonstruktion eines römischen **Peristylhauses** des 1. Jh.s n. Chr. | 27: Der **Spaccanapoli** in der Altstadt von Neapel. Aufnahmedatum: 25.08.2007 | Alamy Stock Photo/Mark Bassett | 28: **Poolparty**/Getty Images/Thomas Barwick | 28: Rekonstruktion einer römischen **Hypokaustenheizung** in Carnuntum, Niederösterreich/Mauritius Images/Chromorange, Ernst Weingartner | 28: Rekonstruktion der **Stabianer Thermen** in Pompeji. 2. Jh. v. Chr. Aquarell von Peter

Connolly / akg-images / Peter Connolly | 30 – 31: Rekonstruktion des Frauenbades der **Stabianer Thermen** in Pompeji. 2. Jh. v. Chr. Aquarell von Peter Connolly / akg-images / Peter Connolly | 32: Römischer **Sklavenmarkt.** Rollkarte (Lehrtafel) aus dem Geschichtsunterricht der DDR. Herausgegeben von der Akademie der Pädagogischen Wissenschaften der DDR (Rudolf Juretschka). Erschienen 1984 im Volkseigenen Verlag „Volk und Wissen" / akg-images | 32: Schlafender **Sklavenjunge** (lanternārius). Römische Marmorstatuette. 1. Jh. v. Chr. / Photo Scala / De Agostini Picture Library | 32: **Sklaven in Ketten**. Römisches Marmorrelief. Um 200 n. Chr. FO: Zmyrna (İzmir). Ashmolean Museum, Oxford / Alamy Stock Photo / Heritage Image Partnership Ltd. | 33: Ein **Sklave beim Bedienen**. Römisches Mosaik. FO: Dougga im nördlichen Tunesien. 2. Jh. n. Chr. Musée National du Bardo, Tunis / Bridgeman Images / De Agostini Picture Library, Archivio J. Lange | 33: Bronzene **Sklavenmarke**. 4. Jh. n. Chr. Terme di Diocleziano, Museo Nazionale Romano, Rom / bpk-Bildagentur / Scala, Courtesy of the Ministero Beni e Att. Culturali | 33: Die **Gladiatorenschule** (lūdus gladiātōrius) von Carnuntum, Niederösterreich. Rekonstruktion von 2014 / 7reasons | 34: **Hooligans** im Fußballstadion / Mauritius Images / Alamy Stock Photo / Benis Arapovic | 34: Szenenbild aus dem **Spielfilm „Pompeii"**. USA 2014 / Alamy Stock Photo / Photo 12 | 34: Grundriss des **Kolosseums** in Rom / Mauritius Images / Alamy Stock Photo, SOTK2011 | 34: Rekonstruierte Ausrüstung und Bewaffnung eines Gladiators (**Samnit**). Reenactment im Amphitheater von Mérida. 2014 / Mauritius Images / Alamy Stock Photo, Panther Media GmbH | 35: Tumult im **Amphitheater** von Pompeji. 59 n. Chr. / Aquarelle de Jean-Claude Golvin, Musée départemental Arles Antique © Jean-Claude Golvin / Éditions Errance | 38: Briton Rivière: **Androclus and the Lion**. 1908 / Mauritius Images / Alamy Stock Photo, History and Art Collection | 38: Gladiatoren im **Kampf mit Leoparden**. Ausschnitt aus einem römischen Mosaik. Um 320 n. Chr. Galleria Borghese, Rom / Alamy Stock Photo / Granger Historical Picture Archive | 39: Replik einer römischen **Wachstafel** / Alamy Stock Photo, Peter Lorimer | 40: Der Popsänger und Songwriter **Wincent Weiss**. Aufnahmedatum: 25.05.2018 / picture-alliance / Ulrich Stamm, Geissler Fotopress | 40: **Orpheus** bezaubert die Tiere. Römisches Mosaik aus Tarsus. 3. Jh. n. Chr. Archäologisches Museum Hatay / Alamy Stock Photo / GM Photo Images | 41: Sir Edward John **Poynter: Orpheus and Eurydice**. 1862. Privatbesitz / Alamy Stock Photo / Historic Collection | 43: Der dreiköpfige Höllenhund **Zerberus**. Detail der Skulpturengruppe „Orpheus and Cerberus" des amerikanischen Bildhauers Thomas Crawford. 1843. Museum of Fine Arts, Boston / Alamy Stock Photo / Robert Bird | 44: **Roter Milan** (Milvus milvus) im Flug. Aufnahmedatum: 02.01.2010 in Wales / Mauritius Images / Alamy Stock Photo, Les Gibbon | 44: **Icaro caduto**. Bronzeskulptur von Igor Mitoraj. 2010. Piazza dei Miracoli, Pisa / Mauritius Images / Alamy Stock Photo, John McKenna | 48: **Zeus**. Römische Marmorkopie aus dem 2. Jh. n. Chr. nach einem griechischen Original des 5. Jh.s v. Chr. FO: Frasso Telesino, Italien / Alamy Stock Photo / Azoor Travel Photo | 48: **Poseidon** mit Dreizack und Fisch. Attische rotfigurige Amphora des Kleophrades-Malers. Um 480 v. Chr. FO: Etrurien / bpk-Bildagentur / Staatliche Museen zu Berlin, Antikensammlung, Johannes Laurentius | 48: **Diana** als Jägerin. Römische Marmorplastik aus dem 2. Jh. n. Chr. nach einem griechischen Bronzeoriginal des Leochares aus dem 4. Jh. v. Chr. Musée du Louvre, Paris / Bridgeman Images / © Peter Willi | 48: **Juno** (Sog. Hera Barberini). Römische Kopie eines griechischen Bronzeoriginals aus dem 5. Jh. v. Chr. Museo Pio Clementino, Musei Vaticani, Rom | Alamy Stock Photo / Lanmas | 48: **Apollo** Citharoedus. Römische Marmorplastik. 2. Jh. n. Chr. Museo Nazionale Romano: Palazzo Altemps, Rom / akg-images / De Agostini Picture Library, G. Dagli Orti | 48: **Merkur**. Marmorskulptur von Augustin Pajou. 1780. Musée du Louvre, Paris / bpk-Bildagentur / RMN – Grand Palais, Thierry Le Mage | 49: Die sog. **Minerva** Giustiniani (Athena Giustiniani). 2. Jh. n. Chr. Römische Kopie einer griechischen Bronzestatue der Pallas Athene aus dem 4. Jh. v. Chr. FO: Esquilin, Rom. Museo Chiaramonti, Vatikanische Museen, Rom / akg-images / Album Prisma | 49: Kopf des Kriegsgottes **Mars**. 1. Jh. n. Chr. Römische Kopie nach einem griechischen Original des Alkamenes aus dem 5. Jh. v. Chr. Staatliche Eremitage, St. Petersburg / akg-images / Sputnik | 49: **Hephaistos** übergibt Thetis die Waffen des Achilles. Tondo (Innenbild) einer attischen rotfigurigen Trinkschale des Erzgießerei-Malers. 490 – 480 Jh. v. Chr. FO: Vulci (Latium) / bpk-Bildagentur / Staatliche Museen zu Berlin, Antikensammlung, Johannes Laurentius | 49: **Venus** Kallipygos. Marmor. 1. Jh. v. Chr. Römische Kopie eines hellenistischen Bronzeoriginals um 300 v. Chr. Museo Nazionale Archeologico, Neapel / akg-images / Andrea Jemolo | 49: **Dionysos**. Rotfigurige attische Pelike (Weingefäß) des Geras-Malers. Um 480 v. Chr. / bpk-Bildagentur / The Metropolitan Museum Art, New York | 49: Kaiserin Livia, die Gemahlin des Augustus, als Fruchtbarkeitsgöttin **Ceres**. Römische Marmorplastik. 1. Jh. n. Chr. Musée du Louvre, Paris / bpk-Bildagentur / RMN – Grand Palais, Hervé Lewandowski | 50: Szenenbild aus dem **Spielfilm „Troy"**. USA / Großbritannien / Malta 2004 / Alamy Stock

Photo / United Archives GmbH | **50**: Das **„Cyber Horse"**, geschaffen von der israelischen Designergruppe „No, No, No, No, No, Yes" unter der Leitung von Gideon Amichay: Die Installation besteht aus tausenden von Komponenten digitaler Endgeräte, die von Viren, Trojanern und Schadsoftware befallen waren. Das Pferd „belagerte" 2016 den Eingang zur jährlichen „Cyber Week Conference" an der Universität von Tel Aviv und verstand sich als Mahnung vor den wachsenden Gefahren des Cyberspace. Aufnahmedatum: 20.06.2016 / **Getty Images / AFP, Jack Guez** | **51**: Szenenbild aus dem **Spielfilm „Troy"**. USA / Großbritannien / Malta 2004 / **Alamy Stock Photo / AF-Archive** | **51**: Gian Lorenzo **Bernini: Äneas** flieht mit seinem Vater und seinem Sohn aus dem brennenden Troja. 1618. Galleria Borghese, Rom / **Mauritius Images / Alamy Stock Photo, Adam Eastland Art + Architecture** | **53**: **Syrischer Vater mit seinem Sohn.** Flüchtlinge warten an der Griechisch-Mazedonischen Grenze in Gergelija, Macedonia (FYROM) auf Erlaubnis zur Weiterreise, auf der Suche nach einer sicheren Zukunft und einem besseren Leben in Nordeuropa. Aufnahmedatum: 24.08.2015 / **picture-alliance / Robert Geiss** | **54**: Die **Kapitolinische Wölfin.** Die berühmte Bronzeskulptur wurde lange für ein etruskisches Kunstwerk des 5. Jh.s v. Chr. gehalten; neuere Untersuchungen sprechen eher für eine Entstehungszeit zwischen dem 9. und 13. Jh. Kapitolinische Museen, Rom / **Bridgeman Images / De Agostini Picture Library, G. Dagli Orti** | **54**: Die sog. **Ara Casali.** Römischer Marmoraltar. Die Reliefs des Altars zeigen auf der einen Seite mythologische Szenen aus dem Trojanischen Krieg, auf der anderen Seite Szenen aus dem Leben der Zwillinge Romulus und Remus. 2. Jh. n. Chr. FO: Caelius, Rom / **Photo Scala / Museo Pio Clementino, Vatikanische Museen, Rom** | **57**: Jacques-Louis **David: Die Sabinerinnen.** 1799. Musée du Louvre, Paris / **Mauritius Images / Steve Vidler** | **58**: Das **Kolosseum** in Rom. Aufnahmedatum: 27.10.2016 / **iStockphoto / ventdusud** | **58**: **Rekonstruktion des Kolosseums.** Aquarell von Peter Connolly / **akg-images / Peter Connolly** | **58**: **Reenactment** eines Gladiatorenkampfes. Guildhall Yard, London 2015 / **Alamy Stock Photo / Paul Gapper** | **60**: Friedrich **Brentel: Horatius Coclès.** 1630. Cabinet des Estampes et des Dessins, Strasbourg / **Alamy Stock Photo / The Picture Art Collection** | **60**: **Blauhelm-Soldaten** aus Paraguay patrouillieren im Rahmen der UN-Schutzmission Monuc durch Kinshasa im Kongo. Aufnahmedatum: 14.07.2006 / **picture-alliance / Maurizio Gambarini** | **64**: Diener und Musikanten. Etruskische Wandmalerei aus der **„Tomba dei Leopardi"** in der Monterozzi-Nekropole bei Tarquinia (Latium). 1. Hälfte des 5. Jh.s v. Chr. / **akg-images** | **66**: Kaiser Marcus Aurelius (reg. 161–180 n. Chr.) vollzieht als Pontifex Maximus und Triumphator capite velātō (mit rituell bedecktem Haupt) ein öffentliches **Dankopfer vor dem Jupitertempel** auf dem Kapitol. Römisches Relief. 2. Jh. n. Chr. Palazzo dei Conservatori, Rom / **Alamy Stock Photo / Adam Eastland** | **68**: Die **Göttin Libertas** auf der Vorderseite eines Silberdenars. Um 44 v. Chr. The British Museum, London / **bpk-Bildagentur / Staatliche Museen zu Berlin, Münzkabinett** | **68**: Rückseite eines augusteischen Silberdenars: **Rundtempel** mit vier Säulen, darin ein Triumphwagen und ein Legionsadler (aquila). Inschrift: **SP-QR.** Um 18 v. Chr. Staatliche Museen zu Berlin, Münzkabinett / **bpk-Bildagentur / Staatliche Museen zu Berlin, Münzkabinett** | **68**: Rückseite eines Silberdenars mit der **Kapitolinischen Wölfin.** Inschrift: ROMA. Münzmeister P. Satrienus. Um 77 v. Chr. / **Bridgeman Images / De Agostini Picture Library, G. Dagli Orti** | **68**: Der sog. **Togatus Barberini.** Marmorplastik eines patrizischen Senators mit zwei Ahnenbildnissen. 1. Jh. v. Chr. Musei Capitolini, Rom / **Alamy Stock Photo / Adam Eastland** | **69**: Die **Via Appia Antica.** Aufnahmedatum: 01.03.2017 / **AdobeStock / asferico** | **70**: **Afrikanischer Elefant** im Kruger-Nationalpark, Südafrika. Aufnahmedatum: 19.03.2018 / **Getty Images Plus / iStockphoto, Utopia** | **70**: Kurt Miller: **Hannibal and his troops** crossing the Alps. 2008 / **Alamy Stock Photo / Stocktrek Images Inc.** | **71**: Indische Elefanten auf dem Innenbild einer **etruskischen Keramikschale** (pocolom). 3. Jh. v. Chr. Museo Etrusco di Villa Giulia, Rom / **akg-images** | **74**: Jean-Michel Leuillier stellte 2016 mit seinen über 26.000 **Playmobilfiguren** in einem Diorama die Schlacht bei Zama nach. Aufnahmedatum: 19.03.2016 / **Getty Images / AFP, Jeff Pachoud** | **75**: Die abgebildete **Marmorbüste Hannibals** ist die berühmteste Darstellung des karthagischen Feldherrn. Das angeblich in Capua gefundene Porträt ist allerdings nicht antik, sondern stammt wohl aus dem 16. Jh. Galleria del Quirinale, Rom | **78**: Jean-Léon **Gérôme: Der Tod Cäsars.** 1867. Walters Art Museum, Baltimore / **Mauritius Images / Alamy Stock Photo, incamerastock** | **79**: Der sog. **Augustus von Prima Porta.** Die Panzerstatue des Kaisers wurde 1863 in der Villa seiner Frau Livia bei Prima Porta gefunden (12 km nördlich von Rom an der Via Flaminia). Um 20 v. Chr. Vatikanische Museen, Rom / **Mauritius Images / Alamy Stock Photo, Adam Eastland** | **79**: Silberdenar mit den Porträts des **Marcus Antonius** und der **Kleopatra.** Um 35 v. Chr. / **Alamy Stock Photo / Granger Historical Picture Archive** | **80**: Porträtbüste **Julius Cäsars.** Um 20 v. Chr. / **bpk-Bildagentur / Scala** | **82**: Die Schauspielerin **Elizabeth Taylor** als Kleopatra. Szenenbild aus dem Monumentalfilm „Cleopatra". USA 1963 / **Alamy Stock Photo / World**

History Archive | **82**: **Kleopatra VII. Philopator** und **Gajus Julius Cäsar**. Porträtbüsten um 50 v. Chr. bzw. 50 n. Chr. Antikensammlung, Staatliche Museen zu Berlin / bpk-Bildagentur / Christoph Gerigk | **83**: Königin Kleopatra VII. und ihr Sohn Ptolemaios XV. Kaisar (genannt Caesarion / Kaisarion). Als winzige Figur zwischen den beiden ist Julius Cäsar dargestellt. Relief am **Hathor-Tempel von Dendera** (Oberägypten). 1. Jh. v. Chr. / Mauritius Images / Alamy Stock Photo, Clive Thomson Egypt Collection | **85**: Panel aus **„Asterix und Kleopatra"**, erstmals 1969 auf Deutsch erschienen / ASTERIX® – OBELIX® – IDEFIX® / © 2022 LES ÉDITIONS ALBERT RENÉ / GOSCINNY-UDERZO | **86**: Das **Relief eines römischen Kriegsschiffs** war Teil eines Grabmals; errichtet hat es ein Bürger aus Praeneste, der wahrscheinlich in Octavians Flotte bei Actium 31 v. Chr. siegreich gekämpft hatte. Vatikanische Museen, Rom / Mauritius Images / imageBROKER, Ernst Wbra | **86**: **Nachbau eines römischen Kriegsschiffs** (nāvis lūsōria) aus dem 4. Jh. n. Chr. Die Überreste des Originals wurden 1981 bei Bauarbeiten in der Nähe des Rheins bei Mainz gefunden. Museum für Antike Schifffahrt, Mainz / Römisch-Germanisches Zentralmuseum, Mainz / R. Müller, V. Iserhardt | **87**: Ein sog. sekundärer **Rammsporn (rōstrum)** aus Bronze in Form eines Wildschweinkopfes. Musée d'Histoire de Marseille / Mauritius Images / Alamy Stock Photo, Roland Bouvier | **87**: Römischer **Rammsporn (rōstrum)** aus Bronze. Verziert mit der geflügelten Göttin Victoria. Der Rammsporn stammt aus der Zeit des 1. Punischen Krieges und kam möglicherweise 241 v. Chr. in der Entscheidungsschlacht bei den Ägatischen Inseln (westlich von Sizilien) zum Einsatz. L'Antiquario di Favignana (Sizilien) / Mauritius Images / Alamy Stock Photo, Paolo Paradiso | **88**: Rekonstruktion eines **kilikischen Piraten** des 1. Jh.s v. Chr. Exponat der Ausstellung „Plündernde Piraten" im Museum von Torquay. 2013 | **90**: Der heilige Bezirk von **Delphi** / Dreamstime.com / Emicristea | **90**: **Zweikampf** in Anwesenheit von Athene und Hermes. Attische rotfigurige **Bauchamphora** des Andokides-Malers. Um 530 v. Chr. Musée du Louvre, Paris / bpk-Bildagentur / RMN – Grand Palais, Hervé Lewandowski | **91**: **Laokoon** und seine Söhne. Die Skulpturengruppe ist eine römische Kopie aus augusteischer oder tiberianischer Zeit. Das bronzene Original, um 200 v. Chr. geschaffen von den griechischen Bildhauern Hagesandros, Polydoros und Athanadoros aus Rhodos, ist nicht erhalten. Vatikanische Museen, Rom / Alamy Stock Photo / B. O'Kane | **92**: Giovanni Battista **Tiepolo: Merkur erscheint Äneas**. 1757. Villa Valmarana ai Nani, Vicenza. / Mauritius Images / Alamy Stock Photo, Art Heritage | **92 – 93**: Szenenbilder aus dem **Ballett „Wassermusik"** von Francesco Nappa. 2020. Theater Hagen. Gonçalo Martins da Silva (Äneas), Ana Isabel Casquilho (Dido) / Theater Hagen / Foto: Leszek Januszewski | **96**: **Apollon**, der Gott der Weisheit und der Weissagung. Innenbild einer attischen weißgrundigen Kylix (Trinkschale). Um 470 v. Chr. Archäologisches Museum, Delphi / bpk-Bildagentur / Photo Scala | **96**: John **Collier: Priestess of Delphi**. 1891. Art Gallery of South Australia, Adelaide / Bridgeman Images / © Art Gallery of South Australia | **99**: **Lydischer Goldstater** mit dem Siegel des Kroisos: einem Löwen und einem Stierkopf. 7. Jh. v. Chr. / Photo Scala / De Agostini Picture Library | **100**: Wandmalerei aus dem Gartensaal der **Villa der Livia**. Ende des 1. Jh.s v. Chr. Museo Nazionale Romano: Palazzo Massimo alle Terme, Rom / Mauritius Images / Alamy Stock Photo, Hercules Milas | **100**: Marmorbüste der **Livia Drusilla**. FO: Arsinoe-Krokodilopolis in der Oase al-Fayyūm, Ägypten. 1. Jh. n. Chr. Ny Carlsberg Glyptotek, Kopenhagen / Alamy Stock Photo / FOST | **100**: Marmorbüste des **Augustus** mit der Bürgerkrone aus Eichenlaub (corōna cīvica). Um 10 n. Chr. Glyptothek, München / akg-images | **101**: Die **Gemma Augustea**. Um 10 n. Chr. Kunsthistorisches Museum, Wien / akg-images / Erich Lessing | **102**: Alexander **Litovchenko: Charon** bringt die Seelen der Verstorbenen über den Styx. 1861. Russisches Museum, St. Petersburg / Mauritius Images / SuperStock, Fine Art Images | **104**: **Bronzeporträt** des jungen Augustus / Octavian, FO: Meroë im heutigen Sudan. Um 27 v. Chr. British Museum, London / bpk-Bildagentur / The Trustees of the British Museum | **104**: Szenenbild aus der **TV-Serie „Rome"**. GB / USA 2005 – 2007. Max Pirkis (Octavius) / picture-alliance / Mary Evans Picture Library | **105**: Römischer Silberdenar. Vorderseite: Kopf des Cäsarmörders **Marcus Iunius Brutus** mit Bart. Rückseite: Die römische **Freiheitskappe** (pīleus) zwischen zwei **Dolchen**. Inschrift **EID(ibus) MART(iīs)**. Um 43 v. Chr. / bpk-Bildagentur / Staatliche Museen zu Berlin, Münzkabinett, Reinhard Saczewski | **107**: Römischer Silberdenar. Vorderseite: Kopf der **Venus mit Diadem** und Halskette. Rückseite: **Äneas** rettet seinen Vater und die Penaten aus dem brennenden Troja. Inschrift CAESAR. Um 47 v. Chr. / bpk-Bildagentur / Staatliche Museen zu Berlin, Münzkabinett, Dirk Sonnenwald | **108**: Die **Ara Pacis Augustae**, der Altar des Augustusfriedens in Rom. Zu sehen ist die West- bzw. Vorderseite. Eingeweiht 9 v. Chr. / Alamy Stock Photo / Adam Eastland | **108**: Der **opfernde Äneas**. Relief an der Westseite der Ara Pacis / Alamy Stock Photo / The Art Archive | **109**: Die **Göttin Tellus**. Relief an der Ost- bzw. Rückseite der Ara Pacis / Mauritius Images / Alamy Stock Photo, Lanmas | **111**: Vincenzo **Camuccini: Die Ermordung Cäsars**. 1798.

Museo Nazionale di Capodimonte, Neapel / **Alamy Stock Photo / The Picture Art Collection** | **112**: Das römische **Theater von Hierapolis**, errichtet im 2. Jh. n. Chr., liegt heute nördlich der Stadt Denizli, Türkei / **Mauritius Images / Alamy Stock Photo, Isa Özdere** | **113**: Der **Hadrianswall** in Nordengland. 2. Jh. n. Chr. / **Getty Images Plus / iStockphoto, Alphotographic** | **114**: Der **Pont du Gard** im südfranzösischen Departement Gard. 40 – 60 n. Chr. / **Alamy Stock Photo / David Bagnall** | **115**: Vier Szenen vom Relieffries der **Trajanssäule** in Rom. Um 113 n. Chr. Die Reliefs der Ehrensäule zeigen Szenen aus den erfolgreichen Feldzügen Kaiser Trajans gegen die Daker zwischen 101 und 106 n. Chr. / **picture-alliance / akg-images, A. Lorenzini** | **116**: Auguste **Rodin: Orphée et Eurydice**. 1850 –1893. The Metropolitan Museum of Art, New York / **Mauritius Images / Alamy Stock Photo, MET/BOT** | **117**: **Nilpferd-Fayencen**. 12. Dynastie. 1976 –1794 v. Chr. Ägyptisches Museum, Berlin / **bpk-Bildagentur / Staatliche Museen zu Berlin, Ägyptisches Museum und Papyrussammlung, Sandra Steiß** | **118**: Die **Propyläen** auf der Athener Akropolis. 437– 432 v. Chr. / **Dreamstime.com / Çiğdem Yurtsever** | **119**: **Raffael: Die Schule von Athen**. 1508 –1511. Vatikanische Museen, Rom / **Alamy Stock Photo / incamerastock** | **120**: John William **Waterhouse: Odysseus und die Sirenen**. 1891. National Gallery of Victoria, Melbourne / **Mauritius Images / Alamy Stock Photo, Zuri Swimmer** | **121**: Die Gefährten des Odysseus, die von der Zauberin Kirke in Schweine verwandelt wurden. Attische **rotfigurige Lekythos (Salbgefäß)**. FO: Eretria, Euböa. Um 485 v. Chr. Archäologisches Nationalmuseum, Athen / **Bridgeman Images / De Agostini Picture Library** | **121**: Das Meeresungeheuer Scylla attackiert die Gefährten des Odysseus. Zwei Details der sog. **Scylla-Gruppe von Sperlonga**. Die Skulpturengruppe ist eine römische Kopie des 1. Jh.s n. Chr. Das bronzene Original aus hellenistischer Zeit (um 200 v. Chr.) ist nicht erhalten. Museo Archeologico Nazionale, Sperlonga / **Getty Images / © Archivio J. Lange, © NPL, DeA Picture Library** | **122**: John William **Waterhouse: Narziss und Echo**. 1903. Walker Art Gallery, Liverpool / **Mauritius Images / SuperStock, Peter Barritt** | **122**: **Swimmingpool** / **Getty Images / Alexander Spatari** | **123**: Gianlorenzo **Bernini: Apollo und Daphne**. 1622 – 1625. Galleria Borghese, Rom / **Mauritius Images / Alamy Stock Photo, Michelangelo Artwork** | **125**: Der **Sonnengott Helios** auf seinem vierspännigen Wagen. Die Sterne werden von Jünglingen dargestellt, die bei Sonnenaufgang ins Meer tauchen. Attische rotfigurige Kalyx (Trinkgefäß). Um 430 v. Chr. British Museum, London / **akg-images / Rabatti & Domingie** | **127**: Max **Beckmann: Pariser Gesellschaft**. 1931. The Solomon R. Guggenheim Museum, New York / **bpk-Bildagentur / The Solomon R. Guggenheim Foundation / Art Resource, N.Y.** | **128**: Eine Versammlung **griechischer Philosophen**. Gelegentlich wird die Gruppe als platonische Akademie interpretiert. Römisches Mosaik aus Pompeji. 1. Jh. n. Chr. Museo Archeologico Nazionale, Neapel / **akg-images** | **129**: Der sog. **Zeus vom Kap Artemision**. Griechische Bronzeplastik. 5. Jh. Chr. Archäologisches Nationalmuseum, Athen / **Mauritius Images / Alamy Stock Photo, Glyn Genin** | **130**: Das sog. **Neumagener Schulrelief**. Ende des 2. Jh.s n. Chr. Rheinisches Landesmuseum, Trier / **akg-images / De Agostini Picture Library, G. Dagli Orti** | **131**: **Staubpartikel** im Gegenlicht / **Getty Images Plus / iStockphoto, Belarus** | **132**: **Löwe** / **Getty Images Plus / iStockphoto, didart** | **133**: Wilhelm von Kaulbach: Illustration zu Goethes Epos **„Reineke Fuchs"**. 1846 / **Alamy Stock Photo / Granger Historical Picture Archive** | **134**: **Tragische Maske**. Mosaik aus dem Haus des Fauns in Pompeji. 1. Jh. n. Chr. Museo Archeologico Nazionale, Neapel / **akg-images / Nimatallah** | **134**: **Elfenbeinstatuette** eines tragischen **Schauspielers** mit Maske und Kothurn. 1. Jh. n. Chr. Petit Palais, Musée des Beaux-Arts de la Ville, Paris / **bpk-Bildagentur / RMN – Grand Palais, Agence Bulloz** | **135**: Das römische **Theater von Hierapolis**, errichtet im 2. Jh. n. Chr., liegt heute nördlich der Stadt Denizli, Türkei / **Alamy Stock Photo / Isa Özdere** | **135**: Der **Chor** in der Euripides-Tragödie „Die Bakchen". Aufführung im Olivier Theatre, London 2002 / **Bridgeman Images / © Tristram Kenton** | **136**: Szenenbild aus dem Stück **„Antigone oder so …"** der Theatergruppe Lichterloh der HTL Villach. 2017 – 2018 / **© TINEFOTO.COM / Martin Steinthaler** | **137**: Panels aus der **Graphic Novel „Antigone"** von Olivia Vieweg. Hamburg 2019 / **Olivia Vieweg, Die Unheimlichen: Antigone © Carlsen Verlag, Hamburg 2019** | **138**: **Soldaten** / **picture-alliance / Photononstop, Nicolas Thibaut** | **139**: **Antigone** wird von zwei Wächtern vor Kreon geführt. Lukanische **rotfigurige Nestoris** (Kultgefäß) des Dolon-Malers. FO: Basilicata. Um 390 v. Chr. British Museum, London / **bpk-Bildagentur / The Trustees of the British Museum** | **140**: Der Bäcker **Terentius Neo und seine Frau**. Wandmalerei aus dem Haus des Terentius Neo in Pompeji. 50 –79 n. Chr. Museo Archeologico Nazionale, Neapel / **Alamy Stock Photo / Adam Eastland Art + Architecture** | **140**: **Gipsabgüsse** von Opfern des Vesuvausbruchs / **Mauritius Images / Alamy Stock Photo, Floriano Rescigno** | **141**: Zwei **Getreidemühlen** und der Ofen einer Bäckerei in Pompeji / **akg-images / Werner Forman** | **141**: Karbonisierter **Brotlaib** aus Pompeji / **akg-images / De Agostini Picture Library** | **141**: Die **Via dell'Abbondanza**, eine der Hauptgeschäftsstraßen von

Pompeji. 2017 / **Mauritius Images / Alamy Stock Photo, Ian Dagnall** | **144**: Ausbruch des **Vulkans Eyjafjallajökull** auf Island im Jahre 2010 / **Alamy Stock Photo / Westend 61 GmbH** | **145**: Satellitenbild des **Golfs von Neapel** | **145**: **Gipsabgüsse** von Opfern des Vesuvausbruchs / **Mauritius Images / Alamy Stock Photo, Melissa Jooste** | **146**: Die **Sieben Weltwunder**, dargestellt auf sog. Liebigbildern (Kaufmannsbildern). Um 1895 / **INTERFOTO / TV-Yesterday** | **147**: Statue der **Artemis Ephesia**. Marmor und Bronze. Römische Kopie nach dem Kultbild im Artemistempel von Ephesos. 2. Jh. n. Chr. Museo Archeologico Nazionale, Neapel / **Mauritius Images / Alamy Stock Photo, Adam Eastland** | **149**: Arnold Houbraken: **Äneas und die Sibylle** in der Unterwelt. Tuschezeichnung aus dem 17. Jh. The Metropolitan Museum of Art, New York / **Mauritius Images / Alamy Stock Photo, Artokoloro** | **149**: Porträt eines **Serapispriesters**. FO: Ägypten. 3. Jh. n. Chr. Antikensammlung, Berlin / **bpk-Bildagentur / Staatliche Museen zu Berlin, Antikensammlung, Ingrid Geske** | **150**: Ein **germanischer Reiter** und sein Pferd. Koloriertes Gipsmodell des Hallenser Bildhauers Heinrich Keiling. Um 1913 / **Römisch-Germanisches Zentralmuseum, Mainz / V. Iserhardt** | **151**: Rekonstruktion der **germanischen Siedlung** auf der Wurt Feddersen Wierde bei Misselwarden im Landkreis Cuxhaven / **Niedersächsisches Institut für historische Küstenforschung, Wilhelmshaven, Rolf Kiepe** | **152**: **Kaiser Konstantin**. Kopf einer bronzenen Kolossalstatue. 4. Jh. n. Chr. Kapitolinische Museen, Rom / **Mauritius Images / Alamy Stock Photo, Adam Eastland Art + Architecture** | **152**: **Bronzemünze** des Kaisers Konstantin. Inschrift SPES PUBLIC(a). Münzstätte CONS(tantinopolis). Ein Feldzeichen (labarum), bekrönt mit dem Christusmonogramm, durchbohrt eine Schlange. Die drei Punkte auf dem Fahnentuch stellen Medaillons mit den Porträts des Kaisers und seiner beiden Söhne dar. 327 n. Chr. Münzkabinett, Berlin / **bpk-Bildagentur / Staatliche Museen zu Berlin, Münzkabinett, Reinhard Saczewski** | **153**: Marmorbüste des **Honorius**. Um 400 n. Chr. Kapitolinische Museen, Rom / **Mauritius Images / Alamy Stock Photo, Lanmas** | **153**: Marmorbüste des **Arcadius**. Um 395 n. Chr. FO: Beyazit, Istanbul. Archäologisches Museum, İstanbul / **picture-alliance / akg-images / Maurice Babey** | **154**: Bethalle der **Großen Moschee von Cordoba**. Baubeginn 784 n. Chr. / **Alamy Stock Photo / Sean Pavone** | **155**: Gotische Miniatur aus dem **„Libro de los juegos"** oder „Libro del ajedrez, dados y tablas" des Königs Alfons X. von Kastilien. 1283. Real Biblioteca del Monasterio de San Lorenzo de El Escorial / **akg-images / Album, Oronoz** | **156**: Die **Porta Praetoria** in **Regensburg**. 2. Jh. n. Chr. / **Mauritius Images / Alamy Stock Photo, Dmitry Naumov** | **157**: Die **Arche Noah**. Islamische Miniatur aus dem 16. Jh. Türk ve İslam Eserleri Müzesi, İstanbul / **Bridgeman Images / De Agostini Picture Library, G. Dagli Orti** | **158**: Statue der **Athena Promachos**. Römische Marmorkopie eines griechischen Originals aus dem 3. Jh. v. Chr. FO: Villa dei Papiri, Herculaneum. Museo Archeologico Nazionale, Neapel / **Alamy Stock Photo / Martin Bache**

IMPERIUM ROMANUM

Das Römische Reich
zur Zeit seiner größten Ausdehnung
2. Jh. n. Chr.